生鲜超市
人力资源管理研究

许安心　孔德议 ▶ 著

Shengxian Chaoshi Renli Ziyuan Guanli Yanjiu

Wuhan University Press
武汉大学出版社

图书在版编目（CIP）数据

生鲜超市人力资源管理研究／许安心，孔德议著．— 武汉：武汉大学
出版社，2019.1
ISBN 978-7-307-11956-7

Ⅰ.生…　Ⅱ.①许…　②孔…　Ⅲ.超市—人力资源管理—研究
Ⅳ.F717.6

中国版本图书馆 CIP 数据核字（2018）第 287419 号

责任编辑：黄朝昉　牟　丹　　责任校对：孟令玲　　版式设计：文人雅士

出版发行：**武汉大学出版社**　　（430072　武昌　珞珈山）
（电子邮件：ctm22@whu.edu.cn　网址：www.wdp.com.cn）
印刷：天津顾彩印刷有限公司
开本：710×1000　1/16　　印张：19.75　　　　字数：283 千字
版次：2019 年 1 月第 1 版　　2019 年 1 月第 1 次印刷
ISBN 978-7-307-11956-7　　定价：68.00 元

序 言

　　为了满足不同层次消费者的需求，精品超市、生鲜超市、便利店（社区店）等许多细分业态蜂拥而至。并且随着居民收入水平提升和消费升级，消费者越来越关注食品安全，绿色、有机的蔬果颇受欢迎，推动生鲜消费市场的迅猛发展。根据智研咨询发布的最新数据，2011—2016 年，我国生鲜超市市场规模保持着稳定增长的良好态势，2011 年我国生鲜超市行业市场规模为 0.85 万亿元，2016 年生鲜市场规模增长至 1.30 万亿元，同比增速也呈现上升趋势，由 2012 年的 7.1% 增长至 2016 年的 11.1%。永辉牵手腾讯、阿里联手大润发的消息出来更是谱写了"新零售"的新篇章，未来的生鲜超市定会有更大的发展空间，也必定会遇到更多的挑战。

　　21 世纪是人才暴利时代，人力资源管理正呈现崭新的发展趋势。企业面临"非连贯性"的新竞争环境时，人的决定性作用也日益凸显。生鲜超市的管理工作早已进入以人为中心的新时代，理应把人视为一种企业的激烈竞争中自下而上发展且始终充满生机活力的特殊资源来刻意发掘和使用。人力资源管理的目的是建立和保持有效率、有活力的员工队伍，不断为企业的发展选拔、培养有用之才。通过双向选择、竞争上岗、职业生涯设计和完善激励机制等方法，逐步形成有利于人才成长的环境。这样才能吸引得住有用人才，各显其才，各尽其职，同时降低企业成本，提高劳动生产率。

　　本书从生鲜超市管理人员流失问题出发，从高职院校校企合作、店长培养模式、员工培训及其培训效果、阿米巴绩效激励和薪酬激励五个方面探讨生鲜超市应如何通过人才资源政策和具体细致的人才资源工作来有效地配置生鲜超市人才资源，发挥并提升人才资源潜能，发展并释放人才资源的创新能力，最终达到提升生鲜超市企业业绩的目的。

本书提出，生鲜超市店长作为企业战略的关键执行者，门店团队的领导者，他们是企业的"脊梁"，承上启下，在企业中发挥着落实战略，抵御风险，凝聚队伍的核心作用，是企业的重要资源。他们大多从基层做起，虽具有丰富的实践经验和较高的业务水平，但后期发展力略显不足，他们的薪酬回报也低于高层管理人员和其他行业同职位人员。因此，关注生鲜超市店长的薪酬满意度，了解生鲜超市店长的工作需求，对症下药，采取相应激励措施，针对性地给予发展性培训，将更好地减少生鲜超市店长层级的流失，稳定管理队伍，保证企业顺利健康发展。对于企业而言，培训、薪酬、职业生涯规划是有效的激励手段，同时具有激励效用和约束作用，能够充分调动员工工作的积极性。本书更创新性地将阿米巴模式引入生鲜超市领域，丰富了阿米巴这一理论的相关研究内容，也为绩效管理理论的研究添砖加瓦，实现跨领域融合创新的同时，也为今后生鲜超市的人力资源研究提供了新的视角。

在本书的撰写与出版过程中，得到福建省商务厅、福建农林大学管理学院、福建省商务厅研究基地海峡商业管理研究中心、福建省东南商务管理研究院以及出版社的指导和大力支持，孔德议、郑秋琴、林扦扦、郑蔓华、黄祥庆、蔡金佩、张朝金、石理中、郑铭炫、郭琼红、林楒藕、赵蓉蓉等研究团队同事及研究生参与本书的资料收集与部分内容的撰写，在此一并鸣谢。

目 录

第一章　福建省生鲜超市管理人员流失研究

第一节　绪论

进入 21 世纪，随着改革开放的深入，我国经济不断取得显著成效，加入 WTO 更进一步推动了我国经济的活跃繁荣，我国 GDP 一度呈两位数高速增长。社会经济迅速增长的同时，我国人民的生活水平和生活质量也得到极大提升，已经从温饱线挣扎转向强调营养均衡和绿色饮食。在物质文明不断进化的过程中，民众的观念和意识也在发生翻天覆地的变化，生活品质和注重养生已经成为日常生活不可或缺的话题，食品安全问题也被社会日益关注。民众不只注重食品安全和新鲜，对购物环境的要求也不断提高，环境脏乱的农贸市场已然不能满足民众的要求，生鲜超市成为社会的新宠儿。众多零售企业紧跟着"菜篮子工程"及"农改超"等项目的步伐，纷纷选择有利的地理位置设店生鲜超市，准备抢夺市场占有率。

经过数年的发展，福建省的生鲜超市已经颇具规模，造就了永辉超市及新华都等优秀的大型生鲜企业，但是，近几年来，随着我国人口红利的逐步消失，人力成本不断加大，店面租金也不断攀升，同时受电商的猛烈冲击，竞争异常惨烈。生鲜超市想要在激烈的竞争中生存并蓬勃发展，其运营管理就显得格外重要。根据管理学的二八原则——20% 的人创造出 80% 的价值和利润，对生鲜超市而言，其管理人员正是这 20% 的关键所在。然而，众所周知，因生鲜超市行业的特殊性，其人员流动的频率普遍高于其他行业，管理人员尤甚。生鲜超市的管理人员具有一定的管理才能，对其个人的发展和薪酬福利都持有较高的期望，一旦他们认为目前的工作不利于自身发展，或者认为自身的价值没有得到相应的回报，或者工作环境令他们感觉压抑、受到局限，或者其他原因，他们便会从目前的企业流失、寻找更好的发展机遇。无论缘于何种原因离开生鲜超市，因其掌握的商业机密及其管理岗位的空缺都有可能对生鲜超市造成致命的打击。因此，研究生鲜超市管理人员流失的关键影响因素从而采取针对性的措施，对留住管理人员、促进生鲜超市发展壮大具有不可低估的意义和价值。

第二节　生鲜超市及人才流失相关综述

一、生鲜超市相关综述

近年来，我国越来越多的省份地区已将农贸市场升级改造为超级市场，人们将农贸市场的改革称为"农改超"。随着"农改超"的进行，越来越多的生鲜超市犹如雨后春笋般开始出现在社会大众的眼中，而其经营的生鲜产品的销售更是逐步超过农贸市场，[1]成为超市提高经营业绩的"金矿"。[2]

生鲜超市作为农贸市场的升级版，其销售控制力在不断地发生着转变。[3]国外学者 Thomas Reardon（2002）[4]通过研究发现发展中国家农业以及流通方面的特性促进了生鲜超市成长。国内学者张赞、张亚军（2011）[5]、徐盈群（2005）[6]提出，生鲜超市指的是近些年兴起的以销售生鲜农产品为主体，辅佐以现代超市经营管理理念的连锁超市或专卖店。陈丽华（2002）[7]、王晓娟（2012）[8]则提出，生鲜超市是指在现代超市经营管理理念指导下的，与销售家电、建材等超市业态相似的专卖店，其主要的经营内容为生鲜食品。周洁红、金少胜（2004）[9]、陈耀庭、蔡贤恩（2013）[10]则提出，在"农改超"之后，生鲜农产品为生鲜超市经营流通的主体，其主要经营的农产品范围为鲜活水产品、新鲜的蛋、肉、蔬菜等。

在参照当前学界对生鲜超市研究的基础之上，综合福建省的超市经营现况，本章对生鲜超市的定义界定如下：在"农改超"之后，采用规模化经营、标准化生产、信息化管理等现代经营管理理念为指导，以经营鲜活水产品、新鲜禽肉、蛋、奶、果蔬等生鲜农产品为主体，配以自选模式为销售方式的现代化连锁超市或专卖店。

二、人才流失相关研究综述

（一）人才流失的内涵

人才流失是人才流动的一种特殊的形式。其缘起于 20 世纪五六十年代的英国。意为特定组织内部或者某一个地区的具有某种专业技术的高级人员离开原来的工作地点，寻找新的服务对象的一个过程。早期在西方，学者们形象地将人才流失比喻为"智囊流失"[11]。

国外学者 Mobley（1977）[12] 提出关于人才流失的定义，他认为人才流失指的是个体停止为团队提供服务并且终止从团队中获得物质、精神等收益的过程。国内学者罗艳鹰（2014）[13] 认为人才流失指的是企业本身不愿意而员工个体资源流出的一个过程，从某种意义上讲的是企业的一种损失，因为流失的员工基本都是组织内部的精英。蔡志梅（2015）[14] 提出人才流失是指依靠组织内部提供的财力、物力、人力资源培养起来的骨干员工外流，因为种种原因而离开企业另谋高就的一个过程。

本章综合众多学者的观点，将人才流失定义为：企业提供资源培养起来的骨干员工与企业终止服务关系，并停止从企业中获得收益的过程。

（二）人才流失的影响因素

随着我国社会经济形势的转变，企业员工的就职观念也在不断地进行变化。社会环境变化的多样性、就业市场的不断完善等，导致了现阶段人才的流动率越来越大。福建省超市行业的人才流失率同样居高不下，而其人才流失的原因也多种多样，性别、年龄、家庭情况、工作满意度、工作期望值、工作回报、发展前景、绩效激励、社会环境等[15]都能影响人才的流失率。笔者通过对国内外当前学界人才流失理论进行梳理，总结出影响人才流失的三大因素，分别为社会因素、组织因素以及个体因素。[16]

1. 社会因素

国外学者 Nicholas（1975）[17]、Blau（1981）[18]等认为社会因素对企业

的人才流失有重大影响，其中就业市场的就业机会及企业的失业率大小等都是导致人才流失的重要因素。国内学者吴茂森（2007）[19]基于我国封建社会的"官本位"思想，提出社会传统文化培养价值观影响了人才的流失率。曹细玉（2006）[20]、白彦和贺伟（2007）[21]及刘怫翔、王淑红（2009）[22]等也提出市场经济的逐步完善以及当前社会人事制度的不断优化，促使人才流动成为必然。罗英、李原（2010）[23]通过对学界众多观点进行梳理研究发现我国社会经济对人才的流失率存在线性影响。刘燕（2006）[24]通过对员工离职行为的深入研究，提出人才的流失与社会收益、社会心理学以及工作的内容和社会环境变量呈正相关。

当前国内外学界对于人才流失社会影响因素的理论主要集中在社会经济、国家政策、人事制度、就业环境等方面来阐述，通过对社会宏观环境施与影响间接影响人才的从业倾向，增加人才的就业概率，从而影响企业的人才流失率。

2. 组织因素

国外学者 Mowday（1982）[25]提出管理人员的工作满意度与其离职倾向呈负相关。即当管理人员工作满意度越高，则其流失率就越低。Jean - Marie 和 Hiltrop（1999）[26]则提出影响企业管理人员的流失率与企业提供的薪酬、工作难度、培训晋升机会、工作的自由度、工作承担的责任、工作环境与保障以及职业发展前景息息相关。Allen（1981）[27]、Charles（1981）[28]、Currivan（1999）[29]等[30-31]学者对管理人员的流失行为进行研究之后提出企业内部同事之间的相处方式融洽与否、管理人员所感受到的薪酬的公平性，以及管理人员所感受到的组织内领导对其工作的支持性与人才流失率呈正相关。Stefan（1999）[32]、Alfonso（2004）[33]、Spencer（1980）[34]、Thomas（1980）[35]等[36-41]学者则通过研究管理人员的流失问题，提出管理人员的工作环境、工作内容的重复性、工作过程中感受到的自主性、压力、满意度以及管理人员感受到的组织承诺与人才的流动性在很大程度上存在着相关关系。

国内学者在国外理论体系的基础之上，通过结合我国企业的实际情况及不同的研究主体，提出了相应的理论见解。许昆鹏（2006）[42]、熊明良（2008）[43]、王晓莉（2010）[44]、张旦琪（2007）[45]、王一（2015）[46]等通过对中小型民营企业员工的实证研究，得出员工的薪酬、岗位发展前景、组织内人际关系、组织制度等内部环境对人才的流失率存在显著影响。徐荣、曹安照（2009）[47]基于科研事业单位员工的流失问题进行研究，通过总结得出员工的薪酬福利待遇、工作的主观选择性、工作的环境以及连续性承诺是员工流失的关键性影响因素。段兴民和王亚洲（2005）[48]则通过研究表明员工流失行为的主要影响因素是工作的内容、岗位的薪酬福利、组织内部的管理制度，以及内部组织文化。

基于组织层面的人才流失因素的理论研究，国内外学界普遍集中于员工的工作内容、工作环境、岗位薪酬、组织制度、组织内人际关系、职位发展前景、个人成长、组织承诺、组织文化等方面来展开。然而组织层面的人才流失因素之间大多存在相关性，如组织承诺与工作满意度的关联，部分学者提出工作的满意度是通过组织承诺作用于人才流失，而部分学者则持相反观点。组织层面的人才流失因素关系复杂，在具体分析时应更加注意其之间的区分。

3. 个体因素

人才的流失问题，除了社会外部环境及组织环境的影响之外，更为直观的影响因素是基于个人层面的主观行为，个体层面的因素，不同员工的不同背景对人才流失造成的不同影响。[49]

国外学者 Zeffane（1994）[50]、Iverson（1999）[51]等提出员工基于个人层面的人才流失率影响因素为个人的智力、能力掌握、个人成长经历，以及性别、年龄、工龄和家庭关系等。Parker（1993）[52]通过实证分析研究个人控制力及自信力来预测人才的流失率，结果表明在个人的高控制力因素下，个人的自信力能提高人的主观态度，进而降低人才的流失率；反之，个人的控制力如果较低，则其不自信力会提高人才的流失率。Judge（1993）[53]则研究了个人的性格和态度方面对人才流失率的影响，通过实证研究表明工作积极性较高的员工在其感受到的工作满意度较低时流失率相对较高，而当其感受到的工作满意度高时则其流失率较低。

基于国外学者人才流失率理论研究基础之上，国内学者也投入了大量的时间和精力在人才流失的问题上研究。姚邵汉（2006）[54]提出人才的流失与个人因素有关，如员工的个人年龄、工作年限、家庭情况、生活因素等。朱晓伶（2010）[55]则在提出员工流失的个人原因除了年龄、工作年限、性别、家庭情况之外，还受到员工所受的教育程度的影响。蒋春燕、赵曙明（2001）[56]通过研究提出观点：基于个体层次的人才流失率影响因素主要是个体本身的成长情况、个体业务成就动机、个体拥有的财富情况等。赵西萍、刘玲、张长征（2003）[57]等人基于员工个人工作态度与人才流失率进行研究，将员工的工作态度细分为工作满意度、工作压力以及组织承诺三个方面，其研究结果表明个人所感受到的工作满意度及组织承诺与人才的流失率存在负相关，即当所感受到的工作满意度和组织承诺越高，其流失率就越低；而个人所感受到的工作压力与人才流失率呈正相关，即当个人所感受到的工作压力越大，其流失率就越高。

目前学界对人才流失率的个体层面影响因素的研究主要集中在个体的年龄、性别、工作年限、个人行为态度、家庭情况、生活状况、承受能力等方面。当前学界对人才流失率的研究普遍方式是将各个层面的因素进行分离研究，而人才的流失原因是社会环境、组织内部、个体层面三个因素共同作用的结果，因此，本章在进行人才流失问题的研究时，会结合三个层面的理论知识，深入探讨人才流失的原因，进而找出减少人才流失的对策。

（三）人才流失模型

国外对人才流失的问题已有很长的研究历史，早在 20 世纪初就已经有了很成熟的研究理论。最早形成的具有较大影响力的，用于预测人才流失的模型是 March 和 Simon 的"参与者决定"模型，在此模型的基础之上，又延伸出了"Price – Mueller"模型等，其都能很好地用于预测人才的流失。

1. "参与者决定"模型

March 和 Simon（1958）[58]提出的"参与者决定"模型基于员工理性行为的假设之上，提出两个人才流失决定量。第一个是员工的主动流失意愿，意为员工感受到的从组织中流失的合理性；第二个是主动流失的可能性，即员工感受到的从组织当中流失的难度。

员工在工作中感受到的满足程度、个体对工作关系的预知把握程度及工作过程中与其他成员的和谐性三个方面正向影响个体的工作满意度；另外，组织的规模程度作用于个体对组织内部流动可能性的预测。个体对企业内部流动可能性的预测与个体的工作满意度共同作用于人才的流失倾向，及雇员认为流出时的客观需要。

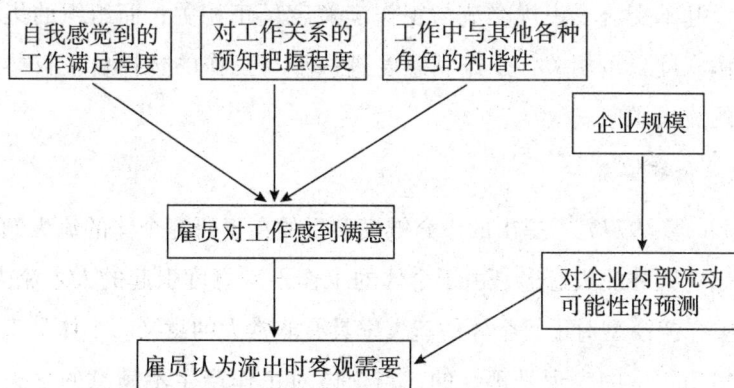

图 1-1 "参与者决定"模型图

2. "Price - Mueller"模型

Price（2000）[59]基于"参与者决定"模型之上，提出了"Price - Mueller"模型。该模型主要阐述的是人才流失决定因素及影响的变量相关性问题。该模型的因变量为个体的留职意愿，而自变量则为组织所处的环境因素、个体因素、中介因素、结构变量因素和控制变量因素。环境因素为员工所感受到的机遇和亲属责任；个体因素主要为工作参与程度、受到的培训机会、积极与消极的情绪；结构变量因素为工作自主权、工作压力以及薪资待遇等。

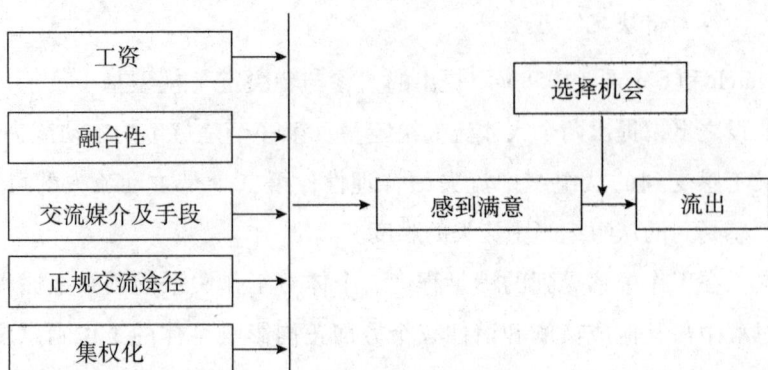

图 1 – 2 "Price – Mueller" 模型图

"Price – Mueller" 模型的作用机制为：个体所享受到的薪酬待遇、组织融合性、基础交流、正规交流与工作满意度呈正相关；而组织的集权化则与工作满意度呈负相关。工作满意度进一步与工作的选择自主权共同影响了个体的流失倾向。

3. 中介链模型

Mobley（1977）[12] 提出的中介链模型目的在于研究个体的流失倾向。其首次提出的人才流失意愿是由于个体的工作不满意度引起的人才流失。Mobley 的中介链模型对了解个体的流失率具有非常大的意义。个体员工的流失在其决策历程中的表现是理性的。当个体对工作产生不满意的念头就会产生主动流失的念头，进而开始寻找工作意向、评估工作的选择方案，最终导致员工的流失。除理性流失的行为之外，也有可能存在因个体的冲动原因造成的冲动性人才流失。Mobley 的中介链模型旨在提出降低人才的流失率应在根本上解决这个问题，企业在发展的同时，应做好员工个体的成长规划工作，同时应为员工提供良好的工作环境，提高其对工作的满意程度及归属感。

```
┌─────────────────────┐
│  对现有职位的评估     │
└─────────────────────┘
         │
┌─────────────────────┐          ┌──────────────────────┐
│  对职位的体验（满意或不满意） │◄──── │（1）其他形式的退出，如缺勤、│
└─────────────────────┘          │  消极                 │
         │                       └──────────────────────┘
┌─────────────────────┐
│  考虑辞职             │
└─────────────────────┘
         │
┌─────────────────────┐
│  估计辞职的预期收益及成本 │
└─────────────────────┘
         │
┌─────────────────────┐          ┌──────────────────────┐
│  产生寻找其他职位的意图 │◄──────  │（2）非工作因素，如为和配偶一起 │
└─────────────────────┘          │  生活促使寻找新工作。生活会促使寻 │
         │                       │  找新工作              │
┌─────────────────────┐          └──────────────────────┘
│  寻找新职位           │
└─────────────────────┘
         │
┌─────────────────────┐          ┌──────────────────────┐
│  对已经找到的职位的评估 │◄──────  │（3）如果有多个新职位可供选择，│
└─────────────────────┘          │  就会刺激评估          │
         │                       │（4）如果只有一个可供选择的新职 │
┌─────────────────────┐          │  位，就会刺激评估        │
│  比较新找到的职位及现有职位 │      └──────────────────────┘
└─────────────────────┘
         │
┌─────────────────────┐
│  辞职或留下来的意图    │
└─────────────────────┘
         │
┌─────────────────────┐
│  辞职或留下来         │
└─────────────────────┘
```

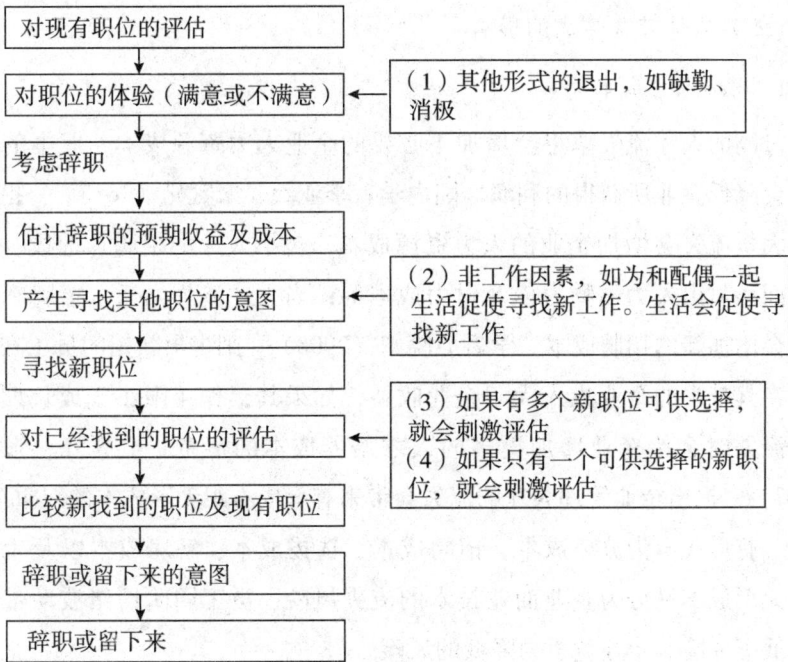

图 1 - 3　中介链模型图

4. 其他模型

Sheridan 和 Albelson（1983）[60] 基于非线性突变，提出关于人才流失的"尖峰突变"模型。该模型提出工作紧张度和组织承诺度两个控制变量。个体通过保持现有工作状态来维持其在岗现状，当其工作紧张度或组织承诺度往不利方向改变时，个体就会从保持工作状态转变为流失倾向状态。该模型的主要贡献为将工作行为变量再细分为绩效和出勤率，并且不再将个体流失倾向预测视为预测变量的线性函数计算过程。

Lee 和 Mitchell（1994）[61] 提出的"多路径展开"模型则与传统模型不同。Lee 和 Mitchell 提出现实中存在的很多人才流失情况没有被传统人才流失模型所考虑在内，如传统模型考虑的个体对人才流失期望值判断在现实环境中并不能很顺利地实现。基于该观点，"多路径展开"模型提出两个新的概念，即震撼（shock）和匹配（script）。在此基础之上，Lee 和 Mitchell 从个体留职的角度引入了"工作嵌入"（job embeddedness）概念作为"多路径展开"模型的补充。

（四）人才流失造成的影响

1. 增加人力成本

过高的人才流失率将会增加不必要的企业人力资源成本，成本的增加势必会降低企业所获得的利润。国内学者李亚兵、未盆兄（2015）[62]提出人才的大量流失会增加企业的人力资源成本，包括人才的招聘、选拔、培训等方面所付出人力、物力以及财力成本等，当人才流失之后，招聘新的员工就会增加新的招聘成本。学者原晓娉（2008）[63]则提出新招的员工在成长阶段，其带来的企业投入大于企业收益，如果其工作年限小于成长期，则在其流失时会给企业增加更多的人才培养成本的浪费。金高峰、张胜荣（2007）[64]提出企业管理人才的流失会带来有形成本跟无形成本的双重损失。其中，有形成本为分离成本、招聘成本、选拔成本、解雇成本以及生产损失。无形成本又分为企业商业技术的流失风险、员工团队情绪波动带来的效率低下风险、企业竞争力降低的风险。

2. 降低企业生产效率

对于小微企业来说，管理人员的流失势必会影响组织内部的工作氛围。吴茂森（2007）[19]提出管理人员的大量流失除了影响组织内部的工作效率，更会影响其同事之间的情绪稳定性，增加其同事工作不满意度，进而恶性循环导致新的一轮人员流失。学者蔡志梅（2015）[14]同样提出人才的流失除了会增加企业的人才培训成本的浪费，尤其是企业高级管理人才的流失之外，更会降低企业的生产管理效率。高级管理人才通常为企业重点培养的骨干对象，其流失带来的技术流失将会影响企业的生产效率。

3. 商业机密和客户资源的流失

涂淑丽（2012）[65]指出当流失的员工职业素养相对较低时，其流失有可能带走企业的竞争资料，如技术资料和客户资源等重要材料，由此直接导致企业的业绩下滑、经营利润的减少。刘艳莉（2011）[66]同样提出如果人才流失带走的是企业内的改革新思想，如创新构思、未来发展战略规划、新型技术和工艺或者企业的其他核心竞争能力，那其流失所带来的后果有可能对企业是毁灭性的打击。魏清（2012）[67]认为，当掌握企业内部重要机密或技术的高级管理人才或者高级技术人才流失时，其自然而然也带走了企业的这部分重要的无形资产，并且该部分无形资产将会给企业造成巨大损失。

（五）人才流失的对策研究

学者杨兔珍（2011）[68]提出，应对企业管理人员流失的问题，应转变管理理念，树立人本思想的现代经营管理理念；创立公平公正的用人机制，减少组织内部人员所感受到的不公平感；制定有效的人才培养激励机制，在物质激励的基础之上增加非物质激励；采取科学有效的绩效考核体系，且绩效考核指标体系应坚持客观公正、注重实效的原则；[69]为组织内部人才提供充足的发展空间，关注员工的个人利益及事业成长；从物质层面、制度层面、精神层面入手，[70]营造优秀的企业文化，使每个员工产生集体归属感和荣誉感。

黄芳明（2012）[71]提出解决企业人才流失问题的六点对策：第一，要尊重企业内部的人才，充分调动各类人才的积极性和创造性；第二，要合理使用人才，知人善用，给员工最大的发展空间，充分发挥组织内部人才的创造力；第三，扶持员工的个人成长，企业的发展就是人才的发展，只有为人才提供良好的成长发展空间才能保证企业自身的后续发展；第四，规范的约束机制，组织内部应制定规范的制度来保证经营的顺利运行；第五，要有科学有效的激励机制，财富的分配与人才的付出应对等；第六，完善企业内部培训提升体系，保证人才的不断成长机制。

学者甄新洪（2011）[72]则提出，降低企业人才流失率，应根据公平理论，合理分配组织内部的薪酬水平，配合以科学有效的绩效体系提高员工的工作积极性；关注员工的情感需求，实施有效的情感管理，通过组织内沟通增加工作氛围愉悦性；促进员工个人成长，以提高员工的成长来实现企业的发展，实现双赢的局面；建设员工团队，增强团队凝聚力，提高员工工作满意度。

金高峰、张胜荣（2007）[64]、马兰（2015）[73]提出规避人才流失应从根本原因上入手。选择合理有效的招聘方式，用价值观辅佐企业的用人标准，给求职者规划好工作蓝图；以待遇留人，建立科学有效的薪酬管理制度，为人才提供合理、有竞争力的薪酬体系；以事业留人，知人善用，安排能发挥其最大能力效度的工作岗位，并向其提供培训的机会；以感情留人，建立具有员工认同感的、积极向上的企业文化，提供良好的工作环境，包括硬件环境及精神环境。

当前学界对人才流失率降低的策略主要集中在组织薪酬待遇的提高、人事制度的规范、工作环境的建设等组织层面，少部分集中在社会层面，如国家政策制度的制定、就业市场的调控等，极少有提到降低人才流失率可以从人才个体层面入手，本章将尝试着从个体层面入手，以期能找到降低人才流失率的办法。

第三节　福建省生鲜超市管理人员流失研究设计

基于前文所述，人才流失与流动的研究始源于西方国家，因与我国经济社会发展水平与环境的差异，较强的环境依赖性使得国外成熟的研究并不能原封不动地照搬照抄，必须结合福建省生鲜超市管理人员流失的现状与特征，设计出行之有效的调查问卷，才能使本研究具有实践价值，便于今后为其他学者及生鲜超市经营者提供有价值的借鉴和参考。

一、调查对象概述

本研究的调查对象是福建省生鲜超市管理人员，笔者将对福建省范围内的开展生鲜业务占到百分之二十以上的连锁门店或者专营店超市的管理人员展开调查。生鲜超市的管理人员主要包括基层管理人员、中层管理人员及高层管理人员，这些管理人员中包含本科或硕士毕业经过轮岗培训很快走上管理岗位的，也有学历较低但是靠着努力工作获得经验和技能一步步得到提升和委以重任走上管理岗位的。跟生鲜超市的一线员工相比，他们除了注重以所获得的薪酬福利来体现自己的人生价值外，更注重个人职业发展和成长，能取得所在领域专业人士的认可，在社会上具有一定的影响力，甚至在行业里具有一定的话语权，同时还注重工作的愉快程度等。本研究将综合考虑生鲜超市管理人员的这些特征和需要，在设计调查他们流失的影响因素时有所体现。

二、调查问卷设计

（一）问卷框架

福建省生鲜超市管理人员流失调查问卷包括三个部分：第一部分是简短的说明，介绍本次研究的调查问卷的目的以及匿名和保密性的保证，使被访者没有顾虑真实作答，增强问卷调查的真实性和价值；第二部分是显示被调查的管理人员所在的企业以及个人的基本状况，企业的基本情况，主要包括生鲜超市门店的规模及营业额，管理人员个人的基本情况，主要包括性别、工作年限、学历、做管理岗位的年限及上年度的年薪等，掌握这些信息有助于掌握不同规模中不同特征的管理人员的流失状况；第三部分是该问卷的主体部分，即福建省生鲜超市管理人员流失调查量表，基本由五个模块构成，包括薪酬福利、个人发展、工作环境、流动成本和组织支持。

（二）问卷设计

如前文所述，在设计福建省生鲜超市管理人员流失调查问卷时候，笔者考虑到地区不同及整个经济社会环境的差异，没有原封不动地照搬国外成熟的研究或者国外其他学者的现成量表问卷，在参考其他学者的相关量表的同时，综合福建省生鲜超市管理人员流失的现状与特征，设计符合现状的行之有效的新量表。

问卷初稿涉及薪酬福利、工作特征、工作条件、企业未来发展预期、管理人员个人职业发展、工作氛围等诸多方面，一共42道题目，对题目随机排序，避免被调查者惯性思维或者看穿问卷调查的意图。福建省生鲜超市管理人员调查问卷的测量方法使用 Likert 5 点量表法，每个题项共 5 个可选答案，依次为"非常不同意""不同意""一般""基本同意""非常同意"，并依次用 1 分、2 分、3 分、4 分、5 分表示，分数越高表示被访者同意的程度越高。在主体问卷确定后，在问卷的顶端添加问卷说明和被访者的单位和个人基本情况，并在问卷末尾对被访者表示诚挚谢意，最后形成问卷初稿。

问卷的初稿设计形成以后，通过专家访谈及实地访谈生鲜超市管理人员的意见进行修正。为提高福建省生鲜超市管理人员流失调查问卷的客观性和有效性，笔者约访面谈了3位人力资源管理专业理论造诣较高的专家以及5位在生鲜超市领域从事管理工作多年、经验丰富的实践行家进行讨论，针对福建省生鲜超市管理人员流失的状况逐个题项讨论其必要性及其他漏掉的因素。经过讨论，根据理论专家和行业专家的意见，对42道题目进行删减、添加及订正，最终形成了38道题项的问卷。

福建省生鲜超市管理人员流失调查问卷形成后，对问卷先行实施与调研，主要是为了在调查中发现问卷存在的问题能及时进行订正以免在大规模进行调查时产生严重影响。对福州市的生鲜超市管理人员进行当面调查，而对福州以外地区的管理人员则采取电邮的方式进行调查。本次预调研共发放问卷30份，回收25份，有效问卷23份。通过Cronbach's α信度系数法对有效问卷实施信度检验，结果表明该量表 α 系数在0.87以上，总体为0.89，表明该问卷具备良好的信度。

三、调查问卷发放与回收

在福建省生鲜超市管理人员流失调查问卷经过预调研的检验后，2015年5月笔者开始大规模发放调查问卷。本次正式调查问卷有纸质版形式和电邮发放形式，合计发放300份，回收272份，回收率高达90.7%，在回收的问卷中有38份问卷由于存在漏答和应付答卷现象，因此决定予以剔除，最后剩余有效问卷234份，有效率为86.0%。问卷的描述性统计见表1-1。

表1-1　问卷频次统计表

		频次（次）	百分比（%）	累计百分比（%）
门店营业面积	1000平方米及以下	30	12.8	12.8
	1001—3000平方米	82	35.1	47.9
	3001—5000平方米	31	13.2	61.1
	5001—7000平方米	58	24.8	85.9
	7001—10000平方米	22	9.4	95.3
	10001平方米及以上	11	4.7	100.0

表1-1 问卷频次统计表（续表）

		频次（次）	百分比（%）	累计百分比（%）
门店2014年营业额	1000万元以内	11	4.7	4.7
	1001万—3000万元	85	36.3	41.0
	3001万—5000万元	56	23.9	64.9
	5001万—7000万元	43	18.4	83.3
	7001万—10000万元	16	6.8	90.1
	10001万—15000万元	9	3.9	94.0
	15000万元以上	14	6.0	100.0
性别	男	193	82.5	82.5
	女	41	17.5	100.0
婚姻状况	已婚	185	79.0	79.0
	单身	49	21.0	100.0
年龄	30岁以下	24	10.3	10.3
	31—40岁	167	71.3	81.6
	41—50岁	33	14.1	95.7
	51岁以上	10	4.3	100.0
零售业管理岗位时间	3年以下	25	10.7	10.7
	3—5年	89	38.0	48.7
	5—10年	73	31.2	79.9
	10—20年	32	13.7	93.6
	20年以上	15	6.4	100.0
最高学历	高中（中专）及以下	74	31.6	31.6
	大专	85	36.3	67.9
	本科	53	22.6	90.5
	研究生	22	9.5	100.0
2014年年薪	5万元以下	64	27.4	27.4
	5万—8万元	82	35.0	62.4
	8万—10万元	47	20.1	82.5
	10万—15万元	35	14.9	97.4
	15万—20万元	6	2.6	100.0

第四节　福建省生鲜超市管理人员流失调查结果分析

一、效度和信度检验

（一）问卷效度检验

福建省生鲜超市管理人员流失调查问卷的制订经过文献阅读编制问卷初稿、参考理论专家和行业专家的意见修订问卷和预调查检验问卷三个步骤。在编制问卷初稿阶段认真研读其他学者的研究文献，并结合福建省生鲜超市管理人员的本土特征，尽量编制可观性强、行之有效的问卷；在问卷修订阶段，笔者约访面谈了 3 位人力资源管理专业理论造诣较高的专家以及 5 位在生鲜超市领域从事管理工作多年、经验丰富的实践行家进行讨论，针对福建省生鲜超市管理人员流失的状况逐个题项讨论其必要性及其他漏掉的因素；在实施与调研阶段，采用对福州市的牛鲜超市管理人员进行当面调查和对福州以外地区的管理人员则采取电邮进行调查相结合的方式发放 30 份问卷进行验证，得到了专家的认可，通过了实践的检验，内容效度比较好。就问卷的建构效度而言，主要在于探究福建省生鲜超市管理人员流失的影响因素，主要采用因子分析法分析问卷的建构效度，对 38 道题项采用主成分分析和最大方差旋转法研究。

第一，先采用项目－总体相关系数（CITC）分析法纠正条目，如表 1－2 所示。

表 1－2　项总计统计量

题项	项已删除的刻度均值	项已删除的刻度方差 x	校正的项总计相关性	项已删除的 Cronbach's Alpha 值
Q1 我的薪酬水平与我的工作付出基本相符	122. 87	259. 234	0. 543	0. 962
Q4 我的薪酬与付出和其他同事的薪酬与付出相比基本公平	122. 78	254. 207	0. 666	0. 961
Q6 我的薪酬与同行业其他企业相同职位的管理者相比比较满意	123. 21	253. 636	0. 655	0. 961

表 1-2 项总计统计量（续表 1）

	项已删除的刻度均值	项已删除的刻度方差 x	校正的项总计相关性	项已删除的 Cronbach's Alpha 值
Q7 我对在企业所享有的福利待遇项目感到满意	122.85	254.298	0.587	0.962
Q10 企业薪酬和福利对我而言很有吸引力	122.51	257.684	0.653	0.961
Q18 我的特长能够得到发挥	121.78	260.609	0.544	0.962
Q15 我的工作环境很安全	122.69	255.396	0.653	0.961
Q2 我可以自主决定工作方式	122.52	258.007	0.537	0.962
Q5 我与同事相处得非常融洽	122.61	254.635	0.694	0.961
Q8 我跟上司的管理风格很合拍	122.65	257.157	0.638	0.961
Q9 企业的协作力和凝聚力很强	122.63	258.870	0.667	0.961
Q17 我经常接受很多任务	122.28	261.489	0.578	0.962
Q19 目前的工作离我家距离比较近	122.54	254.853	0.634	0.961
Q20 目前的工作能让我学到较多的知识和技能	122.33	254.954	0.708	0.961
Q22 我的上司重视我并经常对我的工作给予指导	122.26	255.837	0.691	0.961
Q24 目前的工作给我带来成就感	122.37	258.372	0.664	0.961
Q25 我很赞同企业的价值观和企业文化	122.38	258.127	0.685	0.961
Q28 我在单位的发展和晋升空间还很大	122.52	256.344	0.612	0.961
Q29 企业的管理水平及发展趋势有益于我今后的发展	122.69	248.623	0.681	0.961
Q31 我为是公司的一员感到光荣	122.33	262.212	0.507	0.962
Q32 企业的晋升通道比较畅通	122.65	259.498	0.518	0.962
Q21 离开企业而丢掉在企业积累的待遇与人脉关系很可惜	122.49	257.687	0.603	0.961
Q23 企业很有发展前景，离开也许是种损失	122.56	261.043	0.567	0.962
Q26 企业政策和制度比较健全	122.47	256.479	0.672	0.961
Q27 更换工作比较麻烦	122.46	257.325	0.624	0.961

表 1-2 项总计统计量（续表 2）

	项已删除的刻度均值	项已删除的刻度方差 x	校正的项总计相关性	项已删除的Cronbach's Alpha 值
Q33 其他单位提供的发展机会不一定有现在多	122.55	257.856	0.585	0.961
Q34 人才市场中合适的工作机会看起来不多	122.53	256.272	0.614	0.961
Q3 我的上司对所有员工都很公平	121.97	267.824	0.179	0.964
Q11 目前的工作能体现我的个人价值	121.98	265.876	0.268	0.963
Q13 企业经常为我提供学习和培训的机会	122.19	258.687	0.665	0.961
Q14 当我有需要时同事通常会帮助我	122.24	259.086	0.514	0.962
Q16 企业同事对我都比较尊重	122.06	263.854	0.383	0.963
Q12 企业能为我的工作提供足够的资源和资金支持	122.57	257.754	0.562	0.962
Q30 当我遇到困难时我的上司会尽力支持和帮助我	122.03	260.373	0.545	0.92
Q35 我的下属听从安排并且执行力较强	122.14	259.055	0.544	0.962
Q36 我的工作内容比较宽泛和丰富	122.06	265.852	0.246	0.964
Q37 我的家人比较支持我目前的工作	122.27	260.802	0.442	0.962
Q38 加入本企业是我做好的选择	122.48	253.791	0.778	0.960

大部分题项项相关系数基本都高于删除标准 0.5，除了 Q3（0.179）、Q11（0.268）、Q16（0.383）、Q36（0.246）、Q37（0.442）5 个题项小于0.5。由于 Q3、Q11、Q16、Q36 没有达到显著水平，而且进行项删除之后，能够使 Cronbach's α 值增加或不变，所以把这四个题项进行删除；Q37（0.442）的值虽然低于 0.5，可是如果将其删除，将引起 Cronbach's α 下降，所以不将其删除。经过项目-总体相关系数（CITC）条目净化，本调查问卷最终保留 34 个题项。

接下来，对样本数据进行 KMO 和 Bartlett 球体检验，根据检验结果判断该样本数据是否能够进行因子分析，如表 1－3 所示。

表 1－3　KMO 和 Bartlett 球体检验

取样足够度的 Kaiser – Meyer – Olkin 度量		0.785
Bartlett 的球形度检验	近似卡方	3561.635
	df	531
	Sig.	0.000

KMO 得出的数值越大就证明变量之间的共同因素越多，则该数据量表越适合做因子分析。根据 Kaiser 设置的 KMO 度量标准：KMO 大于 0.9，表明非常适合做因子分析；0.8—0.9 之间，表明很适合做因子分析；0.7—0.8 之间，表明适合做因子分析；0.6—0.7 之间，表明一般适合做因子分析；0.5—0.6 之间，表明很差，不适合做因子分析；如果小于 0.5，说明应当放弃做因子分析。该调查问卷量表分析结果呈现出 KMO 值为 0.785，Bartlett 球体检验的 $P = 0.000$，小于指定显著性水平 0.05，达到显著水平，表明各题项之间存在关联性，具备提取公因子的条件，样本数据适合进行因子分析。

基于前文的检验分析，本研究对福建省生鲜超市管理人员流失调查问卷量表的 34 个题项进行因子分析，主要通过主成分分析法提取公因子，同时将其进行最大正交旋转，最后抽取特征值大于 1 的公因子。特征值大于 1 的方差贡献率及累计方差贡献率如表 1－4 所示。

表 1－4　特征值大于 1 的因子及方差贡献率

成分	初始特征值			提取平方和载入			旋转平方和载入		
	合计	方差的%	累计%	合计	方差的%	累计%	合计	方差的%	累计%
1	14.361	42.083	42.083	14.361	42.083	42.083	3.978	13.064	13.064
2	2.372	7.501	49.584	2.372	7.501	49.584	3.927	12.113	25.177
3	2.298	6.872	56.456	2.298	6.872	56.456	3.748	10.980	36.157
4	1.739	5.368	61.824	1.739	5.368	61.824	3.327	10.045	46.202
5	1.497	4.561	66.385	1.497	4.561	66.385	3.035	9.368	55.570
6	1.203	3.648	70.033	1.203	3.648	70.033	2.795	8.687	64.257
7	1.141	3.437	73.470	1.141	3.437	73.470	2.109	6.764	71.021
8	1.048	3.179	76.649	1.048	3.179	76.649	2.011	5.628	76.649

通常在因子分析中，如果因子的累计方差超过 50%，说明该量表设计

的建构效度满足可接受的标准，在福建省生鲜超市管理人员流失问卷的研究中，特征值超过 1 的累计方差贡献率已然超过 76.649%，而且经删除的所有题项的公因子方差均超过 0.5，这显示出福建省生鲜超市管理人员流失量表具有可认可的建构效度。在此基础上，本研究对量表内的各因素旋转结果实施因子负荷，研究转轴后各题项的因子负荷系数，实施多次因子分析，以求相对主要因素。第一步，根据因子负荷系数的大小，依次删除因子负荷系数相对较小的 Q15、Q37，Q18、Q21，Q19；第二步，对于那些所归属因子题项数小于 3 个的，要删除这些因子所涵盖的所有题项，Q31、Q32，Q35、Q17、Q38、Q26 和 Q24；第三步，最后进行一次因子分析，福建省生鲜超市管理人员流失量表共生成 5 个因子，详见表 1 - 5。

表 1 - 5　旋转成分矩阵[a]（删除题项后）

题项	成分				
	1	2	3	4	5
Q7 我对在企业所享有的福利待遇项目感到满意	0.812				
Q4 我的薪酬与付出和其他同事的薪酬与付出相比基本公平	0.770				
Q6 我的薪酬与同行业其他企业相同职位的管理者相比比较满意	0.769				
Q1 我的薪酬水平与我的工作付出基本相符	0.705				
Q10 企业薪酬和福利对我而言很有吸引力	0.689				
Q20 目前的工作能让我学到较多的知识和技能		0.794			
Q29 企业的管理水平及发展趋势有益于我今后的发展		0.776			
Q28 我在单位的发展和晋升空间还很大		0.753			
Q22 我的上司重视我并经常对我的工作给予指导		0.712			
Q5 我与同事相处得非常融洽			0.761		
Q8 我跟上司的管理风格很合拍			0.720		
Q9 企业的协作力和凝聚力很强			0.701		
Q25 我很赞同企业的价值观和企业文化			0.668		
Q2 我可以自主决定工作方式			0.617		
Q33 其他单位提供的发展机会不一定有现在多				0.835	

表 1-5 旋转成分矩阵ᵃ（删除题项后）（续表）

题项	成分				
	1	2	3	4	5
Q34 人才市场中合适的工作机会看起来不多				0.769	
Q23 企业很有发展前景，离开也许是种损失				0.669	
Q21 离开企业而丢掉在企业积累的待遇与人脉关系很可惜				0.567	
Q30 当我遇到困难时我的上司会尽力支持和帮助我					0.805
Q14 当我有需要时同事通常会帮助我					0.723
Q13 企业经常为我提供学习和培训的机会					0.689
Q12 企业能为我的工作提供足够的资源和资金支持					0.629

提取方法：主成分分析；旋转方法：具有 Kaiser 正交旋转法。a. 旋转在 8 次迭代后收敛。

对旋转后的矩阵进行检验，发现这 5 个因子合计解释了 73.546% 的方差，是能够接受的程度范围。基于每个因子所涉及题项的含义，笔者把因子 1 命名为薪酬福利，其涵盖题项 Q7、Q4、Q6、Q1、Q10；因子 2 命名为个人发展，涵盖题项 Q20、Q29、Q28、Q22；因子 3 命名为工作环境，涵盖题项 Q5、Q8、Q9、Q25、Q2；因子 4 命名流动成本，涵盖题项 Q33、Q34、Q23、Q21；因子 5 命名为组织支持，涵盖题项 Q30、Q14、Q13、Q12。根据分析结果来看，每个题项对其所属的因子具有相对较高并且没有比较接近的负荷，这显示出福建省生鲜超市管理人员流失量表做确定的公因子对原变量具有良好的解释度。

（二）问卷信度检验

本研究的问卷信度（Reliability）采用经常用作态度及意见式问卷的信度分析，但因此用 Cronbach's α 系数法检验福建省生鲜超市管理人员流失问卷量表的内在一致性。详见表 1-6。

表 1-6　管理人员流失项总计相关性及 Cronbach's α

维度	题项	校正的项总计相关性	Cronbach's α 值	Cronbach's α 值
薪酬福利	Q1 我的薪酬水平与我的工作付出基本相符	0.691	0.877	0.941
	Q4 我的薪酬与付出和其他同事的薪酬与付出相比基本公平	0.787		
	Q6 我的薪酬与同行业其他企业相同职位的管理者相比比较满意	0.794		
	Q7 我对在企业所享有的福利待遇项目感到满意	0.750		
	Q10 企业薪酬和福利对我而言很有吸引力	0.647		
个人发展	Q20 目前的工作能让我学到较多的知识和技能	0.806	0.808	
	Q22 我的上司重视我并经常对我的工作给予指导	0.717		
	Q28 我在单位的发展和晋升空间还很大	0.685		
	Q29 企业的管理水平及发展趋势有益于我今后的发展	0.762		
工作环境	Q2 我可以自主决定工作方式	0.551	0.879	
	Q5 我与同事相处得非常融洽	0.790		
	Q8 我跟上司的管理风格很合拍	0.749		
	Q9 企业的协作力和凝聚力很强	0.753		
	Q25 我很赞同企业的价值观和企业文化	0.652		
流动成本	Q33 其他单位提供的发展机会不一定有现在多	0.811	0.752	
	Q34 人才市场中合适的工作机会看起来不多	0.731		
	Q21 离开企业而丢掉在企业积累的待遇与人脉关系很可惜	0.601		
	Q23 企业很有发展前景，离开也许是种损失	0.627		
组织支持	Q13 企业经常为我提供学习和培训的机会	0.668	0.758	
	Q14 当我有需要时同事通常会帮助我	0.589		
	Q12 企业能为我的工作提供足够的资源和资金支持	0.634		
	Q30 当我遇到困难时我的上司会尽力支持和帮助我	0.679		

在问卷的信度分析中，如果 Cronbach's α 系数达到或高于 0.6，那么量表的可信度被认定为比较高。从表 1-6 可以看出，福建省生鲜超市管理人员流失各因素的题项的总计相关系数都超过了 0.5，而且量表整体及每个影响因素的 Cronbach's α 系数均超过 0.75，这个检验结果表现出福建省生鲜超

市管理人员流失量表的可信度较高,研究结果具有可以采信的价值。

二、生鲜超市管理人员流失的影响因素分析

（一）管理人员流失影响因素

基于前文分析,本研究对福建省生鲜超市管理人员流失调研数据进行主成分因子分析法和最大方差正旋转,研究结果呈现出 5 个特征值大于 1 的较为显性的因子,而且进一步参考每个因子所涵盖的每个题项的含义,将这 5 个显性因子命名为薪酬福利、个人发展、工作环境、流动成本和组织支持。这 5 个因子合计解释了 73.546% 的方差,在这 5 个因素中方差解释量最大的就是 17.263%,其后依次为 15.312%、14.326%、13.924%、12.721%。由上述分析可知,将福建省生鲜超市管理人员流失的影响因素列为薪酬福利、个人发展、工作环境、组织支持和流动成本 5 个因素是合理的,详见表 1-7。

表1-7 管理人员流失影响因素分析与因子命名

因子	特征值	方差贡献率（%）	累计方差贡献率（%）	因子命名
1	3.761	17.263	17.263	薪酬福利
2	3.457	15.312	32.575	个人发展
3	3.208	14.326	46.901	工作环境
4	3.096	13.924	60.825	组织支持
5	2.807	12.721	73.546	流动成本

（二）管理人员流失因素与管理人员流失相关分析

本研究使用皮尔逊（Pearson）对福建省生鲜超市管理人员流失的变量展开相关性分析,借此方法来了解 5 个影响因子与生鲜超市管理人员流失的影响程度大小。通常情况下,Pearson 相关系数绝对值越接近 1,其线性相关程度就越大;若 Pearson 相关系数绝对值小于 0.3,则被称为微弱相关;若 Pearson 相关系数处于 0.3 和 0.5 之间,则为低度相关;若 Pearson 相关系数处于 0.5 和 0.8 之间,则为显著（中度）相关;若 Pearson 相关系数处于 0.8 和 1 之间,则为高度相关。福建省生鲜超市管理人员流失因素与管理人员整体流失情况分析如表 1-8 所示。

表1-8 各影响因素与生鲜超市管理人员流失相关分析

各影响因素与管理人员流失	Pearson 相关系数	显著性
薪酬福利——生鲜超市管理人员流失	0.632 * *	0.000
个人发展——生鲜超市管理人员流失	0.546 * *	0.000
组织支持——生鲜超市管理人员流失	0.328 * *	0.003
流动成本——生鲜超市管理人员流失	0.201 *	0.028
工作环境——生鲜超市管理人员流失	0.497 * *	0.000

* * . 在0.01 水平（双侧）上显著相关。

从表1-8可知，薪酬福利、个人发展、工作环境、流动成本和组织支持与福建省生鲜超市管理人员流失显示出正相关关系，由 Pearson 相关系数能够看出，与福建省生鲜超市管理人员流失相关性最强的是薪酬福利，这表明薪酬福利对福建省生鲜超市管理人员流失影响最大。

（三）管理人员流失因素与管理人员流失回归分析

前文关于管理人员流失因素与管理人员流失相关分析的研究结果说明管理人员流失因素与管理人员流失之间具有正相关的关系，为了深入了解每个因素对管理人员流失的影响程度，本研究拟视福建省管理人员流失为因变量，视各个流失因素为自变量进行回归分析。

1. 线性回归前提假设检验

在展开福建省生鲜超市管理人员流失量表的回归分析之前，需要检验回归模型的基本假设有无满足线性回归的要求，主要包括因变量和自变量的线性趋势及其独立性、因变量的正态性和方差齐性。

第一，线性回归的前提条件是自变量与因变量之间的线性关系，一般通过绘制散点图来观察是否满足，图1-4显示福建省生鲜超市管理人员流失与5个影响因素之间具有线性关系，满足回归分析的要求。

第二，因变量的独立性一般指因变量残差间存在相互独立性，不存在自相关，通常用DW检验，若DW值接近2则残差项间无相关；若DW值愈接近则残差项间正相关愈强；若DW值愈接近4则残差项间负相关愈强。基于量表统计可知，DW值为2.014，残差项间无相关，因而因变量具有独立性。而对于自变量的独立性而言，通常通过多重共线性判定，主要包含容忍度和方差膨胀因子（VIF）两个方面，若容忍度值处于 0 和 1 之间，数值愈小则自变量间与其他自变量愈存在共线性问题；VIF 小于 10 表示自变量间不存在多重共线性。表 1-9 说明自变量间不存在多重共同性。

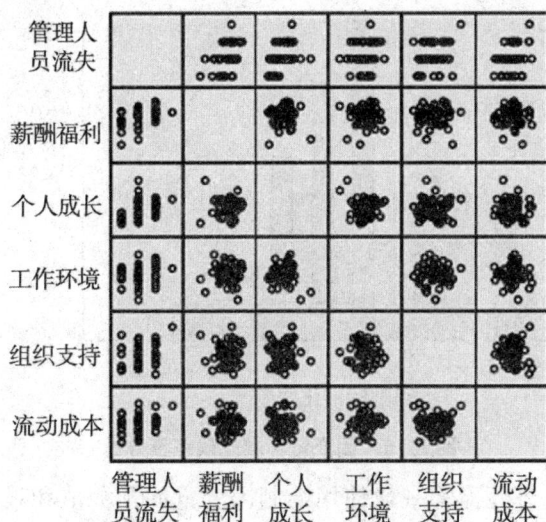

图1-4　因变量与自变量线性关系散点图

表1-9　管理人员流失因素共线性检验结果[a]

模型	共线性统计量	
	容差	VIF
（常量）		
薪酬福利	1.000	1.000
个人发展	1.000	1.000
工作环境	1.000	1.000
组织支持	1.000	1.000
流动成本	1.000	1.000

a. 因变量：总体薪酬满意度水平

第三，正态性就是指自变量的任何一个线性组合，因变量 Y 都符合正态分布，换而言之，残差必须呈现正态分布。一般用直方图进行验证，图1-5说明因变量回归标准化残差呈正态分布。

直方图
因变量：生鲜超市管理人员流失

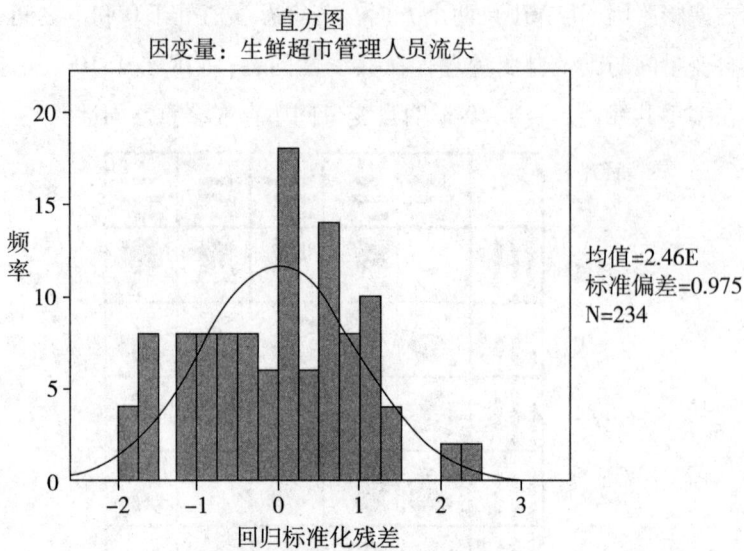

均值=2.46E
标准偏差=0.975
N=234

图 1-5　因变量标准化残差直方图

第四，方差齐性检验一般使用绘制因变量的预测值和残差之间的散点图进行检验。图 1-6 说明大多数观测量散落在 0 点水平线两侧，预测值和残差之间没有明显相关，回归方程满足方差齐性假设。

因变量：生鲜超市管理人员流失

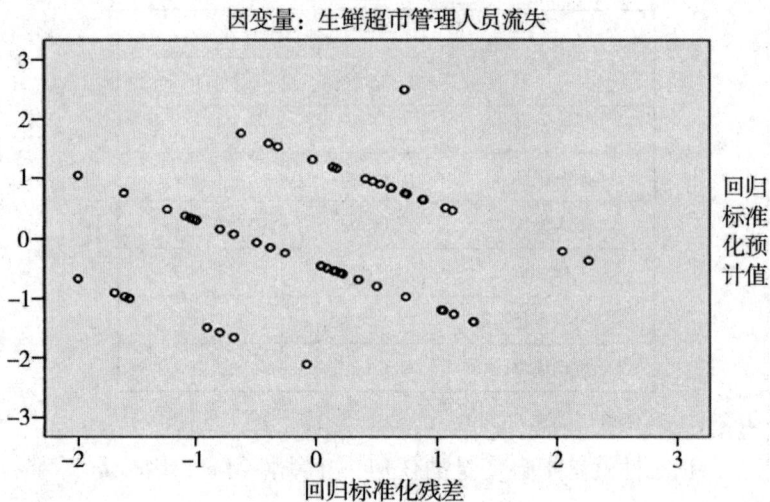

图 1-6　因变量预测值与标准化残差散点图

2. 回归模型分析

基于前文对多元线性回归前提假设的检验，说明因变量福建省生鲜超市管理人员流失度与薪酬福利、个人发展、工作环境、组织支持和流动成本 5 个自变量能够进行多元线性回归，表 1 - 10 显示了多元线性回归的结果。

表 1 - 10　生鲜超市管理人员流失度与各影响因素回归分析结果

变量	非标准化系数		标准系数	t	Sig.
	B	标准误差	试用版		
（常量）	3.251	0.030	4.396	82.021	0.000
薪酬福利	0.342	0.030	0.481	8.442	0.000
个人发展	0.316	0.030	0.439	7.736	0.000
组织支持	0.208	0.030	0.292	5.129	0.000
流动成本	0.127	0.030	0.185	3.214	0.002
工作环境	0.246	0.030	0.347	6.067	0.000
R^2	0.657				
调整的 R^2	0.639				
F 值	41.237				
Sig.	0.000				

由表 1 - 10 可得判定系数 $R^2 = 0.657$，修正的 $R^2 = 0.639$，说明回归方程的拟合度良好；F 值为 41.237，系统自动检验的显著性水平为 0.000，低于认可的显著性水平 0.05，$F_{(5, 234)0.001} = 4.396 < 41.237$，充分显示回归方程具有显著性，符合方差显著性检验；薪酬福利、个人发展、工作环境、组织支持和流动成本的回归系数都小于 0.05，具有显著性。整体而言，该回归模型各指标都表现较好，具有统计学意义。而且，5 个影响因素都纳入回归方程，以薪酬福利因素标准化回归系数最高，这显示出其对福建省生鲜超市管理人员流失影响最大。

第五节　减少福建省生鲜超市管理人员流失的建议

一、薪酬福利层面

（一）优化管理人员薪酬体系

薪酬是员工最主要、最为关注的因素之一，其关系到个体的切身利益。

合适的薪酬水平是其生活、工作的基本保障。生鲜超市的管理人才居高不下的流失率很大一部分原因来自于对薪酬的不满意。适当提高管理人员的薪酬水平,有助于降低高级管理人员的流失率。提高生鲜超市管理人员的薪酬水平,首先应根据超市的经营绩效及盈利水平建立科学、规范的管理人员薪酬体系,制定适当的基础工资保障生鲜超市的管理人员满足基本的需求,在基础工资之上,辅助以绩效工资,在管理效率、经营绩效有显著提升的情况下,予以管理人员适当的绩效工资,以刺激其工作积极性。通过"基础工资" + "绩效工资"提升管理人员薪酬满意度,进而降低管理人员的流失率。

(二)提高管理人员福利待遇

生鲜超市管理人员的薪酬待遇除了现金收益之外,很大一部分收益来自其所享受到的福利待遇。制定良好的福利制度,有助于留住管理人员,降低管理人员的流失率。福利待遇,除了硬性福利待遇之外,还应为生鲜超市管理人员提供软性福利待遇。所谓硬性福利待遇指的是管理人员所享受的五险一金、股票期权、带薪假期、工作津贴等劳动法规定的非现金形式的员工报酬;所谓软性福利是指雇主对员工提供的非金钱性质的工作补偿,如培训、聚餐、休假旅游等。降低管理人才的流失率,提高管理人才的薪酬满意度,应在硬性福利待遇的基础之上,为管理人才增加软性福利待遇,通过软性福利待遇的增加,减少高级管理人才的流失,留住生鲜超市的核心管理人才。

(三)提高管理人员薪酬结构的外部竞争力

生鲜超市管理人员的薪酬结构外部竞争力的大小在很大程度上直接决定了管理人员流失率的高低。管理人员薪酬结构外部竞争力低,则其流失率就高;其薪酬结构外部竞争力高,则其流失率就低。生鲜超市要留住管理人才,必须为管理人员提供合理并富有外部竞争力的薪酬。制定有利于留住管理人才的薪酬制度,企业应认真分析当前所处的组织内外部环境。明确组织内部环境,包括企业经营情况、业绩水平、管理制度等;再结合组织外部环境,即同行业外部公司的管理人员薪酬结构与福利待遇。通过客观分析生鲜超市的内外部环境，为管理人才制定合理又具有外部竞争力的薪酬结构，以此来留住管理人才，降低超市管理人才的流失率。

（四）提高管理人员薪酬结构的内部公平性

在生鲜超市的管理人员外部薪酬竞争力的基础之上，生鲜超市更应该重点考虑管理人员内部薪酬的公平性问题。管理人员薪酬体系应保证"绩效取薪、内部公平"原则，合理考评其工作绩效，根据所作出贡献的大小，给予其适当的薪资待遇。公平、公正是薪酬激励管理人才的前提。生鲜超市应在内部设置公平、公正、符合管理人员需求的薪酬，辅助以在外设置的具有外部竞争力的薪酬才能对管理人员起到激励作用。

二、个人发展层面

（一）提供充足的人才发展空间

对于大部分的管理人员来说，当前生鲜超市的环境里其个人未来的发展前景是决定其去留的重要影响因素。在满足其生活需求之后，更多的管理人员看重的是其在当前环境里的发展空间，当发展前景良好，则管理人员的离职倾向较低；而当发展前景相对较差时，大部分管理人员都会选择"跳槽"来为自己寻求更好的发展空间。生鲜超市为管理人员提供良好的发展前景，则要求生鲜超市关注员工的个人利益，了解其切身需求，明确管理人员的事业规划，必要时可协助管理人员制订其未来的发展规划，使管理人员清楚了解自身所处的生鲜超市的环境以及其具有的未来发展机会。

（二）完善管理人才的培训机制

培训是人才技能掌握、提升的有效途径，有效的培训可以提高生鲜超市的管理人才的知识及技能的储备。首先，通过培训，可以提高管理人员的综合素质，更可以使生鲜超市的管理人员感受到生鲜超市对其重视程度，增加管理人员对生鲜超市的归属感和认同感，从而降低管理人员的流失率。管理人员通过接受系统、科学、有效的内部培训，使其业务技能、管理水平得到显著的提升，在提升管理人员的综合素质能力时，生鲜超市也因为管理人员综合素质能力的提高而提高经营业绩水平，进而提高其销售利润增加企业盈利。其次，为管理人员提供的必要、适时的培训，有利于保持生鲜超市内部管理人员的士气，改变管理者的工作态度，增强生鲜超市内部人才的工作积极性，进而降低生鲜超市管理人才的流失率。

（三）引导管理人员发展方向

生鲜超市的发展就是内部管理人员成长的结果，管理人员的成长，其综合能力的提高，最直接的表现就是生鲜超市经营业绩的增长。生鲜超市的管理人员作为主观能动性相对较强的企业人才，其未来发展方向很大程度上依附于企业的发展。生鲜超市发展得好，内部管理人员的发展前景也相对广阔；生鲜超市衰败，内部管理人员的未来发展也会受到相应的局限。生鲜超市的发展与管理人员的发展是相辅相成的，管理人员的大量流失同样也会影响组织的经营绩效。引导管理人员未来发展的方向，将其未来规划与生鲜超市的发展战略结合在一起，既能促进生鲜超市实现组织战略目标的进程，又能有效地提升管理者的概念技能，同时还能增强管理人员的归属感，降低生鲜超市的内部核心管理人员的流失率，一举多得。

三、工作环境层面

（一）提高管理人才的工作自主性

工作自主性指的是个体在所从事的工作中自我感觉能独立控制手上的工作的特性，包括工作方法自主选择性、工作程序自主操作性、工作时间及工作地点的自主性等。管理人员的工作自主性可以体现生鲜超市对组织内管理人员的信任以及肯定，进而提高管理人员对生鲜超市的认同感及其对工作的投入程度。提升管理人员的工作自主性，在职责范围内将工作的决定权交由管理人员自主掌握，通过增加管理人员的工作自主性，增强其工作效能感，提高工作效率与管理人员工作满意度。管理人员的工作自主性的提高方法主要有加强其职业技能的培训、制定完善的管理人员绩效考评机制、对管理人员在职责范围内进行放权等。

（二）改善组织内部工作氛围

工作氛围指的是个体在某个环境中工作所获得的直观感受。好的工作氛围能有效地提高工作人员的工作积极性及团队的工作效率。生鲜超市内部良好的人际关系同样有助于改善管理人员的工作绩效，积极向上的组织氛围会对生鲜超市内部的工作人才产生许多正面的影响，如管理人员在积极的工作氛围中，其较平常的工作更容易感受到鼓励和支持，进而影响他们去寻找更具创造性的技术来实现工作目标的达成。良好的工作氛围，包括与上级积极有效的沟通反馈、与同事顺畅和谐的交流互助，以及与下级清晰明确的交谈。建立良好的工作氛围，应先从生鲜超市内部沟通开始做起，建立畅通的内部人员沟通渠道，加强管理人员与非管理人员的有效交流。正式沟通为主，非正式沟通为辅，开发有效的沟通制度和交流平台，保障管理人员之间的沟通，进而改善生鲜超市内部的工作气氛。

（三）塑造优秀的企业文化

生鲜超市的企业文化是生鲜超市内部形成的，由生鲜超市价值观、生鲜超市理念、生鲜超市精神、生鲜超市信仰、道德规范以及生鲜超市处世方式等组成的特有文化现象。企业文化在某种特定的环境、条件下，可以间接地影响管理人员的工作态度及工作方式，进而影响生鲜超市的经营业绩和利润的获得。企业文化可以有效地激发管理人员的使命感，促使管理人员提高其工作积极性，更加努力地去实现生鲜超市的目标。优秀的企业文化，更可以作为一种人才的招聘手段来使用，高级管理人才对企业文化的认知度比普通员工要高，同时，优秀企业文化对其吸引力也相对较高，因此，制定优秀的企业文化，亦可以吸引、保留生鲜超市内部的高级管理人才。

四、组织支持层面

（一）提供必要的资源保障

"巧妇难为无米之炊"，没有武器的将军更不适合在沙场上驰骋。生鲜超市应为管理人员的管理工作提供必要的物力资源作保障，以确保管理人员的日常管理工作可以顺利进行。此外，生鲜超市内部的物力资源的支持能增加管理人员的工作效能感，让其感觉到其工作受到组织的重视和支持，进而提高其工作积极性，降低其流失倾向。

（二）提供必要的技术支持

社会在不断发展，时代在不断进步，因此，工作过程中遇到的问题也在不断变化。生鲜超市内部的管理人员需要不断提升自己的专业技术技能来满足其工作的需求，如管理者概念技能的提升、沟通表达能力的提高、管理能力的提高等。管理人员技术的提升，最直接的表现在于企业经营利润的增加及管理模式的改善。此外，增加管理人员技术支持，有助于提高管理人员的工作效能感，提高其组织满意度，进而降低管理人员的流失率。

（三）提供必要的人力支持

生鲜超市内的管理人员在工作的过程中，如果感受到了周围同事对其提供的物质支持、精神支持，则其工作的积极性及稳定性将会有相应的提高。生鲜超市提供必要的人力支持，包括上级分配的人员助手，遇到困难时同事、领导伸出的援手等。通过同事之间的互帮互助，提高生鲜超市内部工作氛围融洽度，提升管理人员及其团队的工作效率，并提高管理人员的工作满意度，最终实现生鲜超市利润的增长及管理人才流失率的降低。

第六节　研究结论与展望

一、研究主要结论

本研究通过实地调研的方式对福建省生鲜超市管理人员流失问题进行深入研究，经过文献阅读及实地访谈设计调查问卷，发放问卷后回收并对其进行信度和效度分析，分析结果显示问卷的 5 个主要的显性因子合计解释了 73.826% 的方差，而且每个题项对其所属的因子具有相对较高并且没有比较接近的负荷，这显示出福建省生鲜超市管理人员流失量表做确定的公因子对原变量具有良好的解释度，效度较高；而整个量表的信度为 0.941，管理人员流失各因素的题项的总计相关系数都超过了 0.5，而且量表整体及每个影响因素的 Cronbach's α 系数均超过 0.75，这个检验结果表现出福建省生鲜超市管理人员流失量表的可信度较高，研究结果具有可以采信的价值。在此研究基础上，进一步对数据进行因子分析、相关分析和回归分析，发现福建省生鲜超市管理人员流失主要受薪酬福利、个人发展、工作环境、流动成本和组织支持 5 个因素的影响。

二、研究展望

生鲜超市管理层人员的流失问题一直是社会各界重点关注的问题之一，缓解生鲜超市内部的人员流失是人力资源工作的重中之重。本章基于福建省生鲜超市的经营现状，通过分析生鲜超市内部管理人员的薪酬福利待遇、个人发展状况、工作环境、组织支持等层面，寻找提高管理层人员工作满意度、降低生鲜超市管理层人员流失率的方法。然而由于自身各方面条件的局限性，本章的研究内容并不是十分完善，还有很多地方需要学界众多学者共同进行探讨。

在福建省生鲜超市的研究上，本章局限于区域问题，导致收集的样本量并不具有很高的代表性，从而影响了研究的质量。在样本的选取上，可以将选取容量尽可能地分布到各个省市的生鲜超市之中以提高样本的代表性；此外，样本的研究方式上，可以选取更多的数据研究方式对样本的数据进行论证分析，并且，可将所研究内容的个体维度，在本章的基础之上进行拓宽，以增加研究结果的包容性。

生鲜超市管理人员流失率居高不下的问题一直为学界所探讨关注，管理人员离职倾向与流失原因一直没有得到学界的权威论证，应对管理层人员的流失策略也逐步地在寻找当中。本章作者在前人的研究基础之上，提出的观点还有很多不够完善的地方，希望生鲜超市管理人才的流失问题能在后续学者的研究之下得到更完善、更系统的补充。

第二章　基于生鲜超市行业的高职院校校企合作策略研究

第一节　背景

就业是国家政治与经济景气的重要指标，也是人们普遍关心的问题。在我国传统观念中，高学历往往意味着好的就业机会和良好的收入。然而，随着我国教育事业的不断发展，我国的高学历群体不断扩大，随之也带来了就业难的问题。

在这个"难"的背后所隐藏的问题引起了教育界人士的广泛关注。其中，招聘方提出的"大学毕业生是否符合社会需要、培养质量是否能够满足用人单位要求"问题引起了高校的重视。目前，我国正处于蓬勃发展阶段，需要大量的实用型人才。而如何培养适合市场需要的高层次实用型人才，是中国高校普遍面临的一个重要问题。校企合作的办学模式，是教育界探索出来的一种成功的教学模式，是在社会现实实践中进行理论教学和经验积累的有效方式。而这种教学模式在我国的高职高专阶段得到了积极地运用，并取得了一定的成绩。但是，高职院校校企合作模式的开展在实践过程中也产生了一系列的问题，普遍存在校企合作重形式轻实质的现象，值得探讨与深思。

随着人们对生活质量要求的不断提高，生鲜超市进入了人们的视野。作为一种新型业态的超级市场，生鲜超市于 20 世纪 90 年代初在我国一些沿海城市兴起并迅速扩张。在国家"农改超"政策的扶持以及人们对于生活品质的不断追求下，生鲜经营逐渐为人所认识，并成为超市经营的热点之一。生鲜超市的发展具有长足的空间。然而，从我国生鲜超市目前的发展状况来看，生鲜超市发展前景广阔但人才缺乏。因而，本章选择以生鲜超市为例，研究我国高职院校的校企合作模式，具有很强的现实意义，可从以下两个方面分析：

（1）大学生就业难

自从我国大学扩招以后，大学生就业难的问题逐步显现，并成为社会的热点话题。2013年，全国普通高校毕业生规模达到699万人，比2012年增加19万人，高校毕业生就业形势更加复杂严峻。尽管我国高职院校的学生相较于本科生而言，在就业形势上较好，但是，每年仍然有大量的高职院校技能型的学生未能实现就业。就业是我国高职院校与企业联合完成校企合作办学计划的实现途径。而高职院校在校企合作办学体制下仍然存在就业难的问题，表明了我国高职院校的校企合作办学模式还存在一定的漏洞。

从我国高职院校校企合作办学的现状来看，高职学生就业困难的主要原因在于三个方面：一、高职院校学生的人才素质不能满足用人单位的需求。企业与高校合作，进行联合办学的最主要目的是希望高校能为企业培养出具有高技能、高水平以及丰富的理论知识的新型技能型人才。一旦学生的素质不能达到企业的要求，就会被企业所淘汰。能力不足——这也是当前我国高职学生就业难的一大问题。二、我国用人单位仍存在"重学历、轻技术"的问题。因而，技能型劳动者在工作过程中不能得到合理的使用。三、我国高职院校学生的就业观念存在问题。就业观念是影响学生就业的重要因素。当前我国大学生群体大多是90后，这部分群体的学生多为独生子女，从小娇生惯养且易受社会不良思想的影响，在就业上存在眼高手低的问题。认为技工的工种社会地位较低、工作辛苦、收入较低。因而，在就业时会出现"有业不就"的现象。

（2）生鲜超市行业发展快，大学生招聘难、留不住，存在人才挑战

目前，与传统的农贸市场相比，生鲜超市的发展趋势越来越好，其对

人才的要求也越来越高，不仅需要高水平的管理人员，更需要生鲜行业应用性和技术性的人才。特别考虑到生鲜产品的特殊性，生鲜超市人才要具备过硬的生鲜技术。然而，生鲜企业在招聘人才时却遇到很大的困难，由于受到应试教育的影响，我国高职院校所培养的人才一般实际操作能力比较差，所学到的理论知识很难运用到实际中去，与生鲜行业岗位要求不相适应，而且企业现有人才的流动性比较大，"跳槽"现象比较严重，人才挑战对生鲜超市行业的发展造成了一定的损失。

为了解决我国高素质技能型人才的缺乏，高职院校开展了校企合作的办学模式，并起到了积极的作用。但是该办学模式在我国的发展由于诸多因素的制约还存在一定的不足。生鲜超市规模的发展还处于初级阶段，大多数都不愿意在同一地区招收过多的职工，这对于生鲜超市与学校建立稳定的合作关系十分不利；同时，对学校在培养人才方面也不能给予明确的目标，不能顺利开展校企合作。还有些生鲜超市并没有意识到开展校企合作的重要性和意义，认为校企合作仅仅是高校和政府的职责，并没有看到开展校企合作给自身带来的长远利益，例如经营管理人才的引进、生鲜技术的创新等。因此，本章对于高职院校校企合作模式的进一步探索具有重大意义。

第二节　校企合作办学模式的研究现状

一、国外研究现状

国外校企合作即产学研合作由来已久。因而，在校企合作的教学模式上具有较为系统的理论基础。国外发达国家不仅在校企合作方面探索出了较为成熟的运行机制，还创建了各具特色的创新实践模式体系。

"二战"后，美国开始大力推行校企合作，通过一系列措施推动工业界与高校之间的联动。其中最具代表性和广泛影响的产学研合作模式有：科技园区模式、企业孵化器模式、专利许可和技术转让模式、高技术企业发展模式、工业/大学合作研究中心、工程研究中心等模式。

芬兰通过规定企业的项目必须寻找大学或研究机构作为合作伙伴才能得到资助，而大学、科研机构的项目也必须有企业作为合作伙伴才能得到支持来促进产学研合作。20 世纪 90 年代，芬兰开始组建产学研三位一体的国家科技创新体系，通过制定和实施科技政策、项目规划、开发应用计划等方式，将政府科技管理机构与科研机构、大学、行业企业联系起来，形成结构合理、系统性强的有机体系。在芬兰，国家创新体系中起着很重要的纽带作用的是分工十分明确的四个政府科技管理机构，即国家科技政策委员会、芬兰科学院、国家技术发展中心、国家发展基金会，分别从政策制定、政策执行、项目研究、项目开发和风险投资等各方面为科技创新体系提供有力保障。芬兰的科技计划项目 100% 都要求产学研合作模式，这使得芬兰的产学研合作创新排名世界第一。

德国的大学和科研院所十分重视科研成果的转让，在全国构建了一个合作创新的网络，所有的科研项目都要求有中小企业参加，这为产学研合作提供了组织保障。德国的校企合作模式主要有以下几种：大研究中心、技术转移中心、科技园、跨学科教育和科研机构、能力中心/网。其中又以技术转移中心的 Baden—Wurttemberg 邦 Steinbeis 技术转移基金会的产学研合作成效最为显著。这主要源于它特殊的运作机制。Steinbeis 基金会扮演了产业经理人功能，发展出有关邦内中小企业所需的知识和数据库，并对技术以及相关产业知识进行管理，以极端扁平化的组织形式，建立产学研合作网络，使各单位能实际互动，各专业人才能相互联系。另外，瑞典、奥地利等其他国家建立了"能力中心"等产学研网络来促进产学研合作。

日本产学研合作模式也取得了一定的成绩。其主要模式有：共同研究、委托研究、委托研究员、教育捐赠的财会制度、共同研究中心、科技工业园区等。在这些教学模式下，日本的教育以及经济得到了长足的发展。

此外，国外十分重视技术创新中介服务机构的建设，在行业自律、市场公平竞争维护、中小企业成长扶助、国家科技项目管理等功能上日趋完善，这种服务体系的有效运作变成了产学研合作的秘密武器。

二、国内研究现状

20世纪90年代，我国引入校企合作的办学模式。学术界和教育界也开始了对校企合作在我国的实践性探索和研究。但是，相较于发达国家而言，我国对于校企合作模式的研究还比较落后。

从研究成果的数量上来看，我国对于高职院校校企合作模式的理论研究具有一定的成果。根据万方数据平台数据显示2000年至2012年，我国关于校企合作方面的文献有5162篇。通过万方数据平台的知识脉络检索结果（如图2-1所示）可以发现：

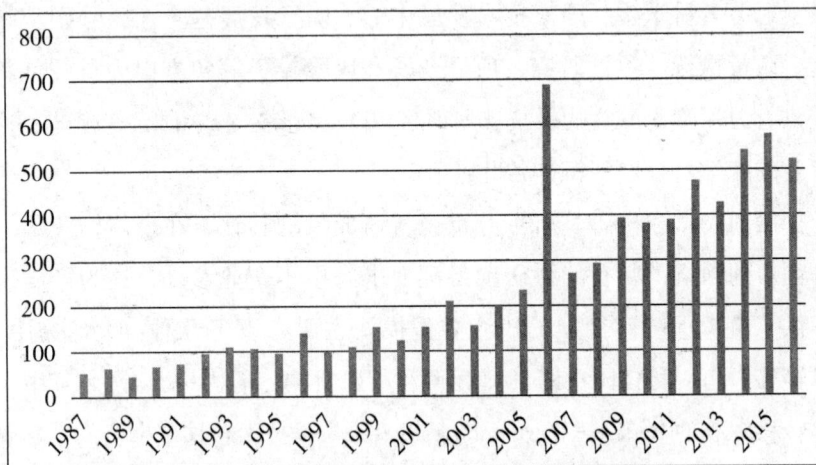

图2-1　校企合作的年度命中数（源自：万方数据平台）

我国学术界对于校企合作模式的研究已经有一定的积累，并且近年来对于校企合作模式的研究一直处于不断上升态势。

从研究的内容上来看，我国对于高职院校校企合作的研究方向主要在两个方面。一是对于国外校企合作模式的研究，从而探索中国校企合作建设之路的借鉴意义。代表学者及成果主要有：李高峰[74]（2009）系统阐述了高职院校的校企合作模式对于校方和合作企业的现实意义，并在此基础上对比了国外与国内主要合作模式的异同，最终提出校企合作模式存在的主要问题并对其产生的原因进行了剖析。文中指出，德国是最早实施校企合作的国家，大约在110年前，而我国是在20世纪90年代兴起的，尚不成熟。对国外校企合作模式进行分类，一类是以企业为主导的校企合作模式，主要以德国的双元培训制、英国的"三明治"工读交替培训、日本的产学合作模式为代表；另一类是以学校为主导的校企合作模式，主要以美国的合作教育计划、新加坡的"教学工厂"以及前苏联的学校基地企业培训计划为代表。二是对于国内校企合作模式的研究。笔者从内容与合作深度两个层面来进行总结归纳。从内容来看，我国校企合作模式的研究及运用主要是从以下六个角度展开的：引进智力模式、引进资金模式、实习基地模式、订单模式、服务企业模式和综合模式。从合作深度来看，可以将国内模式分为企业配合、校企联合培养和校企实体合作三个层次的模式。笔者对国内外校企合作模式的研究只是进行了初步归纳，国内其他学者对此课题进行了更深入的探讨。如谢华[75]（2011）详细介绍了德国"双元制"教育模式的特点，结合深圳职业技术学院的实际情况，进一步提出了值得我们借鉴的经验，同时强调了政府支持是德国模式成功的关键要素。黄冠群[76]（2011）对比了国内外高职院校校企合作模式，在前人研究的基础上重新对国外校企合作模式进行了归类，划分为以企业为主导的模式、以学校为主导的模式，并增加了以行业为主导的第三类模式，其中以澳大利亚为代表，行业在职业教育中起着特殊重要的作用。同时笔者认为，在我国，政策法规、政府主导、职业资格制度及管理等方面尚需要完善。在对国内文献的分析中，我国的校企合作模式主要是基于目标导向型的人才培养合作模式，并且按照企业参与方式、合作深度以及合作名称进行了归类。

学者对于我国校企合作本土化的实践性探索。在这方面，我国学者的研究较晚，但是研究的理论成果上还是比较丰盛的。在对校企合作模式实现本土化实践的研究方面主要有：校企合作模式建构的困境及对策的理论化研究。如曹立村、黄冠群[77]（2011）从宏观、中观以及微观三个层面对高职院校校企合作影响因素进行了分析，并对合作模式的形成机理作出了理性分析。施雨[78]（2011）从主要发达国家高校校企合作的主要模式对比、校企合作机制的理论基础分析和高校校企合作机制的调查分析，最终从政府、学校、企业、校企合作中的指导者以及各主体间的相互关系五个方面构建了校企合作机制。此外我国学者也进行了对校企合作在某专业领域可操作性的实证研究。如：酒店专业领域、汽车工业领域等方面。但是，我国学者在这些方面的研究还比较少。校企合作模式相较于普通的高等教育而言受到更多因素的制约。这对我国校企合作模式的进一步发展造成了阻碍，因而对于校企合作的研究需要更多地从实证角度出发，进行进一步的具有区域以及专业特色的探索。

综上所述，国内学者对高职院校校企合作模式的研究多数是以"国内外合作模式对比分析"为主题来立论并展开的。从20世纪90年代至今，许多专家学者在这一领域做了大量研究，为后来者的继续研究提供了丰富的理论支持。也有部分学者根据我国专业领域特殊性进行细化的校企合作模式的研究，如酒店专业领域、汽车专业领域等。但是，这部分的研究还比较少。在此，本章通过对现有文献的梳理和总结，结合具有较强实践性的以生鲜超市为例的校企合作模式，探索我国高职院校校企合作的实现路径。

生鲜超市行业属于零售行业，其发展受到自身特殊性的影响，包括生鲜超市经营产品的特殊性、生鲜超市管理经营模式的特殊性以及生鲜超市的特殊性对校企合作的挑战。为此，生鲜超市应有针对性地与目标高职院校开展校企合作，以培养满足自身发展需求的高技能专业人才。然而，就目前来看，我国生鲜超市行业开展校企合作的现状不容乐观，仍然存在诸多的问题，受到了自身、学校、制度等方面的制约，使校企合作的开展不能深入地进行。本章对校企合作存在问题的成因进行了详细的分析，并结合实践探索，提出了一系列促进生鲜超市行业校企合作的策略。

第三节　我国高职院校校企合作的现状

随着科技的不断进步，社会对于应用型技术的重视程度日益加深。高校校企合作办学模式就是在这样的情况下应运而生。20世纪90年代末，在改革开放的春风下我国高职院校以培养实用型人才为己任，不断壮大和发展。经过不断的发展和改革，不仅在区域经济建设和某些专业性领域培育了大批社会急需的实用型人才，我国高职院校还与一些企业进行合作式办学，并取得了良好的成果。《中国教育改革和发展纲要》指出：高等教育要加强实践环节的教学和训练，发展同社会实际工作部门合作培养，促进教学、科研、生产三结合。我国原教育部部长周济也在教育部的职业教育实训基地建设工作会议上指出："要进一步扩大职业教育规模，提高职业教育质量，解决广大青年学生的职业理想、职业道德和实践能力问题，要突出实验、实习、实训教学，这是职业教育的根本特色。""加快培养高质量技能型人才，是当前我国职业教育面临的急迫任务，加强实践能力、职业技能培养，是提高技能型人才培养质量的关键环节。"可见，高职院校开展校企合作具有重要的意义。因此，为了了解我国校企合作的现状，了解我国校企合作办学过程中存在的问题，从而探讨我国校企合作办学模式在实践中进一步优化的有效策略。本章在此章节主要对我国校企合作办学的现状进行分析，并探究现状中存在的问题及其成因。

一、我国校企合作的办学模式

关于我国校企合作的办学模式，我国不同的学者有着不同的观点。沈阳师范大学的肇立春认为，我国校企合作模式主要有以下几种形式：①定向与委托培养、培训。主要是学校与企业联合，通过公办教育与民办教育的结合等办学形式和机制，开展校企合作办学模式，为本行业的学生提供对口实习和定岗实践的机会。②共建校内实训基地，进行模拟仿真教学。这主要是建立仿真的企业生产现场环境，通过聘用具有丰富实践经验的技术人员、工程师、管理人员等专家为授课教师，开展技术培训和实践训练，为学生提供实践性教学。③建立校外实训基地，进行实践性教学。企业与学校加强合作，建立具有独特性、稳定性的校外基地，并聘请具有实践经验和专业特长的教师向学生传授实践性的工作技能。④学校根据企业的需求对学生的技能进行针对性的培养，并依托行业的职业技能鉴定中心和培训中心，对学生的职业技术资格进行考核。⑤建立高职专业指导委员会。实行校企合作的办学模式需要学校与企业进行紧密的合作，由双方专家组成专业的指导委员会，对学生的课程体系、教学安排、实践安排等环节进行周密的制定。⑥学校进行培养，企业择优录取。⑦为学生的毕业论文设计以及毕业实习建立实习基地或实习点等，使高职学生能够深入企业，结

合在校学习的实际课题，真刀真枪地进行顶岗技术培训，并通过专业职业技术考核。华北电力大学的金爱茹认为，当前我国职业教育的校企合作办学模式还处在起步阶段，校企合作模式单一。从我国当前的校企合作形式来看可以将我国人才培养模式分为以下几类："订单式"、"2+1"、"工学交替"、"企业学院"、全方位合作教育模式。我国学者对于"如何实现有效的校企合作模式"进行了大量的探索。在此，笔者根据我国校企合作的现状以及各位学者的研究成果将我国校企合作的模式分为以下几种：

（一）顶岗预分式

校企合作的主要目的是通过培养具有较强社会实践能力和较高理论知识水平的大学生，为社会输送具有实践价值的人才。因此，我国在引入校企合作的办学理念之初，便决定了在校企合作项目中学校与企业的主体性。为此，一些高职院校与企业制定了"2+1"顶岗预分式的培养模式。

所谓"2+1"顶岗预分式的人才培养模式主要是指将高职院校学生的三年学习时间分为两个阶段：第一阶段是学生在校期间进行两年理论课的学习；第二阶段是学生在校完成理论知识的学习之后，进入对口企业进行为期一年的企业顶岗实训。这种培养模式对高校的人才培养以及企业的人才引进具有很大的好处。首先，从校方和学生个人来看，与企业合作学生在学习理论知识之后有机会在具有实践性的场所进行实训，有利于巩固自己的理论知识，强化自身的实践能力，使个人的技能得到普遍的提升。这对于学生的个人素质具有很好的锻炼意义，从而进一步解决了学生的就业问题。其次，从企业的角度来看，与高职院校合作联合培养人才，增加了企业选拔高技能人才的机会。且我国对技能型人才的培养还处于比较粗放的模式，对于高水平技能人才的培养还存在欠缺。这种培养模式能够使企业的人才得到及时的补充，为企业的人才引进提供了便利。顶岗预分式的培养模式对高职院校学生的个人综合素质、动力实践能力以及解决实际问题能力等方面的培养具有一定的优势，但是在实际的操作中却存在一定的问题。其局限性在于企业很难大量地接收高职院校每年培养的大量人才，这就使得学校和学生在寻找合适的实习企业和实习岗位的问题上存在困难。这样的困难一旦出现就会使得学生在企业进行一年的顶岗实习仅流于形式，不能达到预期的效果。

（二）联合式

自从我国高校开始引进校企合作的办学模式之后，教育界在探索如何更好地实现校企合作的办学模式上进行了诸多的探索和尝试。联合式的培养模式就是我国高职院校在校企合作办学模式探索之路上的一大成果。

所谓联合式的校企合作办学模式是指学校与企业联合共建的人才培养模式。这种人才培养模式与上述的顶岗预分式最大的不同之处在于企业直接参与了人才培养的各个阶段，使培养的人才更符合时代的需要。这种联合共建人才培养模式主要包括：校企双方互相合作共同建设专业、课程、实验实训基地等。具体来讲，就是学校和企业联合，由企业相关行业的专家与合作学校的专业骨干教师两方人员合作组成专业的指导委员会，并在委员会的指导下承担起联合培养项目的专业人才培养目标的定位、专业教学计划与教学大纲的制订、专业实训设施设备建设、教学内容与教材开发培养模式、改革师资队伍建设等职责。以实现学生能够以企业准员工的身份进入实验实训基地实习，而企业也能够在实习基地进行一定的生产活动，从而实现校企双方在资源上的相互共享和利益共享。在校企联合培养项目上，浪潮集团与高校的校企合作项目堪称典范。浪潮是中国最早的 IT 品牌之一，在与高校联合培养的项目有着比较成功的经验。到目前为止，浪潮集团与全国的多所高校都有着联合培养项目，与山东大学、山东师范大学、山东财经大学、济南大学、吉林大学、西南交通大学、西北工业大学等都存在合作关系，高校按照先进的国际教育理念，进行了专业共建、培养目标建设、核心课程建设等多项合作。并与我国数百所高校展开院校合作实训项目和学院共建项目等，依托双方的优势资源，帮助高校提高办学质量与教学水平，从而提升学生素质，促进大学生就业。

（三）订单式

20 世纪 90 年代我国办学体制开始逐步进行改革。由于受到市场化的影响，我国的人力资源配置也逐步市场化，在这种形式的影响下我国的人才培养模式也发生了一些变化。教育界的学者们在探索中国教学模式的改革中，结合我国社会人力资源发展现状和趋势，将"订单式"人才培养模式引入了教育领域。所谓的"订单式"人才培养模式，主要是指高校与企业签订用人订单，双方针对社会和市场需求共同制订人才培养计划，并在师资、技术和办学条件等方面合作，通过"工学交替"的方式分别在学校及用人单位进行教学，学生毕业后直接到用人单位就业的一种人才培养模式。这种人才培养模式依托高校优质的教育资源，整合社会资源，与企业接口，实现对人才培养的专业化和有针对性。在校企双方签订订单协议时，要秉承"相互需要，互相依存，互惠互利，互相参与"的基本原则。签订的协议内容中要明确规定学校、学生及企业三者之间的权利与责任。具体地说主要包括三方在教学计划的确定、专业课程的设置、师资力量的配置、实训基地的建设、人才培养的规模以及人才的技能要求等方面的职责与权益等内容。通过签订协议，可以使参与项目的各方更重视人才培养项目。这种人才培养模式相较于前两种人才培养模式更具有优势教育资源集聚性，通过有具体行业目标针对性进行人才培养和人才培养协议的制约与保障，使得各方在履行协议时更具有积极性，且这种针对用人单位的人才专业技能的需求和实际岗位需要进行的人才培养，使人才在培养之初在专业设置、课程设置、教学内容的选择、教学方法的运用等方面使学生的个人素质与职业技能都能够贴合用人单位的实际需求，为用人单位人才的补给提供了便利；同时，也提高了人才培养的效率。我国的经济发展模式仍处于劳动密集型，但是近年来用人单位对于人才的需求也开始发生巨大的改变，有大量的企业存在着高薪难以聘请到高技术人才的难题。订单式的人才培养模式对于解决用人单位的这一难题具有很好的作用。但是，这一人才培养模式也存在自身的局限性。首先，这一培养模式对用人单位人才需求的规模有一定的要求，需要企业的规模较大，对于人才的需求量较大，而在我国这种用人单位并不是很多。此外，这种人才培养模式对学生个人素质的培养具有局限性。由于是"订单式"的培养，在培养过程中完全按照企业的人才素质需求进行教育，这种教学模式容易造成学生的知识结构过于单一化，从而影响学生更进一步的发展。

二、我国校企合作的规模

为了更好地使高校培养的人才符合社会发展的需要，20 世纪 90 年代，我国开始引入校企合作的办学模式，学术界和教育界也开始了对于校企合作在我国的实践性探索和研究，使得高校的发展进入了一个新的历史阶段。校企合作的办学模式从 20 世纪 90 年代发展至今，在我国诸多教学实践的不断探索中，我国高职院校校企合作项目已经发展到了一定的规模。

2006 年教育部、财政部落实《国务院关于大力发展职业教育的决定》精神，从 2006 年到 2010 年实施，按年度、分地区分批推进，稳步发展，遴选 100 所高职院校进行重点建设，这些学校在校企合作办学的道路上取得了较好的成绩，在探索校企合作的办学体制，推进工学相结合的人才培养模式的改革等方面取得了显著的成绩，并在高等教育国家级教学成果奖中获得了较好的成果，引领了全国高职院校的改革与发展方向。地方高校在校企合作办学体制上也进行了不断探索和发展。据福州教育年鉴显示，2012年仅福州市全市开展校企合作项目的高职院校就有 30 所，涉及的合作企业达到了 377 家。这些学校与企业在 77 个专业上有合作项目，涉及的学生人数 2.77 万人。其中，开展订单培养教育的学校 23 所，订单培养专业 44 个，订单培养人数 6027 人；高职院校与企业合作办学的有 17 所，涉及 36 个专业和 7653 名学生。可见，在国家政策和政府的大力支持下，我国校企合作办学体制在高职院校中的发展已经比较有规模。

三、我国校企合作存在的问题

对于我国高职院校的校企合作办学体制的发展，我国政府部门在政策上给予了大力支持。《国家高等职业教育发展规划》（2010—2015 年）明确指出了，要加快促进我国高校校企合作办学机制体制的不断创新和发展，推动我国高校和企业双方在"合作办学、合作育人、合作就业、合作发展"等人才培养目标的实现，从而实现我国高等职业教育的办学活力不断提升，高职教育办学质量的不断提高，以及高校为地方经济与社会发展服务能力的不断增强。尽管我国高职院校在政府部门、企业等单位的大力支持下，不断探索完善校企合作办学机制的途径。但是，在诸多的实践和发展过程中校企合作办学体制下的人才培养仍然出现了一些问题。其中主要的问题表现在以下几个方面。

（一）校企合作流于形式，缺乏科学的合作机制

我国自从实施校企合作办学体制以来，一直遵循着学校与企业之间的平等自愿与互惠互利的原则，力图将校企合作办学打造成学生、学校、企业三赢的项目，在这三者互相合作的过程中，对于学生素质能力的培养是关键。因此，校企合作项目最重要的环节在于教学过程，对其教学过程的管理控制具有重要的意义。在校企合作的办学体制实践操作的过程中涉及多个主体——学校、学生以及企业等。在此过程中，对校企合作教学过程的控制就有多个主体影响因素，多主体的参与使校企合作项目在实践操作过程中受到更多的约束和制约。在实践的过程中，对于校企合作教学过程管理的控制主要表现在以下两个方面：一、对于校企合作办学过程中教学管理模式的控制；二、对于校企合作办学的教学质量的管理控制。我国高职院校存在的对于校企合作办学过程中的教学管理模式控制不力以及教学质量管理控制不力的原因，主要在于高职院校师资力量的不足及校企双方在沟通协调上的不足。在校企合作办学项目上，校企双方会就双方的权责范围进行一定的沟通，并共同制订高技能型人才培养的具体实施方案。这些方案包括对教学目标的定位、课程的设置、教学内容、教学模式、实训安排等多方面的内容。但是，由于校企双方的利益问题以及所站的角度的不同，两者在沟通上容易存在一定的分歧。在高技能型人才培养实施方案制订的问题上，学校方面大多缺乏具有丰富实际工作经验的教师，而用人单位方面则大多缺乏具有丰富理论基础和水平的技术工人，两者在制订人才培养方案时会造成一定的漏洞，从而造成对教学管理模式和教学质量控制上的失衡，这种失控对人才素质的培养具有不良影响。就目前来看，我国校企合作成功的案例并不多，部分合作仅仅流于形式，无法进行深入的探究，主要原因是两者合作没有建立起完善的互利互惠机制，未达到利益的平衡点。

企业作为市场的主体，所追求的是利益最大化，并不会自觉地担负起培养高技术水平的人才任务。假如企业在校企合作中没有获得预期的营收

目标，其合作的动力就会减弱甚至消失。而高职院校也存在一些认知误区，认为开展校企合作就是企业为其提供必要的设备、场地等，而忽略了学校应该对合作企业所尽的责任。由于缺乏互惠互利、合作共赢的长效机制，校企合作无法进一步加深，不能达成双赢的局面。

（二）社会认识存在偏差

自古以来我国就有"万般皆下品，唯有读书高"的观念。这里的"书"一般指的是书本知识、理论知识。我国对于技能型人才社会地位的看法一直不高，认为是行奇淫巧术之举。这种观念在如今的社会发展趋势下虽然有了一定的改变，但还是有着众多的认同者。在校企合作办学体制的实施过程中，这种观念对于我国高职院校与企业合作开展校企合作办学方案的实施仍然有一定的负面影响。就我国高职院校校企合作办学的现状来看，这些社会认识的偏差主要表现在以下几个方面：

（1）社会认识的偏差——重学历、轻技术

我国高校对学生的选拔主要是通过对学生考试成绩的筛选进行的，这种选拔制度决定了书本知识对于学生的重要意义。在我国传统的高校录取制度下，高职院校所获取的生源一般较差。在传统的读书观念以及如今的高校选拔制度下，社会对于高职院校的学生社会评价明显低于一般的高校，重学历、轻技术一直是我国社会顽固的观念。尽管我国教育界一直大力鼓励发展高职院校，支持校企合作办学体制的发展，但这种社会观念仍然产生了很大的负面影响。

（2）企业认识的偏差

尽管一些企业在政府部门的大力支持下参与了一些高职院校的校企合作办学项目，但是对校企合作办学的重视程度明显不足。因为有部分企业认为在校企合作上存在投资大、风险高、回报时间长等问题。他们认为与学校合作的投资在收益上不占优势，且如今社会的员工流动率过大，担心留不住与高职院校合作所培养出来的人才，这样反而做了无用功。因而，一些企业在校企合作办学的态度上比较冷漠，支持力度不足。

（3）学校认识的偏差

改革开放以来，我国开始大力支持职业教育的发展。校企合作办学体制的实施为高职院校的发展带来了新的活力。但是，在实施的过程中，学校重点关注的主要在于招生及与企业的合作项目，而在人才培养的过程中缺乏足够的重视，这使得校企合作办学所培养的学生的素质可能不能达到企业的标准。

（三）师资力量不足，高职院校满足企业行业人才需求能力薄弱

在教育教学过程中，学校师资力量的现状对于教学质量有着很大的影响。而我国高职院校由于学校的级别较低，在师资力量的获取和人才引进上与国家重点支持的重点院校存在很大的差距。因而，我国高职院校校企合作项目由于师资力量的不足也容易导致一些问题的出现。

（1）高职院校教师知识结构陈旧，实践教学能力薄弱。我国高职院校的校企合作办学体制下所要培养的人才是同时具有高水平的理论知识和高技术实践能力的技能型人才，这类型的人才也是我国社会经济发展所急需的人才。然而，在我国高职院校就任的老师大多是高校毕业就进入高校教书。这部分教师在知识结构上大多一直秉承着书本上的内容，在实践操作上也缺乏一定的实际运用能力。这些专业教师尽管具有一定的理论知识，但是作为培养实践应用型人才的教师，缺乏一定的实际工作经历，缺乏专业实践能力和实践经验，其在教育教学的过程中存在很大的局限性。另外，还有些教师具有很强的实践工作经验，但是缺乏先进的知识结构和高水平的理论知识。高职院校在一些专业课程的教授上会聘请一些具有高技能型的人才担任讲师，这些人才在长期的实践工作过程中形成了丰富的专业实践技能，但是这部分教师大多缺乏先进的知识结构和理论水平，这两种情况导致了我国高职院校师资力量的不足。

（2）目前高校管理体系，不利于引进企业实践能力强的高管。我国高职院校师资力量薄弱，所培养的人才一般实际操作能力比较差，很难做到理论与实践相结合，不利于培养企业行业应用性和技术性的人才。针对此情况，高职院校有必要寻求与企业进行合作，通过引进企业实践能力强的高管、专业的技术人才等，来增强学校的师资力量，并根据企业的实际情况来培养所需人才。然而，目前我国高校管理体系尚存在些许问题，不利于对外界人才的引进，主要表现在：管理理念陈旧落后。不论高校在招聘

教育人才，还是引进外界人才时，一般最重视的即是学历，"重学历、轻能力"的现象十分严重。而大多企业实践能力强的高管都是从基层做起，其学历并不高，学校规定一定的年龄限制，不利于其进入学校做兼职教师。除此之外，高职院校建立的管理兼职教师的体制尚不完善，不能保障兼职教师队伍的稳定性。

（3）我国校企合作联合培养人才的体制尚未成熟，高职院校所设置的专业、课程、人才培养模式以及教育教学过程等方面不符合企业对专业人才的需求。一方面，高职院校所具有的产品研发、技术服务等能力相对较弱，而且合作意识不强，导致合作企业兴趣不高。另一方面，受传统教学模式的影响，部分高职院校仍然在理论上力求完整，对学生的教育重视理论知识的灌输，缺乏实践性、目标性，无法体现高职院校的职业特色，尚未形成专业实践教学体系以对应企业岗位专业胜任能力，从而使高职院校毕业生顶岗实习受到一定的影响。就目前来看，我国高职院校开展校企合作还不够深入，并没有从根本上贯彻校企合作办学策略，尚未从专业设置、课程开发、人才培养、教学体系等方面与企业进行进一步的合作。

（四）缺乏政府部门足够的支持

在我国高校的运行主要依靠国家的支持，因此政府部门的支持对于高职院校校企合作的开展具有极其重要的影响力。尽管我国一直强调要大力支持高职院校的校企合作办学项目，并在2003年的全国人才工作会议上也明确指出了要大力培养能够解决生产实践性难题的复合型与知识型高技能型人才；并在"十一五"规划期间完成700万高级工、190万新技师的人才培养任务。这个人才培养任务要求使我国具有高级技工水平以上的高技能人才在技能型劳动者中所占的比例达到25%以上。2020年要实现我国各级技能劳动者的比例达到中等发达国家水平，形成与经济社会和谐发展的格局。但是，在实际的实施过程中，政府部门的支持力度明显不足。这主要表现在以下几个方面：

（1）国家政策的指导力度不够，校企合作缺乏足够的法律法规的支持。自20世纪90年代我国引入校企合作办学体制以来，我国教育部门曾多次强调校企合作办学对于国家人才培养的重要性。但是，就目前来看，我国的大多数高校校企合作仍处于一种自发性状态，国家在校企合作方面缺乏宏观性的指导，具体表现为缺乏足够的体制、机制以及制度的保障。对于校企合作体制的建设和发展也没有明确的组织管理机构，这使得我国高职院校校企合作比较松散。

（2）我国校企合作缺乏足够的法律依据和保障。我国曾多次表明职业教育的重要性，并出台了《中华人民共和国职业教育法》《国务院关于大力发展职业教育的决定》等法律和条例。但由于我国的职业教育发展较晚，这些法律条文所关注的重点也主要在于我国职业教育发展的方针、政策及管理体系等方面，对于校企合作办学体制的涉及比较少，这使得我国校企合作办学得不到一定的法律保障和规范。

（3）教育财政支持不足。培养高技能应用型人才的职业教育的发展，主要表现在高技能应用型人才的聘请、实训基地的建设等方面，这些需要大量财政的支持。然而，我国的教育财政配置却存在严重的结构不合理现象。我国高等教育财政支出政策主要偏向于"985 工程""211 工程"等大学，这使得我国高职院校所获得教育财政支持较少。

基于以上分析，我们必须认识到生鲜超市行业特殊性与开展校企合作的重要性，为生鲜超市行业开展校企合作打下思想基础。

第四节　生鲜超市行业特殊性与开展校企合作的重要性

一、生鲜超市的特殊性

近些年来，随着社会和经济的快速发展，人们对于生活质量有了更高的要求，传统的超市已经不能满足人们对于生活品质的需求。于是，生鲜超市就应运而生了。

生鲜是日常生活不可或缺的一部分，对我们的饮食均衡起到极大的影响作用。生鲜主要是指谷类、蔬菜、水果、水产等人们日常消费的农副产品，而生鲜超市是超市业态市场细分的另一种有效的表现形式。该类超市不仅拥有现代化超市的管理模式，还具备了消费购买生鲜产品的广阔市场区域。它集中了传统农贸市场和现代超市的功能与特色，是两者的集合体。其主要特色在于运用现代超市先进的管理经营理念，使生鲜经营专业化、连锁化。以福建永辉超市为例，永辉超市就是一家农改超的现代新型超市。永辉超市以经营生鲜农产品为主，食品、日用百货、服装鞋帽为辅，为广大消费者提供一种新型的农贸市场，提高了消费者的生活质量。

从我国群众对于生活品质不断追求的现状来看，生鲜超市的发展具有广阔的前景。这种超市不仅符合了国家对于"菜篮子工程"的政策，也迎合了现代都市人对消费环境及品质的需求。作为传统农贸市场和现代超市集合体的生鲜超市，具备了自己的特色，其特殊性主要表现在以下两个方面：

（一）生鲜超市经营产品的特殊性

生鲜超市的经营范围主要包括三类：第一类是初级产品，主要是指蔬菜、水果、肉、禽、水产品等。第二类是加工、包装后产品，一般是一些熟食和面包等。第三类是指诸如冷冻冷藏品、散装杂粮、糖果蜜饯、日配品等这类储藏条件本质一样和销售方法相似的产品。此外，生鲜还涉及某些与之关系密切的一些产品，厨具就是最典型的代表。生鲜产品所涵盖的范围很广泛，具有十分丰富的内涵。

从生鲜超市所经营的商品上来看，生鲜超市内的商品以食品类为主。这使得生鲜超市相比于普通超市，所经营的产品具有以下独特性：①产品受到较强的新鲜感与时令性的限制。生鲜产品最根本的要求是要保持新鲜，而且保质期一般都比较短，易变质、易腐败。此外，除了熟食和面包之外，生鲜产品的时令性也比较显著，季节性比较强，在生产、销售等方面会显现出明显的季节性的变动趋势。②产品的价格比较敏感，零售价的差异比较大，采购频繁且消费量比较大。大多数生鲜产品的价格波动比较频繁，甚至一天几个价，在零售方面的价格差异也比较大。生鲜产品是家庭生活的必需品，购买次数较多，消费量也居高不下。③生鲜产品之所以容易引起消费者的购买欲望，其主要原因有两点：一是各种形式、主题的促销活动刺激了消费欲；二是因为生鲜产品是生活必需品的这一性质所决定。

④商品损耗性大。由于生鲜产品具有新鲜感和时令性这一特点，导致其比一般的商品损耗风险大，并且在流转的环节当中也会出现不同程度的损耗，这就对生鲜产品的采购以及营运管理过程有着较高的要求。⑤生鲜产品质量管理缺乏统一的标准。在生鲜产品质量管理上尚缺乏统一权威的标准。就目前来看，大部分仅仅依靠肉眼的感官来判断，导致生鲜产品在质量分层定价的规格划分上存在困难。

（二）生鲜超市管理经营模式的特殊性

生鲜超市的经营影响着现代零售业的发展，对生产水平的提高有一定的促进作用。从整体上来看，生鲜超市所提供的购物环境十分优雅、舒适，这无形中给超市的经营带来了积极的影响作用，它考虑到了现代消费者的消费心理，并结合了现代的消费方式与需求，提高了生鲜产品的销售量。生鲜产品经营的基础是消费者的信任度，徒有良好的购物环境是不够的，要在质量、卫生、安全等方面对生鲜产品做严格的检验，遵守严格的规章制度，打造出消费者满意的"绿色市场"，促进生鲜超市的快速发展。为了有效地取得消费者的信赖与接受，除了对生鲜产品的质量给予高度关注以外，还要给顾客提供优质的服务，针对顾客所提出的投诉、退货、换货等问题应该严肃认真地处理，以达到顾客的最佳要求。

连锁经营是生鲜超市相较于传统的农贸市场最大的特点和优势。首先，降低了经营成本。生鲜超市连锁式的经营，在一定程度上使生鲜产品的采购成本和库存成本有所降低，主要源于采购的批量式、配送的统一性，以及所采用的销售方法——连锁网点，因而，使生鲜产品的流通加快，销售成本也随之降低。其次，保证了商品的品质。农产品超市化是响应国家农贸市场改为超市的"农改超"规划，保证农产品质量的积极行为。农产品在进入超市的过程中需要进行严格的质量管理和控制，这使得生鲜超市的生鲜产品的品质得到消费者的信赖。

二、生鲜超市的特殊性对校企合作的挑战

生鲜超市作为传统农贸市场和现代超市的集合体，具有自身的特殊性，主要表现在：生鲜超市经营产品的特殊性、生鲜超市管理经营模式的特殊性，这些特殊性对开展校企合作产生了一定的挑战。

首先，从生鲜超市经营产品的特殊性来看，这对校企合作提出了新的挑战，不仅要重视保鲜技术的开发，同时又要加强产品营销的策略。因此，在校企合作开展的过程中，生鲜超市要与学校进行深层次的交流，将自身的需求清晰地表达出来，并为学校提供必要的基础设施，以及专业技术人才的知识传播，为学校学生提供实习机会，培养其实践操作能力，让其熟悉生鲜产品的保鲜、营销等，以使高职院校的毕业生上岗后很快上手，同时也可以提高高职院校的就业率。

其次，从生鲜超市管理经营模式的特殊性来看，同样给生鲜超市开展校企合作带来了挑战，在兼顾生鲜产品特殊性的同时，还要对其管理经营模式进行必要的关注。生鲜超市的经营对现代零售业的发展起到了推动的作用，其经营的根本即是获得消费者的信赖。所以，在保障生鲜产品质量的前提下，校企双方在合作之时要注重研究消费心理学，抓住顾客的心理，提高其消费满意度。此外，校企合作要着重对生鲜超市连锁经营模式进行探讨，使学生能够真正地理解把握该模式的运营，使生鲜超市获得最佳的经济效益。

最后，生鲜超市的工作环境不利于大学生接受。所以在校企合作的过程中，要加强学生对生鲜超市的理性认识，让学生认识到生鲜超市与其产品经营一样，均具有很强的专业性，同样需要大批懂技术、懂管理、懂经营的高素质人才。

三、生鲜超市开展校企合作的重要性

目前，我国高职院校的职业教育正逐渐地在深化与改革，其中有一个比较明确的方向——校企合作。从生鲜超市行业的校企合作办学状况来看，开展校企合作对生鲜超市这种现代零售业的发展以及高职院校的人才培养都具有十分重要的意义，主要表现在以下几个方面。

（一）有利于满足生鲜超市企业扩张中对专业人才的需求

知识经济时代，企业之间的竞争日益加剧，而人才是取胜的关键因素，人才资源的培养与开发是企业发展的核心。同样，生鲜超市这类现代零售

业也急需人才。但是，在急需人才的情况下，生鲜超市往往不能从学校毕业生中寻求到目标资源，主要是因为毕业生大多专业技能不够强，专业素养比较低，实践动手能力太差，不能将所学的理论知识应用到实践中来。面对这种情况，生鲜超市很有必要与高职院校开展合作，结合这一行业的特殊性，在学校开设相关的专业课程，并建立实训基地以方便学生实习，使其在牢固掌握专业知识的基础上参与实践锻炼。这样，学生的综合能力就得到了提高，也具备了一定的专业意识，在工作过程中会更加熟练自如，真正做到毕业上岗没有后熟期。结合生鲜这一行业的发展情况，高职院校可以调整学生在校学习的专业课程，使其满足生鲜这一行业的发展需求，从本质上实现企业与学校零接轨。如 2010 年福建永辉超市与福建信息职业技术学院合作，共同培养连锁经营高技能人才，为生鲜超市连锁经营培养具有实践性技能的专业人才。除此之外，校企合作还注重对学生创新能力的培养，这对生鲜行业的发展具有促进作用。

生鲜超市与高职院校的校企合作不仅可以面对在校学生，也可以对生鲜超市的在职员工进行再培训。知识经济时代，一个企业要想在激烈的竞争中取得胜利，其依靠的是持久的学习力、创新力。因此，对于生鲜超市的发展而言，员工素质在一定的程度上起到决定性的作用。而生鲜超市开展校企合作，则恰好满足了对员工的培训教育，为其节约了大量的培训成本。在校企合作开展的过程中，生鲜超市可以充分利用高职院校的优势，发挥其教育的功能。生鲜超市可以借助高职院校的场地、设备等硬件资源，在此基础上，运用高职院校的师资力量和学校的学习氛围，使得生鲜超市与学校之间形成具有系统化、组织化的深入校企合作机制。结合生鲜行情的发展变化，不断更新员工的知识结构，开展最新的培训课程，不断引进先进的科学技术，并鼓励员工进行技术创新，使其工作技能、创新能力、职业素养等都得到大幅度地提升，真正地实现劳动密集型向科技密集型的转化。总之，生鲜超市开展校企合作不仅有利于员工的继续教育，同时，也有利于其营造自身的企业文化，使其发展成为学习型的企业，不仅能提高经济效益，也可以增强自身的实力。

另外，生鲜超市与高职院校可以针对本行业的主题，组织开展一些激发学生创新意识的活动与项目，鼓励其积极参与。通过开展校企合作，使得学生对生鲜这一行业经营管理的形式、物流采购的流程等有进一步的了解，对消费者的服务更加专业化，培养出一批专业技能、职业素质等都比较高的专业人才，增强生鲜超市的核心竞争。

（二）提升生鲜超市的经营管理水平

校企合作能够有效地推动经济、科技、企业的快速发展，在提高高校教育质量的同时，促进合作企业生产的最大化，是培养高技能高素质人才的主要途径。同样，作为企业的生鲜超市亦可在校企合作中获得最大的经济效益，提升其经营管理水平。就目前来看，生鲜超市管理团队素质偏低，人员知识结构陈旧，不能适应知识经济时代为企业所带来的挑战。所以，生鲜超市开展校企合作具有十分重要的意义。

校企合作的开展为生鲜超市提供了专业的优秀人才，而且利用高职院校的条件对企业职工进行必要的培训，这些不仅提高了企业职工的综合素质，而且提升了生鲜超市的经营管理水平，增强了其在市场中的核心竞争力。此外，通过校企合作有利于企业对自身作出正确的评价，将企业内部所有的资源都进行重新整合，包括采购、生产、成本、销售等方面，并对人力资源进行规划，以达到最佳的资源组合，获得最大的经济效益。

（三）有利于生鲜超市扩大知名度

众所周知，品牌知名度对企业在激烈的市场竞争中会产生很大的影响效应，它不仅是企业的形象代表，还属于企业有价值的无形资产，对提高企业的经济效益起到关键的作用。对生鲜行业而言，知名度同样是销售过程中的关键因素。而通过开展校企合作，生鲜超市使得自身的社会知名度获得了大大的提升，给其带来非经济收益，主要表现在以下几个方面：

第一，从高职院校的角度来看，校企合作的开展，使得广大师生对生鲜超市有了更深入的了解，并通过周围人际关系的接触与交往，使得更多的人了解到该企业；高职院校还会在教学、科研、管理等方面与其他院校之间进行交流与合作，在经验分享或者资源共享的情况下，生鲜超市必定会被院校所提及，这样一来，企业的知名度就又得到了提升。

第二，从企业自身来看，与高职院校开展校企合作是响应了政府的号召，会受到相关部门的高度重视，在此期间，媒体对此的关注度也会相应地提高，关于该方面的报道就会增多，从而，使更多的消费者认识并了解生鲜超市。

第三，从社会全局来看，学生在校企合作的模式中接受了教育，毕业之后，由于就业等各方面的原因，会持续地扩散有关生鲜超市的信息，在这个过程中，生鲜超市的知名度就会不断提升，对社会的影响也继续扩大。与此同时，与之合作的伙伴也将不断增加，这对生鲜超市特别是跨地区的连锁经营有很大的帮助。

（四）有利于培养高校师资团队，提升教师实践教学水平，提升大学生就业能力

我国高职院校由于学校的级别较低，在师资力量的获取和人才引进上存在很大的困难，而且部分高职院校教师实践教学能力薄弱，与其培养高技能高素质的教育目标不能相符。通过开展校企合作能够在一定程度上改善这种状况，增强高校师资队伍建设，提高教师实践教学能力。

校企合作的开展，使得学院增强师资队伍的建设，加大对优质教师的培养力度，提升社会服务的能力，拓展学院的发展空间。生鲜超市拥有丰富的资源优势，能够给学校提供真实的职场环境，这对师生开展教学有一定的帮助作用；生鲜超市还能够提供行业最新的信息，这可作为教师的教学资源，使学生接触到最前沿的知识信息，不但开阔了学生的视野，而且使教师实践教学能力得到了锻炼；此外，学院教师也可以到生鲜行业挂职锻炼。

在开展校企合作的同时，生鲜超市可以向学院提供兼职教师，并参与学院培养人才方案的制订，对学院课程建设给予参考性的意见，对学院学生的学习情况进行考核，加强了学习的针对性；学生还可以参与生鲜行业的实践活动，使学习的活动形式更加多样化，不仅仅局限于课堂，加强了实战能力，从而提升就业能力。

总之，校企合作推动了高职院校的可持续发展，不仅给学生提供了实

习的基地，而且提高了教师实践教学水平，有利于培养高校师资团队，真正地实现企业、学校、学生的三方共赢。

第五节 促进生鲜超市行业校企合作的策略

校企合作实践的过程中，生鲜超市行业与高职院校的校企合作联合培养由于受到多种因素的制约仍存在各种问题。本章节通过上述对于生鲜超市行业校企合作的现状及问题的分析，探究了改善我国校企合作办学的措施。

一、转变观念

校企合作办学的主要目的是培养高端技能型专门人才，在培养过程中出现了诸多问题，解决这些问题的根源即是转变校企双方的观念，使其认识到校企合作开展的重要性及其意义。

（一）学校应该树立"亲产业"理念

校企合作联合培养人才项目的开展中，学校是人才培养的实施者，也担负着主要的培养任务与责任。对于校企合作而言，学校是影响校企合作办学的最重要的主体。所以，高职院校一定要发展其主导作用，为生鲜行业企业输送大量的优秀人才，保证学生就业，找到自身、生鲜超市、学生三者之间利益的融合点，并遵循互利共赢的原则，构建一个持久有效的运行管理体制，才能促进高职院校长远地开展校企合作，并为校企合作的成功打下坚实的基础。为此，学校有必要树立"亲产业"理念。

高校"亲产业"正是在考量时代发展和高校职能的基础上，创新大学发展理念，将高校职能的充分发挥与产业发展紧密结合起来，以满足区域经济发展对产业人才和技术的新需求，以及中央、省、市对高校服务地方建设业发展的新要求。同时，高校"亲产业"强调大学与产业界的密切关系，要求积极地与产业进行互动，两者形成互动共赢的联合体。

高职院校要顺应时代要求，并结合当地经济发展，制定一套符合自身发展的"亲产业"办学体系,体现其所具有的职业特色。首先,对人才培养模式进行调整,以体现"亲产业"。高职院校应建立以实践性、创新型为主的人才培养体系,强调理论联系实践,产学结合,从各方面获得生鲜企业的大力支持,培养高素质高技能的专业人才,满足企业的需求,增强生鲜行业技术人才的队伍建设。其次,学科建设体现"亲产业"。高职院校要整合多方面的资源,以促进学科之间的协调发展,并结合生鲜超市的经济发展,主动承担与生鲜行业相关的重大课题以及科技项目;根据生鲜企业的需求,校企联合开展科研活动和技术服务,并鼓励教师承担企业的相关课题,促进其技术改造发展。最后,建设"亲产业"的校园文化。高职院校应秉承"为产业服务、急产业所需"理念,并宣传"务实、求知、创新"的学校精神,培养更多应用型的高素质高水平的杰出人才,为生鲜超市的发展作出贡献,促进校企双方深层次的合作。

(二)企业树立长远战略观念

对企业而言,校企合作是培养其符合要求的定向型技术人才的有效途径,其顺利地开展对企业的可持续发展具有十分重要的意义。同样,对于生鲜超市行业亦是如此。但是,目前企业参加校企合作的积极性并不高,一方面原因主要是顾虑眼前的利益,特别是生鲜行业,其经营状况受外界环境因素的影响比较大,假如生鲜超市在校企合作中没有获得预期的营收目标,其合作的动力就会减弱甚至消失。或者企业对高职院校投入了大量的财力、物力、人力等多方面的资源,但是没有获得出色的科研成果,或未为自身带来经济效益,其合作关系就会冷却,合作的机会甚至会取消。针对此情况,企业必须要更新观念,要有长远的发展眼光,树立长远战略观念,主动参与培养高技术水平人才的任务。

校企合作办学开展的进程中,生鲜超市要积极配合学校的工作,不要只重视眼前的利益,而失去了长远发展的机会。高职院校开展的科学研究活动在短时间内很难取得较大的成果,在此期间,生鲜超市应该给予其各方面的支持,以便以后享受科研成果,增强自身的科技创新能力,提高市场竞争力。同样对联合培养高职院校人才也是如此,学生毕业一般需要两三年的时间,生鲜超市应采取长远战略,充分利用此阶段,积极配合学校培养适应本企业文化的高素质人才，增强企业活力，推动企业发展。

二、建立常态化校企沟通机制

校企合作办学是在企业、学校两者自愿的基础上展开的，是一个双向互动的过程，但两者所追求的合作目的是不相同的，往往在实施的过程当中产生利益的分歧。为了满足企业和学校各自的内在需求，有必要建立有效的常态化校企沟通机制，为两者的沟通提供保障，并探索两者之间利益的价值趋同，建立共同的目标价值体系，促进校企合作深层次地发展。

在校企合作实施的过程中，高职院校要主动与生鲜超市进行沟通交流，做好衔接工作，围绕生鲜行业人才需求状况，共同制订相应人才培养方案，提高校企合作的工作效率。

第一，加强双方信息的沟通和交流。在校企合作办学的过程中，高职院校应及时地将学校相关政策的调整、人员变动、制度改革等情况与生鲜超市进行沟通，最大程度上达到校企双方工作理念和方法上的一致性。作为企业方的生鲜超市，具有信息优势，主要包括实用技术信息、市场需求信息等方面。生鲜超市对市场的实际需求了解得比较透彻，可以给学校提供比较有用的信息，学校根据这些反馈信息可以有针对性地指导学生、帮助学生，这是进行校企合作的基本前提。高职院校所培养的学生的职业能力主要源自获取市场信息，并根据需求来完善自我，以及对新事物的发现和创新能力。针对生鲜超市所提供的信息，高职院校应该给予高度的重视，并根据所获得的最新消息来调整学校专业课程的开设、人才培养目标等方面的问题，以培养出能够满足现代经济社会对高技能、高素质人才的需求。总之，良好的沟通使校企合作的运营模式逐渐科学化，寻求在双方利益共同点的基础上，促进校企合作可持续的发展。

第二，加强双方人员的相互来往。校企合作项目双方的相关人员之间应进行定期的交流，学校的工作人员应与生鲜超市沟通，了解市场对人才的需求状况，以及学生的实习情况，认识其缺陷所在，有利于改进教学方法、改革现有课程等，培养出知识结构和素质满足生鲜超市需求的专业人才。同样，生鲜超市工作人员应定期了解高职院校教学、科研的开展情况，并提供必要的资金、设施等，以及派遣技术骨干人员帮助其加快进展的速度，提高校企合作办学的质量。此外，双方工作人员应互相尊重、互相帮助，通过交流了解校企合作办学问题所在，并积极寻求解决对策，使校企合作项目能够顺利运营。

三、共同设计专业课程体系

从高职院校的教育培养目标来看，高等职业教育不仅要注重对学生理论知识的灌输，更要重视对其实践技能、创新能力等方面的培养。就目前来看，我国高职院校所设置的课程不太合理，不利于学生发挥自身的优势，也不能满足企业对人才的需求，使学校、学生、企业三方都不能实现最终目的。所以，高职院校和企业共同设计专业课程体系显得十分重要，不但促进了企业发展、科技创新，而且推动了高职院校教育的改革和发展。

对于生鲜超市而言，高职院校应该根据其发展需求，并结合区域经济发展来设置专业及其课程，专业课程体系的设计，需要从以下几个方面入手：

首先，校企双方应准确定位自身角色。专业课程的开发需要高职院校、生鲜超市共同的参与，以根据教育规律、企业需求等来设计专业课程体系，实现学校、企业双方互赢的局面。教学经验丰富的教师了解学生的特点，对如何传授课程知识得心应手，因此，专业课程体系的构建要更多的听取教师的意见，并鼓励其积极参与。而对于生鲜超市企业专家来说，对教育教学、教育原理并不熟悉，只是强调工作过程，所以设计专业课程体系对其来说有一定的难度。所以，要设计专业课程体系，应准确定位校企双方的角色。

其次，教师参与专业课程体系设计。确立教师在课程开发中的主体地位。教师是教学过程的实施者，也是校企合作开展的主导者，其对专业课程具有深刻的了解，并结合学生的职业特点，有利于专业课程的开发。树立正确的设计理念，教师在设计校企合作课程时应遵循整体性原则，符合学校总体课程的安排，并体现出自身的办学特色，才能获得生鲜超市、政府的大力支持。此外，还应对教师进行专业培训，加强其对课程开发设计理论的学习，并结合学校发展的实际情况，遵循课程开发设计的原则，构建完善的专业课程设计体系。

最后，生鲜超市参与专业课程体系设计。生鲜企业的专家应明确自身在校企合作课程设计中的地位和角色，企业专家所具备的丰富的实践经验以及知识素养正是校企合作所需要的，其参与专业课程的设计将提高工作效率，增强课程开发的实力；企业专家在专业课程设置中应提供基本的岗位知识和职业素养，这些都是学生在学校学不到的，对其以后的职业生涯发展具有十分重要的意义；职业教育不仅要提供给学生岗位需要的显性的知识和技能，而且要提供给学生岗位需要的隐性的知识和技能，也就是具体岗位的存在于工作中的业务知识，而这部分内容依靠学科体系的课程模式来产生是不可能的。所以，企业专家参与专业课程设计具有重要的意义，而且可以解答在实际教材编写中所遇到的技术难题，促进了专业课程体系的有效构建。

四、校企共同推动师资团队建设

进行校企合作最关键的角色是教师，其不仅要具备丰富的理论知识，同时也要具有较强的实践操作能力，因此，校企双方要构建合理的师资专业化制度，共同推动师资团队的建设，打造一支高素质、高能力、高水准的"双师型"教师队伍。

（一）吸引有企业实践工作经验的管理人员进入高校工作

校企合作项目的顺利营运仅依靠高职院校单方面的能力是很难进行的，因为学校的管理工作是针对学生、教师等方面的，对企业领域的各项工作都是很陌生的，不利于校企合作深层次的开展。所以，吸引有企业实践工作经验的管理人员进入高校工作显得尤为重要。针对生鲜行业，高职院校要采取相应的对策，吸引、鼓励实践工作能力较强的管理人员参与校企合作培养项目的运作管理，一方面弥补了高职院校管理人员缺乏生鲜超市实践运作的经验，另一方面有利于解决在校企合作中所遇到的有关生鲜行业的难题，对高职院校管理人员提供必要的指导与帮助。总之，生鲜超市与高职院校的管理人员共同参与校企合作培养项目的相关事宜管理操作，不但密切了双方的合作关系，而且推动了校企合作的健康稳步地发展。

（二）企业高管到高校开讲座，加强大学生对生鲜行业的理解

校企合作开展的对象是在校大学生，其能力的培养以及对生鲜行业的认知，对其就业产生了一定的影响，对此，有必要让大学生了解生鲜行业的前景与发展。所以，企业高管要到高校开讲座，加强大学生对生鲜行业的理解。讲座内容要联系实际，并结合学生所学专业进行展开，采用理论结合实际的方法，向同学们讲述生鲜行业目前的发展状况，以及各项工作的开展营运，使其对生鲜行业有初步的了解，以利于今后的就业。

（三）职业经理人到高校兼职教师

为了保证校企合作办学的质量，提高其职业岗位的能力，高职院校应聘请生鲜超市职业经理人到其校兼职教师，参与教材改编、课程改革等工作，并负担一定的教学任务，从根本上增强教学内容的实践性。由专业技术人员担任专业课程的教授，并在每学期聘请专家为师生做学术报告，拓展其视野，真正培养出高技术高素质的应用型人才。在学生毕业设计和答辩的时候，聘请专业技术人员给予指导，有针对性地分析课题，并引导其进行创新，提出自己的观点和看法，提高学生对理论知识的应用能力。

（四）高校派教师到公司挂职，参与企业实际运营的管理决策

校企合作是双方互动参与的过程，如果教师不能自觉参与到企业的生产实践当中，为企业解决实际问题，其合作将不能长时间深入地开展，而且高职院校中理论性教师偏多，实践性教师则较少。鉴于此，高职院校应派遣专业教师到生鲜企业进行挂职锻炼，了解企业的具体运营情况，并参与其科研项目，以提高教师的实践能力与科研水平，真正地做到产学结合，全面推动校企合作进一步的开展。

五、校企合作具体内容设计

为了推动校企合作的顺利开展，对校企合作的具体内容进行科学合理的设计具有十分重要的意义。针对生鲜行业的发展以及高职院校的培养目标，双方除了建立常态化校企沟通机制、共同设计专业课程体系、共同推动师资团队建设以外，还应就以下几个方面具体展开对校企合作内容的设计。

（一）企业向大学开放周末、节假日的钟点工、寒假工、暑假工

校企合作办学重点强调的是实践能力的培养，高技能应用型的人才是其培养的目标，而学生大部分的时间都是在学校学习课程，参与具体的实践操作机会比较少。针对此情况，生鲜超市企业应适当地向大学开放周末、节假日的钟点工、寒假工、暑假工等，不但提高了自身的经济效益，同时也锻炼了学生们的实践能力，让其进一步地了解生鲜超市的各项运作，为未来就业于生鲜行业打下良好的基础。

（二）校企合作开发全校选修课"连锁经营管理""生鲜超市经营"等课程

开设这些课程的目的，主要是吸引其他专业，尤其是就业状况较差专业的学生来学习和从事连锁超市企业工作。对于生鲜行业而言，其经营模式的选择对其发展具有很大的影响。为了使在校学生能够更深刻地了解生鲜超市的经营与管理，校企合作应开发全校选修课"连锁经营管理""生鲜超市经营"等课程。特别是针对连锁经营，由生鲜超市管理经营模式的特殊性可知，连锁经营是其相较于传统的农贸市场最大的特点和优势，因而要重点来学习连锁经营的相关知识。在课程的开设方面，高职院校应与生鲜超市进行交流与沟通，吸纳企业高管在经营管理方面总结的经验，由课程专家与企业专家共同编制教材。

（三）企业支持高校设立相关社团

为了配合"连锁经营管理""生鲜超市经营"等有关经营管理方面课程的开设，生鲜超市应支持高职院校设立连锁经营管理学生社团，并给予赞助，多方面支持其活动的开展。生鲜超市可适当地提供活动的主题，营造接触和学习经营管理的氛围，活动的开展应结合学生的特点，比如模拟经营超市大赛，要体现出趣味性、活泼性，这样才能有效地激发学生对超市连锁经营管理的兴趣。同样，高职院校也要大力支持连锁经营管理学生社团的设立，并对其给予高度的重视，定期地对其进行考核与评价，督促其不断进步。

（四）定期设立专场招聘会

校企合作成效如何，其检验的方法之一是企业定期设立专场招聘会。在此过程中，能够很容易地发现学生在哪些方面存在不足，以及校企合作需要在哪些方面进行改进。同时，有利于企业选拔优秀的人才，并以此来激励需要继续努力的同学。尤其对生鲜超市来说，其工作人员流动性比较大，优秀人才应早些被录用，以增强企业员工优秀团队的力量。对高职院校而言，大大提高了学生的就业率，其社会地位也会随之上升。

（五）推行大学生储备干部"双导师制"，让企业与学校共同指导

学生的发展受学校和企业两方面的影响，理论知识的学习来自学校，实践能力的培养与锻炼来自企业，两者相互补充、相互渗透，缺一不可，共同塑造高素质高技能的专业人才。因此，在校企合作中要推行大学生储备干部"双导师制"，让企业与学校共同指导。对于生鲜超市行业而言，企业要有意识地培养学生实践操作能力、经营管理能力、科技创新能力等，以适应该行业的发展需求。高职院校则应该认真地传授理论知识，以及对职业道德的学习等，使其能够以正确的态度来对待工作，以提高工作效率。

（六）承担企业科研与咨询项目，参与企业员工团队建设

校企合作，可以充分发挥高校人才资源优势，通过科研、培训为合作的行业企业提供各种技术支持与服务。学校利用人力资源优势和先进的实验实训设备，承担企业科研与咨询项目，师生共同参加合作企业的生产、设计、改造、研发等环节，为企业提供人才和技术服务，建立校企合作的产学研用一体模式。同时，学校还可以为企业提供员工培训、学历提升、绩效考评制订等，参与企业员工团队建设。

六、完善法律、法规保障体系，发挥政府统筹协调和宏观指导作用

尽管自20世纪90年代以来，我国就引入校企合作办学体制，我国的教育部门也曾多次强调校企合作办学对于国家人才培养的重要性。但是，在校企合作的问题上，我国的高职院校开展校企合作的法律、法规保障体系仍未完善。首先，在校企合作体制的建设上缺乏足够的体制、机制以及制度的保障。其次，我国校企合作缺乏足够的法律依据和保障。最后，我国

校企合作缺乏足够的教育财政经费。这些都导致我国高职院校的校企合作在发展过程中会造成阻碍，因此我国的政府部门，尤其是教育部门要充分认识到这一问题，并在各项问题上给以充分的重视和实际行动的支持。

就我国目前的校企合作发展形势来看，我国高职院校的校企合作大多是高职院校的主动性行为，政府部门在其中发挥的作用甚少。而校企合作项目是我国教育体制中的重大改革和发展项目，政府部门在其中扮演着重要的角色，对于校企合作而言，政府部门的参与不可或缺。政府部门在校企合作中应发挥统筹协调和宏观指导的作用。首先，要将校企合作研究纳入国家科研规划当中。对于校企合作的研究，我国政府部门也给予了一定的支持。但是，在支持的重点上过于宏观，诸如生鲜超市行业的校企合作策略等较为细化专业的研究较少。这使得我国一些企业在与高职院校合作时缺乏较为准确发展模式的指导。其次，政府部门要转换职能，支持并推动校企合作的发展。对于校企合作的发展，政府部门对于具有发展潜力的企业要给予大力支持。生鲜超市行业的发展关乎着百姓的日常生活，对于生鲜超市行业积极参与校企合作，政府部门可以给予包括税收、金融等方面的优惠政策，信息资源共享等方面的支持。对于高职院校校企合作的发展，政府部门要给予充分的教育财政的支持。

第三章 生鲜超市店长培养模式研究

——以永辉超市为例

第一节 绪论

近年来零售连锁行业飞快发展，特别是在"农改超"政策的大力扶持下，我国生鲜连锁超市得到快速的发展。传统的外资超市沃尔玛、家乐福、乐购等慢慢淡出人们的视线，取而代之的是本土的生鲜超市。永辉超市、华润万家、冠超市、步步高等生鲜超市近十年的疯狂扩张，对生鲜人才的需求越来越大。对于生鲜店长的需求越来越大，最关键的是能够熟悉生鲜经营的店长更是凤毛麟角。

现在大部分卖场的店长都是由做过生鲜的专业人士担任店长，因为一个卖场的客流如何，就要看生鲜的吸客能力，卖场的经营中生鲜是门店做竞争、聚人气的部门。如果没有从事过生鲜工作，如何指挥门店的经营与竞争？同时生鲜的经营管理是烦琐和复杂的，生鲜部门各课的经营形式又各不相同，经营起来就相当困难。对于传统的超市百货，已有相当完善的店长培养体制，可是由于生鲜经营的烦琐和复杂性，目前缺乏一套健全的生鲜超市店长的培养体制。店长是生鲜超市的灵魂人物，是生鲜超市最核心的岗位，店长的管理经验能力直接决定了超市的胜败，以及超市经营团队的可持续发展。

生鲜超市经营与传统的百货超市经营差异性较大。首先是工作环境的差异，生鲜超市主要经营的是蔬菜、水果、肉品及水产等，工作环境过于潮湿，甚至有较大的异味，而百货超市环境则比较舒适、干净整洁。其次是生鲜商品的特性，在销售之前需要做一些初加工，比如猪肉的分割、部位的占比、如何定价，都是作为生鲜干部必须熟知的专业知识。最后是生鲜商品损耗和毛利的控制，生鲜的毛利率较小，可是又要吸客，又要做销售预算，还要平衡毛利点，生鲜部门各课的经营形式又各不相同，经营起来又会有困难。基于以上三点原因，生鲜超市不容易吸引人才。

因此，本章主要对生鲜超市进行分析研究，针对性地提出健全生鲜超市店长培养模式的对策与建议，为生鲜超市经营管理提供参考与借鉴。

第二节　生鲜超市店长培养模式文献综述

一、生鲜超市特点及对人才的要求

Dale Miller，Bill Merrilees 认为通过依靠生鲜、食品的经营来吸引客流，已经成为很多超市的核心竞争力[79]。Thomas Reardon，Julio A. Berdegue 等认为将生鲜农产品搬进超市，是一种独特的经营模式[80]。Thomas Reardon 认为当前经营生鲜的超市，对于传统的农贸市场的影响很大[81]。Thomas Reardon 认为在超市中销售生鲜商品，会使传统的农贸市场不断减少，从而导致小农户从农贸批发市场逐步撤离[82]。Taylor&Fearne（2006）认为在超市生鲜食品的经营中，农民的生产模式会受到生鲜超市发展的影响[83]。

做好生鲜不但要有脑力还要有体力。假如有十件事，食品或非食品的只要一个月完成就可以不出问题，而生鲜可能每天都要完成才能保证流程正常运转，可见生鲜超市对于人才的要求相对其他类型超市会更高些。

二、零售、流通、连锁行业的人才培养情况

（一）零售、流通、连锁行业人才需求现状

近几年，零售行业规模越来越大，特别是连锁百强在我国流通产业所占的份额越来越大。正因为我国零售连锁行业的迅猛发展，对于零售人才的需求也越来越大。吴崑（2012）认为零售连锁行业竞争的重点主要在于

人才[84]。马瑞光（2006）认为，目前我国零售连锁行业人才不仅数量少，而且素质也不高，高级管理人才的缺乏将会成为制约我国零售企业发展的瓶颈之一[85]。曾方俊（2013）认为，零售连锁企业如果想要拥有好的店长资源，应该要成立一个专门的人才机构，专门从事企业的中、高级人才的发现、吸收、培训和输送工作[86]。吴钰乾（2010）认为，在店长的选拔与培养上，通过建立一个培养平台，并且通过辅助相应的人才选拔机制以及培养机制，保证人才梯队不会断层[87]。

（二）零售、流通、连锁行业人才来源现状

高明文（2011）认为，员工是否有能力成为店长，首先要看这位员工是否具备店长潜质，其次要看员工自身是否努力进取。只有两方面都具备，才有可能成为店长培养的对象[88]。赵明晓（2015）认为，针对员工的培训，理论和实践培训要相互结合，通过在卖场进行实地演示[89]。尚鹏（2006）认为，针对那些非常优秀的店长，可以进行脱岗学习，培训讲师可以是内部同事，也可以聘请社会上的一些高校教师来进行培训[90]。

王婷（2013）认为，大学生管理培训方式，可以快速为公司培养一支认可公司文化、有一定的素质、知识结构与创新思维良好的员工[91]。颜莉霞（2014）认为，可以把店长职业技能作为培训目标，开设相关连锁专业课堂，建立一种以学生为主体，教师为引导的学习模式[92]。曾方俊（2013）认为，通过校企合作，通过各方面的选拔，选出德才兼备、品学兼优的学生，到合作的企业轮岗实践，就可以作为店长助理或副店长的角色直接进入后备人才梯队[86]。

高洁（2014）认为，在校企合作中，企业应该参与学生的日常管理，不断激励增强学生的主动性和荣誉感，有条件的企业甚至可以设立相关奖学金[93]。李远来（2015）认为，校企合作一定要明确"导购员—副店长—店长—区域市场经理"为学生的成长路径。通过储备店长订单班为载体，实施"实战型岗位递进"的人才培养模式，培养高素质零售店长[94]。

孔佩伊、张媛媛（2012）认为，学生可以在大学三年级上半学期通过自主报名，筛选通过后，自愿加入储备店长班学习[95]。谭璐、谢军（2012）认为，校企合作要以培养优秀的门店店长等中高级管理人员为目标，双方共同制订人才培养方案[96]。杨柳（2012）认为，高职院校的相关连锁专业，可以依据储备店长岗位职责特点，做出适合发展的人才培养定位[97]。卢海涛（2012）认为，学校要以店长岗位特点为基础，以工作流程为依据，设置一些实用性、技能型课程[98]。安静（2006）认为，一名大学生至少要有两年半的卖场工作经历，才能成为一名课长，然后再经过两年半时间成长为一名经理，之后还要两年多的锻炼才有可能成为店长[99]。

秦伟平、陈思明（2007）认为，店长的业务能力都非常强，能掌控大局，同时具备良好的职业素养[100]。石金涛、吴广清（2005）认为，"空降兵"在融入新的企业文化中，会存在较大的困难，因为他们无法全身心地融入到企业中[101]。江洪明、方艳（2007）认为，人力资源部应增加一些培训和交流的机会，培养"空降兵"的团队协作意识，消除彼此隔膜，进一步培养彼此的默契[102]。程春（2008）认为，要为"空降兵"引进一套科学的绩效考核机制，因为"空降兵"都是组织在面临危机和困境时被引入来引导组织发展的[103]。

（三）零售、流通、连锁行业人才培养体系现状

郭丹（2007）认为，当前的企业培训缺乏需求分析，培训内容与实际需求相去甚远，进一步完善培训内容，可以将培训内容分为岗前和在岗培训[104]。葛春凤（2005）认为，我国商学院主要培养宏观管理人才，如市场营销、经济管理等，与零售连锁的本质脱节，导致大学生对连锁超市经营管理不是很熟悉[105]。颜莉霞（2013）认为，高职院校相关连锁经营专业过于狭窄，过度集中在大型连锁超市管理人员、中小连锁企业店长等岗位[92]。

李燕梅（2010）认为，零售连锁企业把人才的培养仅仅局限于岗位培训，非常缺乏人才梯队建设和层次的培训，造成员工对企业缺乏归属感[106]。赵根良（2012）指出零售连锁企业的人才培养机制不健全[107]。陈岩（2008）认为，目前国内许多零售连锁企业的员工培训仅限在岗位培训，只注重眼前，缺乏战略眼光。很多企业在快速扩张中，为新员工开办短期的岗位培训班，较少关注人才梯队建设与人才层次的培训[108]。

苏亮（2011）认为，目前零售连锁企业缺乏高素质的店长，如果要培

养一名合格的店长，至少需要六年的时间[109]。孙玉芬（2014）认为，零售连锁企业要培养一名成熟、能力全面的店长，需要很长的时间，因为行业的激烈竞争导致店长流动率较高[110]。赵明晓（2015）认为，企业在发展过程中已经初步形成一套系统培训体系，但是随着企业的快速发展，员工的年轻化，消费者需求多样化个性化，市场竞争越来越激烈，店长培训体系继续更新[89]。邓雪（2008）认为，当前零售连锁企业的店长培训内容过于单一，非常缺乏管理能力方面的培训，人际管理培训是店长培训体系的薄弱环节[111]。

曾方俊（2013）认为，当前零售连锁行业的规模不断增长，对于人才的需求也与日俱增，特别是门店店长级别的人才[86]。罗杰（2006）认为，企业在培养店长时，不仅需要一个非常规范的培养体系，同时要保证店长综合素质提升[112]。吴崑（2012）认为，我国零售连锁企业与外资零售连锁企业不一样，外资企业已具备非常成熟的企业制度和文化，而我国零售连锁企业还处于成长阶段[84]。朱甫（2006）认为，当前很多零售连锁企业的经营模式、企业制度流程和文化，是依靠其高素质的店长，共同参与打造这些企业的[113]。

殷智红、李宇红（2012）认为，零售连锁企业的店长非常习惯用权利去执行，很少会意识到通过培训学习提升自己[114]。王伟（2007）认为，零售连锁店长只要通过努力，经常换位思考，并且以身作则，一定可以带好团队成员的[115]。赵明晓（2014）认为，当前的店长培训体系，培训讲师来源和培训形式单一，一是人力资源部专职培训人员，二是上一级管理者[89]。石金涛（2003）认为，当前店长培训内容过度侧重业务技能方面，造成店长对员工管理完全凭经验，员工流失率较大[101]。

卢嘉慧、李文凯（2013）认为，当前的店长培训体系，非常缺乏必要的需求分析，培训无法满足店长发展的需求，缺乏针对性，培训的效果往往不佳[116]。黄芳（2009）认为，培训效果缺乏考核，培训缺乏整体的规划。培训理念需要改进，风险防范机制不完善[117]。刘新军（2002）认为，当前店长培训缺乏科学的培训计划，主要依赖老总的主观臆断，而不是根据需求推出培训课程[118]。

（四）零售、流通、连锁行业人才培养考核现状

王骏、张雪平（2009）认为，对店长的考核不能过于僵化，要结合门店的实际情况灵活调整，建立一套有效的店长绩效考核机制[119]。蒋迎辉（2013）认为，零售连锁企业的店长非常关键，店长的经营管理能力对企业有着很大影响[120]。赵明晓（2015）认为，培训效果不理想的原因很多，比如培训需求不明确，内容设计的不合理等[89]。江群、汪全蓉（2006）认为，一些企业的培训效果不好，很多是因为干部对培训认识不到位，所以企业要做好事先的沟通宣传[121]。孙雅静（2010）认为，造成店长理论水平与实际经营水平不对等的原因是目前没有一个系统的职业规划，员工对于自己缺乏规划，需要一个成熟的制度来完成[122]。张德（2007）认为，培训机制不够成熟，店长对规章制度、操作流程不熟悉[123]。

吴崑（2012）认为，根据店长胜任力评价方法，如果店长的责任心、执行能力和团队精神整体评分都超过 7 分，可见这位店长的整体素质非常好[84]。任凤阁（2008）认为，零售连锁企业对于店长执行力有着很高要求[124]。尹奎、张凯丽、田虹（2012）认为，店长的关键业务技能有：成本控制、提升运作效率、数据管理等[125]。李姝（2008）认为，店长胜任素质应该包含沟通能力、团队建设与培养发展他人等[126]。林丽卿（2011）研究发现，店长胜任力包含许多因素，其中包含沟通能力、团队领导能力以及创新能力等[127]。

（五）零售、流通、连锁行业人才培养的建议

赵根良（2012）认为，要解决零售连锁企业人才瓶颈的问题，必须建立和健全符合企业实际的内部人才培养机制[107]。陈岩（2008）认为要建立良好的培训与开发机制，才能培养出人才[108]。郑文新（2008）认为，建立健康有序的零售人才培训环境，要与企业的战略发展相联系，重点强调人才梯队的建设[128]。葛春凤（2005）认为人才培养可以借鉴国际标准，适当引入国际通用的执业资格认证模式进行人才培养[105]。陈岳峰（2014）认为，零售企业应该具备快速复制培训一线员工达到门店要求和标准的能力[129]。郝强（2014）认为，新老员工相互结合的传帮带方式，一直以来都

是工业制造企业的优良传统[130]。

　　淳鸿（2005）认为，应该建立一套行之有效的培训机制，并投入大量的资金予以保证[131]。赵实（2012）认为，保洁公司在人才培养的过程中，优先内部提升机制，这个做法从未改变过[132]。谢鹤立（2014）认为，超市应按照科学的培训开发体系，建立适合自己特点的培训体系[133]。马瑞光（2014）认为，零售连锁企业要持续发展，必须重视人才梯队培养[85]。赵琪（2010）认为，现代零售连锁企业的人才培训可以采取企业内部员工培训与日常营运相结合的模式[134]。黄建飞（2008）认为，校企合作需要建立双向考察机制，学校可以到零售企业调研，企业可以到学校考察学生的素质情况[135]。雷祺（2008）认为，在零售连锁管理专业人才培养中，可以采取订单式教学，建立连锁经营专业所要求的行业性与区域性相结合的多元化的人才培养模式[136]。

第三节　生鲜超市店长培养现状分析

一、生鲜超市店长培养主要模式

（一）内部资深员工培养模式

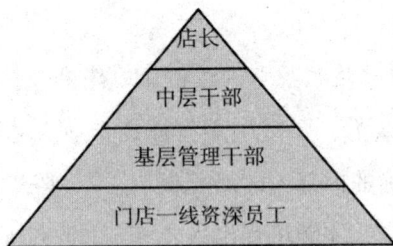

图3-1　门店组织架构

　　如图3-1所示，根据当前生鲜超市人才架构形式，生鲜超市店长大部分是从门店一线资深员工一步步走上来，他们的实操经验丰富，对于生鲜商品的管控非常在行。期间他们会通过不断的实践和学习，并带着强烈的责任感，慢慢成为一线基层管理人员。通过部门课组之间的轮岗学习，以及相关业务技能的培训,逐渐成为门店中层管理人员。通过在不同部门之间的轮岗学习,结合一些更高层次的培训学习,逐渐成为门店储备店长[137]。

（二）大学生管理培训模式

大学生是一个充满活力的群体,他们学习能力强,创新能力也强,对于人员管理受过一定的大学训练,但从事零售行业需要慢慢沉淀、慢慢累积,所以需要大学生能够放下自己,虚心学习成长。在门店实践中,他们会在不同部门的岗位进行轮岗学习,结合培训提升,他们相对于门店资深员工的成长速度会更快,在4—6年就可以成为一名储备店长。

（三）"空降兵"人才培养模式

所谓"空降兵"就是指企业从外部引进的高端人才,其中大多属于高管人员或核心技术骨干。很多外资超市的中层管理者,由于受到现有职场晋升空间的限制,会跳槽到刚刚兴起的生鲜超市。这些外资超市的中层干部来到生鲜超市,往往能够担任部门经理及部门经理以上岗位。在他们正式成为一个部门的负责人之前,或者一家店的负责人,他们需要接受一段时间的轮岗学习,只有最终通过考核方能定岗。

（四）三种店长培养模式的对比分析

表3-1　三种人才培养模式对比分析

项目	内部资深员工培养模式	大学生管理培训模式	"空降兵"人才培养模式
对公司文化的认可与融入情况	等级:优 员工伴随公司一起成长,对公司文化认可,融入情况好	等级:良 开始对于公司并不清楚,随着深入学习,认可度越来越高	等级:差 思维中已形成固有的认知观,对公司认可度一般
员工的素质情况	等级:差 员工素质一般,随着职位提升,需要进一步学习提升	等级:中 在高等教育中,已接受良好教育,素质整体不错	等级:优 在公司决策中已扮演重要角色,素质较高
员工的基层工作经验	等级:优 员工对于基层工作非常熟悉	等级:差 基层工作经验严重不足,理论部分会更多一些	等级:中 从基层成长过来,但基层工作经验较弱
对公司创新与变革的影响程度	等级:中 长年累月的基层工作,使员工的思维已经固化,创新变革能力较差	等级:中 思维活跃,想象力丰富,创新变革能力较强	等级:优 对于公司的流程与制度有着清晰认知,创新变革能力非常强

表3-1　三种人才培养模式对比分析（续表）

项目	内部资深员工培养模式	大学生管理培训模式	"空降兵"人才培养模式
员工培养周期情况	等级：差 基层员工要成为高级管理者，需要非常长的培养周期	等级：中 已经具备良好的个人素质和理论知识，培养周期一般	等级：优 已经具备领导能力，培养周期较短
员工离职异动情况	等级：中 员工对于企业有着一种强烈的归属感，一般不会轻易离职	等级：中 随着对公司文化的了解和融入，一般不会轻易离职	等级：差 比较看中物质收入情况，一旦无法匹配，很有可能离职
员工培养成本情况	等级：优 员工从一线成长，积累丰富工作经验，日常配合一些培训机会就行	等级：中 需要对大学生进行大量的培训和拓展，提高管理经营能力	等级：差 薪资福利高，人力费用是一笔不菲的成本
零售连锁行业三种人才培养模式的综合评价	资深员工对于公司的文化认可度高，非常熟悉基层工作经验，很少出现离职异动，培养成本最低。但个人素质有待提高，思维模式固化，很难有创新变革能力，培养周期最长。	大学生具备良好的高等教育，拥有较好的个人素质，具备较强的创新变革能力。但是缺乏基层工作经验，对于公司的文化认可慢慢深入，需要长期的锻炼、学习培训，培养周期一般	空降高管，在原有企业已具备团队协作、管理的经验。个人素质较高，具备非常强的变革创新能力。不过对于公司文化融入一般，培养成本高，周期最短

综上所述，以上三种人才培养模式各有优缺点，公司不能仅仅依赖一种人才培养模式，应该运用多种形式培养人才，只有这样才能为零售企业可持续的健康发展提供人才保障。门店高层管理者主要从门店内部中层管理者中提拔，毕竟他们对于门店业务流程和团队协作经营相对比较熟悉，可以适当搭配"空降兵"人才。内部资深员工是储备店长的最优选择，结合大学生管理培训模式，可以丰富门店中层管理阶层的人才来源。内部资深员工对于企业的认同感最强，拥有丰富的基层工作经验，虽然个人素质不高，只要通过不断地自我学习提升，以及公司组织的培训拓展机会，就一定可以成为一名非常优秀的店长。

二、生鲜超市店长培养情况

近十几年，在各地"农改超"政策的驱动下，生鲜超市不断涌现出来。我们熟知的沃尔玛、家乐福、大润发等外资超市，都是以包装食品、用品、服装及电器为主，生鲜商品的占比不高。而生鲜超市的生鲜商品占比较大，除了包装食品和用品外，还售卖蔬菜、水果、鱼肉、干货以及水产等。目前生鲜超市的生鲜占比一般在20%左右，有些生鲜超市甚至达到40%。生鲜商品不像包装食品那样，需要较多的初加工和包装，工作强度和复杂度会更大些。

外资超市的店长培养模式已经非常成熟，但由于外资超市经营商品与生鲜超市有着较大的区别，而且经营理念也存在较大的差异，导致外资超市的店长培养模式无法完美复制到生鲜超市。很多外资超市的高级干部来到生鲜超市后，其原先的经营模式和经验，不能与生鲜经营理念很好结合，往往要经过较长一段时间的轮岗学习，才能慢慢适应生鲜超市的经营方式。

很多生鲜超市的店长都是从基层一步步走上来的，他们的文化素质很低，大部分是高中学历。他们有着非常丰富的生鲜经营经验，但是在人员管理、团队激励、社区关系、数据分析及品类营销等方面，还是非常薄弱。由于生鲜超市的发展历史也才短短的十几年时间，对于店长的培养体系也是不尽完善，缺乏系统性和整体性。

第四节　生鲜超市店长职场现状与培训需求调查

林楹藕（2015）在福建省生鲜超市店长薪酬满意度研究中，对福建省新华都、捷龙等福建本土企业的众多门店进行店长薪酬满意度测试，结果表明这些生鲜超市的店长虽然有一些是通过大学生在门店轮岗实训而来，但大部分的店长还是从门店基层一步一步走上来。相比大学生，这些土生土长的店长文化水平不高，职业化、专业不高，但具备丰富的一线工作经验。他们对薪资的敏感度很高，非常关注在公司的未来发展前景[138]。以下摘取部分调查问卷结果：

表3-2 福建省生鲜超市店长职场现状调查

项目	内容	频率（次）	有效百分比（%）	累计百分比（%）
门店营业面积	1000 平方米及以下	14	12.3	12.3
	1001—2000 平方米	20	17.5	29.8
	2001—3000 平方米	20	17.5	47.4
	3001—5000 平方米	14	12.3	59.6
	5001—8000 平方米	30	26.3	86.0
	8001—10000 平方米	10	8.8	94.7
	10001 平方米及以上	6	5.3	100.0
门店 2013 年营业收入情况	1000 万元以内	4	3.5	3.5
	1000 万—2000 万元	26	22.8	26.3
	2000 万—3000 万元	16	14.0	40.4
	3000 万—4000 万元	22	19.3	59.6
	4000 万—5000 万元	10	8.8	68.4
	5000 万—6000 万元	8	7.0	75.4
	6000 万—7000 万元	12	10.5	86.0
	7000 万—8000 万元	6	5.3	91.2
	10000 万—15000 万元	4	3.5	94.7
	15000 万元以上	6	5.3	100.00
性别	男	96	84.2	84.2
	女	18	15.8	100.0
婚姻状况	已婚	114	100.0	100.0
年龄段	30 岁以下	8	7.0	7.0
	31—40 岁	82	71.9	78.9
	41—50 岁	20	17.5	96.5
	51 岁以上	4	3.5	100.0
零售行业工作年限	6—10 年	56	49.1	49.1
	11—15 年	50	43.9	93.0
	15—20 年	6	5.3	98.2
	20 年以上	2	1.8	100.0
店长在岗时间	5 年以下	32	28.1	28.1
	6—10 年	44	38.6	66.7
	11—15 年	24	21.1	87.7
	15—20 年	10	8.8	96.5
	20 年以上	4	3.5	100.0

表3-2 福建省生鲜超市店长职场现状调查（续表）

项目	内容	频率（次）	有效百分比（%）	累计百分比（%）
最高学历	初中及以下	2	1.8	1.8
	高中（中专）	56	49.1	50.9
	大专	40	35.1	86.0
	本科	16	14.0	100.0
2013年年薪	5万元以下	10	8.8	8.8
	5万—6万元	26	22.8	31.6
	6万—7万元	12	10.5	42.1
	7万—8万元	16	14.0	56.1
	8万—9万元	22	19.3	75.4
	9万—10万元	12	10.5	86.0
	10万—11万元	8	7.0	93.0
	11万—12万元	4	3.5	96.5
	12万—13万元	2	1.8	98.2
	15万—20万元	2	1.8	100.0

通过问卷调查，受调查的店长基本都是已婚人士，其中男性受调查者为96人，占总数的84.2%，女性受调查者18人，占总数的15.8%；门店营业面积8000平方米以下的占了大部分，占总数的85.9%；门店2013年营业收入主要集中于1000万—4000万元，占总数的56.1%；年龄层主要集中于31—40岁，主要为中青年阶段，占总数的71.9%；零售工作经验主要分为两个时间段，分别是6—10年、11—15年，占总数的93%；店长在岗时间主要集中在6—10年，占总数的38.6%；店长的高中（中专）学历偏多，其次是大专学历，整体占总数的84.2%，可见整体的文化素质并不是很高，很多都是基层上来的；2013年年薪情况，5万—6万元的偏多，占总数的22.8%，主要集中在10万元以下。

因为笔者就在零售连锁行业工作，所以对此较为了解。当前对于店长的业务技能培训是非常丰富的，比如如何实现更加精准的品类营销，如何有效降低商品损耗，如何控制商品库存，保持一个非常合适的周转天数等。但是对于店长管理能力的培训相对较少，他们非常想学习如何带领团队，激励团队，与社区、政府保持良好关系。

第五节　探索适合生鲜超市要求的店长培养模式

众所周知，一名优秀的店长是一家生鲜超市经营成败的关键，但并不是人人生来就能当店长，都需要在基层积累足够的工作经验，并经过一系列的学习提升，考核通过后才能胜任店长岗位。店长培养需要筛选一批有实力的储备店长，并通过建立有效的培养机制，不断培养出一批又一批优秀的店长，才能满足公司扩张性发展的需要。而对现有店长的继续培养与提升，对于克服职业倦怠，提升业绩，实现门店的精细化管理十分重要。

一、建立储备店长的筛选机制

储备店长的筛选，主要是以内部选拔和外部招聘相结合的方式进行。内部选拔与外部招聘的比例一般会维持在适合的范围内，为员工提供更广阔的发展空间。内部选拔流程如下：

第一，由公司人力资源部根据每年的开店计划，以及盘点现有公司的人才储备情况，统计出储备店长的需求数量，然后在公司内部 OA 平台面向全体员工发出内部竞聘公告，符合条件的员工都可以填写竞聘表进行内部应聘。

第二，在选拔储备店长的时候，每家门店自由提报竞聘人员，不过竞聘人员必须通过当店店长的同意方可，竞聘人员需要填写相关竞聘表，并且及时发送至公司人力资源部，由公司人力资源部进行统一汇总。

第三，由公司人力资源部汇总竞聘人员信息，筛选出符合要求的人员，并且通知竞聘人员参加笔试，笔试内容由相关事业部负责出题。

第四，由公司人力资源部对笔试进行整理，成绩达到要求的人员，通知面试。由公司相关事业部、人力资源部组成面试团队，对竞聘者进行面试。

第五，通过面试的竞聘者，开始参加培训，入选后将调出脱产培训学习，根据不同岗位设定 3～6 个月培训期。

第六，培训结束后，公司人力资源部会安排统一考核。通过最终考核者，可以正式晋升为储备店长，享受储备店长级别的待遇，或者结合个人意愿及各区域需求统筹定岗。未通过最终考核者，将会回原部门或总部另行安排。

外部招聘流程：与招聘公司合作，获取那些在职的零售连锁高级人员信息，通过电话和邮件进行邀请，安排笔试和面谈。或者直接发布招聘信息，一般要求如下：大专或同等学历以上教育；6 年以上零售卖场工作经验，其中有 2 年高级卖场管理经验；熟悉国内外零售市场；拥有强烈的商业意识、激励能力、组织和协调能力；能够服从公司调配和个人定岗意向符合公司要求等。

二、储备店长的任职培训设计

（一）储备店长岗位胜任力要素分析

储备店长，顾名思义就是还没有正式成为一店之长，需要学习各类相关的业务技能，考核通过后方能上岗。培养储备店长的立足点就是要构建储备店长岗位胜任能力的核心要素，要素包括个人素质和业务技能。店长的素质高低会直接影响门店的经营水平，所以储备店长对素质的要求也是很高的，其中包括用心，只有用心才能专注于门店管理；细心，因为零售就是细节，如果不够细心，必然会出现各种不该出现的失误，哪怕一个小小的失误都会造成非常严重的影响；恒心，就是要持之以恒地执行公司的相关制度，开展各项工作。

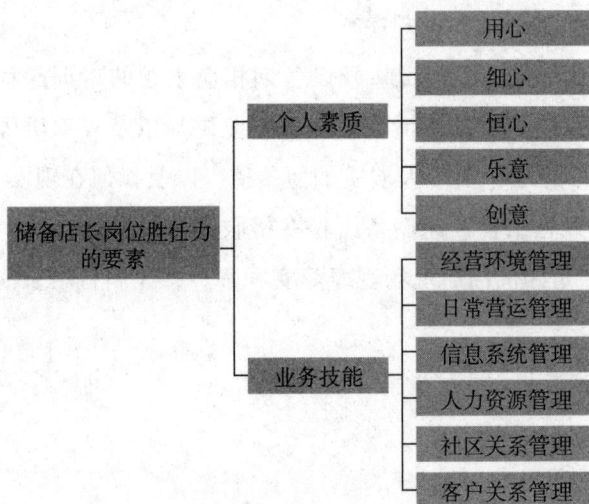

图 3 - 2　储备店长岗位胜任力的要素构成

储备店长要学会把控全局，全面掌握各种业务技能，学习如何对门店进行经营环境管理、日常营运管理、信息系统管理、人力资源管理、社区关系管理及客户关系管理。除了对六大模块进行管理，储备店长还要执行公司的规章制度，建设并带领团队提升标准，达成公司下达的各项目标，对门店内所发生的一切问题负责。

（二）储备店长素质提升培训

1. 储备店长主动自我学习提升

不管是作为门店的中层干部，还是未来的储备店长，都要养成自我主动学习的习惯，不断提高自己的个人素质。只有这样才能带动门店形成良好的工作氛围，门店干部和员工才能有积极的工作态度。在实际工作中，要学会包容门店员工所犯的错误，但要严格执行公司的相关制度。

作为储备店长，必须对所在门店有着非常深刻的理解，对门店经营各个环节都能了如指掌，通过门店的文化氛围、经营风格来提升个人素质。要经常从失败、失误中寻找答案，避免下一次再犯。储备店长要掌握自己的性格、行为特征，并养成每天写日记的习惯，不断挖掘自己表现不好的地方，并且及时改进，对于自己好的地方及时给予相应鼓励。在日常管理工作中不断总结和提炼，在工作中形成自己独特的管理方法。

2. 储备店长素质提升培训课程

针对储备店长的实际情况，开设各期相应主题的培训课程，帮助储备店长提升个人素质。通过邀请公司内部专业讲师以及外部讲师，为储备店长多个角度、多课程剖析个人素质如何塑造，以及如何在现实工作中应用。通过理论和实践相结合，让储备店长在接收理论知识的同时，进行情景演练、分组 PK、近距离门店现场观摩等实践环节，让储备店长能够更快速地提升个人素质。

（三）储备店长业务技能提升培训

1. 经营环境管理培训

（1）门店安全管理培训

近年来，各类商超的消防安全事故不断涌现，门店消防安全越来越得到重视。消防即救火和防火，同时体现"预防为主，防消结合"的工作方针。店长是门店消防组织机构和安全第一负责人，防损部为门店消防管理部门，其次是各部门第一负责人。

作为超市店长，要非常熟悉门店的各项消防系统，大概了解各项消防系统的使用方法和操作步骤，最关键的是要熟悉消防系统的区域位置。日常要关注门店消防档案的建立和维护，包括消防基本情况档案、消防管理档案以及消防档案附件等。要定期监督组织门店消防的开展，特别是一些重大节假日。

食品安全是关系民众健康的最重要的问题，超市已经成为购买日用消费品的主要渠道，同时也受到食品安全监督体制更多的关注。如何更好地为广大消费者把关，让消费者更加放心地购物，是超市必须非常重视的问题。作为超市店长要了解食品安全涉及的环节、部门、人员及相关证件等，加强门店员工食品安全意识的培养，建立行之有效的食品安全检查制度。避免食品安全的客诉或自己检查发现的食品安全问题及隐患，在做好应急处理的同时，第一时间以电话的方式上报总部食品安全部门。

超市是顾客购物的重要场所，所以对超市购物环境应该承担相应的安全保障义务。店长作为门店环境安全第一责任人，要了解门店环境安全影响因素，每天巡查门店时予以关注，并及时予以排除。并且全面掌握门店人流应急疏散管理要点，责任落实到位。

（2）门店后勤管理培训

门店后勤管理工作，是店长能否专心经营门店的关键，是营造阳光快乐工作氛围、建立和谐的内外关系的基础。门店后勤管理工作主要分为五大部分，分别是购物环境、顾客满意度、员工满意度、商品品质及费用管控。

购物环境方面：首先要做好保洁工作，要给全体员工灌输保洁意识，组织各个部门人员查核合同配备保洁设备，以及设备的使用规范，包括设备使用时间和地点。要组织协调好核查合同配备保洁人员的人数和相应排班，做到及时跟踪每日、每月、每季度的保洁标准。其次是落实门店四害消杀服务工作，组织门店员工修补建筑漏洞，做好地沟和垃圾房的清洁，落实消杀作业的跟踪工作，以及消杀周期安排。定期培训员工如何规范使用消杀辅助设备，以及做好老鼠、蟑螂密度的检测工作。

做好食堂服务工作，能够有效提升员工满意度。首先，要关注食堂的卫生清洁情况，以及饭菜的质量安全情况，同时涉及员工个人的卫生情况。其次，要严格执行菜品的领用流程，如果这个环节没有把控到位，就会导致损耗的出现。所以要监督执行食堂的领用流程，是否与相关部门按照进价进行结算，以及是否及时办理出库工作。然后要跟进落实菜谱与实物是否一致，不能出现欺骗员工的行为。最后，员工的伙食标准要严格按照公司制度执行。

做好商品品质工作，首先要关注商品的生产日期，包括进口商品、物流商品、供应商直送的商品。其次是关注商品的检疫单和酒类随附单，这是相关商品质量安全的重要保证。然后是确保商品标识的正确，包括 QS 标识、3C 标识、保健食品标识等。最后要把关商品的收货环节，把控商品新鲜度及包装。

生鲜超市作为薄利多销的经营模式，费用的管控尤为重要。费用如果没有管控到位，就会直接侵蚀利润。所以费用的管控是店长重中之重的工作。费用管控包括营运费用、行政费用和外联费用。其中营运费用与超市日常营运息息相关，既要保证日常营运的正常运行，又能节省费用。行政费用主要是一些办公费、保洁费、消杀费等，主要是超市后勤管理所产生的费用。外联费用在社区关系中是不可或缺的一部分，也是维护社区关系的必要费用。

在物料管理方面，要优先保障营运物料的储备和使用，包括与客流相关的自用品、与内耗相关的自用品、与员工相关的自用品。关注物料有计划进行备货，保障物料正常使用，合理减少库存。及时办理进出库的物料，并且做好单据的制作工作。同时要严格执行自用品领用和使用的流程，办公用品到货后及时贴上自用品贴。最后要定期做数据分析，合理控制物料费用。

2. 日常营运管理培训

（1）生鲜部日常营运管理培训

生鲜商品作为生鲜超市的拳头商品，直接关系到全店业绩销售的达成。

生鲜经营始终围绕着顾客的需求，从而进行灵活经营。由于生鲜商品的特殊性，生鲜经营团队不同于其他部门营运团队，需要更强的专业性和敬业精神。生鲜超市的生鲜商品占比较大，品种相对比较齐全，经营模式以薄利多销为主。

生鲜营运管理中，品类管理是重中之重，以全品类经营为主，逐渐推进全品项经营。顾客购物都想得到一站式的购物体验，在购买生鲜商品时，也是想一站式购满全部家庭日常所需商品。所以商品品项是否齐全，是衡量一家生鲜超市的重要标志。生鲜超市品类涵盖蔬菜、水果、鲜肉、海鲜、冰鲜、贝类等，各个课组的商品类别划分，影响到品类横向和纵向的丰富程度。

全品项经营操作思路：首先要确认重点商品、季节性商品及结构性商品，在生鲜干部进行开单时要注意准确性，干部要严格执行开单作业标准，按照正负10%原则控制可存储商品的开单，按照正负20%原则控制商品品项和量的变化，通过以量取利，带动高价值商品的销售，同时要严格执行台账流程。其次做到定价准确原则，定期定时安排员工通过市调掌握市场行情，在月度商品组合清单中确定商品的定价策略。然后是陈列位置要合理，商品要分门别类，陈列要有足够的量感，严格执行商品先进先出，把控黄金台面和非黄金台面的商品陈列标准。

在品类管理中，要寻找共性商品，基本涵盖当季商品，也可以按照柜组的商品结构进行拓展，延伸现有的商品广度。生鲜品类中不能都是低价值低毛利的商品，要适当引入部分高价值商品，在适当时候进行低毛利的促销活动。随着国人生活品质的提高，对于生鲜商品品质的追求越来越高，生鲜商品不能仅限于中低档，而要适时引入有机商品、无公害商品、高端商品。通过打造品类金字塔，丰富金字塔塔尖的商品占比，提高生鲜超市的毛利。

（2）杂货家电部日常营运管理培训

杂货家电部在实际经营中，店长要重点关注以下部分：商品齐全、商品安全、重点商品、商品群及订货管理。商品齐全是指商品品类、品项、品牌及价格等能够满足顾客一次性购物的需求。商品齐全并不是商品数量越多越好，而是要树立为顾客选择商品的经营理念。商品齐全也不是要求商品必须包罗万象，必须根据实际经营定位来设计商品的组合。商品齐全也并不是有货就好，而是各方面都能够满足顾客的需求，比如价格、环境、服务等。

从经营角度看商品齐全，可将商品分为：基本商品、季节性商品及促销商品。基本商品就是超市每日都有销售的商品，及以顾客的生活场合为标准进行组织的商品。比如日常用的牙膏、牙刷、锅碗瓢盆、调味品等。基本商品的陈列必须做到每时每刻都有货，并且要保持永久的陈列位置。季节性商品主要指一年中特定时节销售的商品，例如圣诞节的圣诞树、元宵节的花灯等。而季节性商品又细分为节假日商品、时令商品、基本季节性商品。促销商品可分为公司统一组织的 DM 活动、临时活动、门店组织的活动、供应商配合的场外活动等，在陈列时需要配以特殊的标识和提示。

从经营的角度看商品安全，可分为：保质期管理、市场准入、商标侵权及法规禁止。作为店长要清楚商品保质期的管理标准，比如凡是保质期超过三分之一的商品，收货口不能够验收入库。凡是保质期超过二分之一的商品，物流中心或供应商不得向门店配送等。商品的 QS 认证是商品得到市场准入的重要证明，又细分为食品类和用品类。电器类也有 3C 认证，包括一些电动玩具等。在超市中严禁出售侵权的商品，因为侵权商品不仅损害消费者权益，而且损害了商品持有者的正当权益。同时要关注一些法律禁止的事项，比如我们熟悉的儿童一段奶粉是不能够参与促销活动的。

重点商品是超市日常经营的重点关注对象，它是每个分类中高贡献的商品，要保证陈列位置和商品货源。作为店长要每日关注重点商品的销售情况，通过店长的数据报表，查询重点商品的销售和毛利情况，根据每月的销售指标，及时分解每日的销售任务。没有达到相应指标，一定要及时找出相关问题，及时解决。在查询每日经营报表情况外，也要花一定的时间巡场，通过巡场才能及时发现问题，解决问题。

（3）服装纺织部日常营运管理培训

服装纺织在超市经营中承担的角色，一部分是为了实现消费者的一站式购物体验，另外是为了提升超市整体的毛利水平。因为生鲜商品的毛利并不是很高，甚至在促销活动中还会出现负毛利情况，所以经营好服装显得格外重要。

服装销售人员管理是保证服务能够落实的重要标准，服装是靠销售人员一对一的服务，所以店长要关注服装销售人员的排班情况，是否做到每日销售高低峰人员的合理安排，而且要明确各个岗位的工作职责和内容，避免出现高峰时期无人服务，低峰时期人员闲置情况。整烫标准是服装经营的重要标准，要保持各类陈列商品整烫笔挺，没有明显的皱褶，裤子要有垂直感，并且笔挺。服装区域保证通道畅通，顺畅舒适。

促销区标准是服装营销的重点工作，保证促销商品统一，外包装完好，码放整齐，商品摆放清晰，促销氛围营造良好。促销地笼要有专业的促销围板，KT板的标识要清晰可见，货架货品要统一，垂直悬挂，做到干净不杂乱。在营销氛围中，企划物料要及时配备，能够满足营销氛围营造的需求。同时要保证现场的灯光、空调能够按照规定准时开启。

模特陈列标准是提升服装销售的重要道具，模特出样商品主要为当季主推商品，定期要作更换。模特要经常维护，做到无破损、穿着要整齐、有明显的价格签提示，模特底座要有收拢，保证安全和美观度。服装的价格道具陈列标准，要做到POP夹位准确，朝向统一，POP中的文字数字要规范清晰，字迹工整，能够一目了然。

现场环境标准，要保持货架、壁柜、堆头、展示台、镜面等无灰尘、无污渍，底座没有相关杂物。陈列道具要无破损、变形，不影响货品展示。地面卫生干净，无污渍，无杂物。现场无堆放库存。服装仓库管理和现场管理一样，如果杂乱无章，直接影响正常的商品库存查询情况。商品码要摆放整齐，归类清晰，不能出现扎堆现象，无鼠害，封箱产品包装完好。

服装营销对于服装经营是至关重要的，作为店长要清晰服装营销的关注点：要重点关注各个品类的贡献，包括大类、中类、小类。做好品类贡献的分析后，就要明确陈列思路，如何突出强势品牌和优势品牌，如何做大流量商品，同时要落实结构商品的陈列定位。同时要做好顾客引导工作，保证卖场季节性POP和吊旗能够布置到位，相应的画册、道具、通道、灯光、空调、人员以及场地都要第一时间保证准备到位。而且要充分考虑市场竞争因素，分别是售价、营运标准、客服和员工销售能力。在实际经营中，也要考虑到时间因素，如何避免陈列变化的过度影响。库存是业绩指标完成的重要因素，所以在经营中要把库存管理放到重要地位。作为管理人员，要清楚季节性营销中阶段性商品的变化与对应策略。

（4）杂货家电部日常营运管理培训

作为店长要熟悉加工的商品品类，保证商品品类的齐全，加工部商品品类可以划分为面包、熟食、包点、鱼丸、豆浆五个大类。熟食又细分为卤制品、油炸类和中式菜，面包细分为面包类、西饼类、蛋糕类和生日蛋糕，包点细分为包点类和什果类。根据商品的经营模式，加工部可以分为自营商品、联营商品和购销商品三大类。

作为店长，首先要关注加工部人员编制与排班管理情况，因为人员编制到岗到位，不仅是食品安全法的要求，也是门店加工部顺畅营运的需求，店长应该要予以重视。其次要关注加工部员工的个人卫生标准情况、员工的健康证到位情况、员工仪容仪表标准情况。

良好的商品视觉形象既是提升公司形象的需要，也是提升服务品质、增加销售机会的好方法。店长应该每天监督门店加工部经理将商品的条形码标签、价格牌及促销商品 POP 的标准使用当作一项重要的日常营运工作，做到每日跟踪，时刻关注。

3. 信息系统管理培训

（1）门店信息管理培训

门店信息管理是店长的管理职责之一，自觉遵守工作信息管理规范，理解系统保障和信息安全的重要性，在工作中提高安全意识，保证数据资产的安全。理解数据监管对提升业务管理的作用，支持并帮助门店信息人员建立有效的监管机制。店长要了解基本管理报表功能，在工作中初步应用。充分理解门店信息人员的职责，了解门店信息人员的特点，知道如何发挥门店信息人员的作用。

第一，流程监控。对门店管理流程及工作规范的执行情况实施关键点的监控，保证流程、信息及数据的安全、准确、一致。要检查业务处理流程是否按信息流程标准执行到位，各种数据单据录入完成后是否按规范整理、归档，系统功能是否按权限申请和使用，纸质报表是否有效保管及时销毁。监控中发现问题及时向门店领导汇报情况。

第二，数据支持。为管理人员提供营运数据的分析和支持，共同分析数据问题并提出解决方案、实施方案的数据跟踪。每日协助营运部门对时段销售进行监控，提示销售下降、损耗、库存风险。每月中旬及月初进行上月经营状况分析，找出薄弱品类及原因，形成月度改进计划方案。包括库存管理、负毛利、损耗控制等。依据门店需要进行专项分析项目，比如堆头效益分析、促销前后分析、异常损耗分析、周边竞争对手分析等。

第三，数据内控。包括单据稽核管理、订单监控、库存监控、盘点监控、盘后分析、日常库存抽查、排面事物状况抽查等。单据异常监控为每日和日清日结。盘点监控要按规范做好盘点准备，盘点中监控是否按盘点流程规范执行。盘点数据准确输入，对大量盘亏单品监控并报告。

第四，应用培训。包括系统新流程、新功能的应用培训，新任职员工的系统流程、系统应用的培训，异常情况下的应急处理预案培训。根据公司信息总部发布的新的系统功能、流程及时培训相关业务人员。新到岗员工依据其岗位需要实施培训计划。业务人员日常应用中问题的及时辅导解决。针对可能影响门店正常经营的系统故障，对关键人员进行应急预案的培训，定期进行演练。及时报告应用系统出现的各种问题，及时报告门店员工的信息系统各种应用的各种需求。

第五，系统维护。按规范要求实施设备检查、维护，及时预警、维修故障设备，做好关键设备的备份。实施早中晚的关键设备的备份。依据设备及环境的不同，对设备进行定期出尘、除油清洗。执行日常检查，任何时候不得将信息设备用于非工作用途，按报备流程及时报告各种系统故障和违反公司管理制度的各种不良行为。

第六，协同支持。配合上级信息部门进行监控等工作，依据门店业务需要支持门店现场工作。依据上级信息部门数据采集及监控的要求，及时协调和配合门店各业务部门搞好现场数据采集、原因查找，并及时反馈。依据总部和区域工作需要配合做好其他门店支持工作。

（2）门店日常报表应用培训

在门店管理工作上，依据营运数据的分析，我们可以发现各种显性及隐性的问题，从而帮助我们尽早、尽快、尽长远地处理跟踪问题，提升人效、物效，减少损耗，冲击业绩。日常工作中，数据围绕销售、毛利、损耗、客流、客单、团队等要点，主要以公司 OA 为平台。

店长可以通过营业日报表，掌握每日及至今各个部门的经营业绩完成情况，了解异常报损、盘点盈亏、销售毛利率的合理性，以及门店客流客单的合理性，关注周末、节假日、气候变化数据的变化情况，及时做出相应调整。通过日报表，可以获知单品销售排名及区域销售排名，了解门店单品和区域差异，找出别人好，自己差或缺的单品，找到原因再次提升。

通过门店一体化报表，可以清楚地知道门店销售达成情况、利润达成情况、可控费用的分析、促销服务收入、纸皮收入及联销外租收入等情况。通过分析销售达成情况，分析销售不足的品类或部门，以及找到影响利润达成的关键因素。特别是要关注可控费用的支出情况，在可控费用中人力费用的占比情况，分析人力费用的实际支出情况，与门店人力资源共同解决。通过分析门店营运费用和行政费用，控制一些不必要产生的物料和支出，进一步控制门店费用。

4. 人力资源管理培训

人力资源部门职责：执行总部制订的招聘计划，实施门店员工招聘；制订并执行门店排班计划；执行公司的考勤制度、流程和标准，实施门店员工考勤；执行门店员工薪资核算；配合总部执行门店员工绩效评估；配合公司执行门店员工培训。

（1）门店招聘管理培训

首先要明确招聘管理目的，门店编制要控制在标准范围内，人力费用率不能超标，门店人员必须满足实际营运需求，主要的招聘对象是员工和资深员工；其次要清楚录用基本条件，要以岗位任职要求为基础，择优录用。招聘进来的员工能力要高于平均水平线，而且要身体健康、阳光上进、有激情、具有良好的职业素养。然后要做好相关聘用文件的签署工作，包括劳动合同、信息保密协议等。最后要清楚招聘的薪资原则，根据经验、技能水平与岗位薪资进行匹配，合理控制人力费用和人力费用率。

（2）门店培训能力管理

培训计划主要分为每季度、每月，主要培训对象是员工和资深员工，由各个事业部来进行培训。针对新员工培训，要让新员工掌握岗位基本技能，以达到上岗工作的状态。培训内容主要涵盖公司企业文化、员工职业成长路径、公司的相关制度，以及营运部门各个岗位的操作标准。新员工入职后 1 个月，实操考评合格后才可以上岗。

员工晋升培训：通过定期的培训帮助员工提升专业技能，主要培训公共课程和专业课程，公共课程主要是一些卖场术语、基本实操演练，专业课程会涉及相应的商品维护、库存管理、仓库整理等。培训结束后，通过书面考试、现场实操考核以及日常工作表现等，对员工的培训效果进行评估。员工参加培训和考试成绩，作为员工晋升审查的重要依据。

（3）门店薪酬福利管理培训

门店员工薪酬主要由固定工资和绩效工资构成，固定工资主要由基础工资、岗位工资、技能津贴以及其他补贴构成，基础工资是员工劳务报酬的主要部分。员工保险主要包括养老保险、医疗保险、失业保险、工伤保险、生育保险，以及住房公积金。福利待遇主要有中秋节员工礼金、年夜饭、员工餐、生日庆会、生育礼金、婚礼金以及互助基金等福利待遇。假期福利主要有法定节假日、病假、婚假、产假、哺育假、陪护假、工伤假及丧假。

作为店长要明白门店人力费用构成：员工工资、奖金、保险、福利、工会费用、残疾人保障金以及员工关系费。各个部门要根据销售合理配置人员，做到岗位职责与员工能力相匹配。通过提高熟练员工的保留率，以及指导主管做好科学合理的排班，并且改进工具设备，提高工作效率。让员工明确自己的岗位职责和工作内容，并且让员工在日常工作中及时得到认可和鼓励，营造良好工作氛围，从而进一步降低人力费用。

（4）门店绩效管理培训

门店绩效关系到门店经营目标是否能够实现，为了确保经营目标，必须将经营指标分解，让门店每个人都能有所承担，实现人人头上有指标。

同时实现收入、培训、晋升与绩效结果相结合的激励制度。

作为门店店长要理解绩效会给门店所带来的价值，如果没有绩效指标，那么门店经营就失去了方向，没有方向就不会有行动力。要支持门店人力资源做好绩效管理流程和培训活动，确保激励手段能够支持营运目标的实现。要积极公开地支持，并且帮助门店人力资源做好引导工作，确保激励计划有效执行。

绩效考核的思路，主要按照财务面、客户面、内部营运面及学习成长面展开。财务面主要是考核部门的销售和利润的达成情况，客户面主要考核门店客流的增长情况，营运面主要考核部门的营运标准、损耗和库存天数等，学习成长面主要指员工离职率考核。

（5）门店员工关系管理培训

员工关系管理的目标是有效实现员工内部交流，通过丰富多彩的员工活动，及时提供心理咨询服务，把潜在的冲突及时解决掉。作为店长要积极配合门店人力资源策划丰富的门店员工活动，比如通过开展专业技能竞赛、员工庆生会以及团队活动等，来提升员工的士气。

门店工作环境卫生，是影响员工工作满意度的重要因素，所以要把提升门店工作环境作为首要任务。要保证食堂饭菜新鲜，营造良好的就餐环境。要带领门店主管人员，做好员工工作的分工与安排，做好科学合理排班，让员工在工作中相互学习，共同进步。让员工能够感受到公司美好的发展前景，特别是让那些优秀的员工感到有足够的成长空间，要多创造一些培训机会，让员工有机会学习到最新的知识，让每位员工都能收获成就感。

5. 社区关系管理培训

门店店长外联工作职责：首先是保证安全经营，包括食品安全、消防安全、顾客消费安全、员工人身安全。执行行业部门规范、要求，负责落实。负责政府、行业部门人员到店检查、来访接待，大型活动，媒体采访等相关工作。负责处理门店对外日常行政公文事务处理，负责门店商品证件审核、质量把关、价格把关，负责门店突发事件处理，确保门店正常经营秩序。

门店店长履行外联工作职责，必须要清楚以下几个方面：门店平面图、布局、设施要弄清楚，门店所签订合同要清楚。杜绝出现门店消防布局改动、违章搭盖、噪声扰民、污水雨水合并排入雨水管、员工欠休、加班严重、超限经营等。经营方面的违规内容要清楚，比如调烟售卖、商品检测超标。

门店店长要做好消防安全管理，制定消防安全管理制度，灭火和应急疏散预案，以及做好消防设施维护，落实维保公司维保状况。确保消防疏散通道畅通、疏散标识显著。严格落实防火防盗安全措施。构建和谐的社区关系，必须要减少噪声污染，与社区物业保持良好合作关系，建立良好的邻里关系。但是作为店长，要注意对外关系所涉及的部门和管理范围，对外相关部门的联系方式，以及对外相关部门检查，来访时门店应该注意的事项。

6. 客户关系管理培训

前台是顾客体验的最后一站，也是至关重要的一站，要做好前台的管控工作，首先要了解前台收银高低峰客流的排班情况，定期组织收银员培训，提升收银速度和熟练度。同时要组织其他部门人员，在收银高峰期及时支援。其次要做好客服退换货工作，培训员工做到退换货的及时性，保证员工服务态度，定期关注品质报告，了解是否存在投诉较高的商品。然后要把控收银员工的服务质量，不仅能够实现快速收银，并且做到收银的准确性，监督落实员工的服务细节是否到位。最后每周要跟踪投诉报表，落实重大投诉的处理情况。

7. 超市物流运营及流程培训

物流是超市运营中非常关键的一个环节，是链接仓库、大仓、卖场终端的命脉所在。所以作为储备店长要熟悉现有超市的商品流通形式，在商品流通形式中，主要有物流配送、厂家直送两种形式。物流配送就是通过超市供应链小组下单，厂商统一将商品送到集中的物流大仓，供应链再根据门店所下单据进行分配，然后由物流大仓的分拣小组进行分拣，配送到各家门店。厂家直送就是供应链审核门店订单，厂商直接通过自身物流，配送到指定门店。门店收货部门在接收商品时，相关人员要认真进行货物的验收，包括订单时间、商品品质、商品数量等。货物通过验收后，收货人员及时在信息管理系统中操作，以便更新库存商品的有关数据，为后续的进出货物提供管理和控制的依据。

（四）储备店长岗位胜任能力考核

1. 储备店长理论知识考核

储备店长在学习个人素质提升，以及六大管理模块时，在课后都会进行理论知识考试。通过理论知识考试，掌握储备店长的理论学习情况，针对理论考试出现的问题，尽量在下一次的课程培训进行集中解决。储备店长的理论考试成绩，同样会及时记录到培训档案中。

2. 储备店长门店轮岗学习考核

储备店长在门店轮岗学习过程中，每周要及时填写学习总结，包括学习日期、学习部门、学习岗位、学习内容清单，具体说明自己所掌握的内容，列出你对营运经营上的意见和建议，列出你在教练处学到的管理和工作技巧，以及个人心得体会。在每周培训结束的时候，储备店长要和教练一起回顾本周培训内容，写出本周学习小结。公司人力资源部将每周对储备店长的学习情况进行核实确认，及时记录在培训档案中。

3. 储备店长面试考核与任命

通过前面的理论和门店实践考核，最后进行面试考核，面试官由公司人力资源部、相关事业部高管组成，对储备店长近几个月的学习情况进行最终考核。公司人力资源部通过统计三次考核的成绩，并经过相关事业部领导的确认，最终确认储备店长的考核成绩。考核通过的储备店长，将会在公司 OA 进行公告其最新的职位任命。考核没有通过的储备店长，要回到原先岗位，等待下次的储备店长培养机会。

三、在职店长的提升培训设计

零售行业日新月异，竞争越来越激烈，在职店长除了熟练掌握相关业务技能外，还需要具备较高水平的团队管理、精细化管理、业绩提升、损耗控制等能力。首先，公司除组织总部相关体系的高管、业务骨干直接授课外，还将邀请行业资深专家、咨询机构及高校专业师资，开展相关能力的培训工作；其次，公司会组织在职店长分批次到国内外优秀企业进行集中考察学习，在学习中反思，在学习中改善，在学习中进步；最后，公司会组织相关体系的高管，与在职店长进行一对多的专门辅导与交流，帮助在职店长提升自己的管理水平。

（一）在职店长团队能力提升培训

大多数的领导常常把群体误认为是一个团队，而且自己本身也不是一个很好的团队成员，往往严重低估了团队成长的难度，在团队成员成长中投入不足。团队协作的主要障碍，主要表现在以下方面：首先是全体人员缺乏对目标的共识，团队成员成就的动机差异过大，而且大家的能力水平相差过大；其次是内部存在严重的不良竞争，大家普遍缺乏共同的行为规范；再次是每个人都非常有个性，没有充分了解团队成员个性的差异在哪里；最后就是团队成员角色分工不均，无法保证能者多劳的成果。

1. 赏识团队成员角色特质

每个人在团队中所承担的角色都是不一致的，这跟每个人的性格有着很大的关系。有些人是行动导向，行动能力特别强，还没想好可能就已经开始动手去做了。有些人是思维导向，属于智多星类型，有着非常多的创意和点子，不过行动能力不是很强。有些人是属于社交导向，比较擅长沟通交流。每个角色都要非常清楚自己的优势和弱点，如何做到扬长避短。

团队中需要一个地位较高的领导，符合协调者特征，可以组织团队相关决策工作。也要有一位智多星，不过不能有太多的智多星，不然就会出现思想过多、创意过多的情况。让聪明的成员来引导每一次的讨论。团队成员的个性特征要与相关责任匹配到位，及时识别团队中角色的不均衡，并予以调整。

2. 明确团队成员的任务

团队成员的任务都是不一样的，那么如何进行分工，如何明确各自的任务？步骤如下：首先要分享公司的愿景和使命，让团队每个人的目标和方向是一致的；其次要说明各方的利益，只有这样大家才能明确自己的任务大小情况；再次是要有具体的解决方案，做到能力要求和职责分工的公平性，及时提出需要的合作或资源支持；最后就是要有具体的行动计划，并且及时跟踪计划，并做好相应的记录工作。

3. 促成团队的共识和规则

必须聆听每位团队成员的意见，让他们能够感受到自己被倾听，让对话能够充分。不要为了达成一致而随意放弃自己的观点，出现观点冲突反而是有益的。团队成员要不断提出问题，在作出决定前明确自己理解每个人的意见，避免采取投票法，最好要通过对议题的讨论让每个团队成员都支持所达成的一致意见。我们要开放思路，努力寻找富有创意的解决方案，只有这样你的建议才会被团队成员所倾听，并且团队成员将支持你的决定。

4. 组织团队成员进行反思

反思是设定了团队和个人要达到的理想目标后，对于优点和缺点进行讨论和评价，是对现状、差距和改进状况的不断正视和衡量，是增强团队有效性的一个重要学习工具，创造团队从经验中学习的机会。当反思应运得当的时候，会使团队成员更加互相了解，团队的创造能力会越来越得到提升，从而获得持续进步的反思行动。

5. 带领团队进行拓展实践

根据之前的团队领导力理论训练，熟悉每个团队成员的角色定位，以及每个团队成员的性格特征，根据团队发展阶段评测结果制订团队近期的目标及行动计划。要学会将计划和课后实践相结合，并且通过实践来检验计划的有效性。没有完美的个人，只有卓越的团队，一个人即使能力再强，也不可能思考周全。但是团队就能够弥补各个方面的缺陷，从而快速实现目标。

（二）在职店长精细化管理提升培训

精细化管理的核心在于管理人，因为人的态度与执行力是精细化管理水平的重要标准。当前人力费用和租金费用不断上涨，只有通过人的精细化管理，才能有效提升门店的盈利能力。此外，在职店长要熟练使用各种工具来了解门店和市场情况。通过各种工具所呈现的数据和问题，要及时帮助和辅导门店干部和员工做出第一时间的反应和改进。通过培训，让在职店长懂得如何去抓细节部位，以及各项流程的重要管控点，进一步实现精细化管理。同时借鉴零售上市公司进行信息化改造，增强信息技术投入产生更多效益[139]。

（三）在职店长国内外考察学习

公司每年可根据在职店长的业绩指标达成情况，以及当年对公司有特别突出贡献的店长，最终评出十大优秀店长，以及各项相关的团队奖励。十大优秀店长每年都会获得出国考察学习的机会，通过实地考察，全方位学习国外优秀企业的经营理念。通过为期七天的考察学习，学员在考察结束后需要提交一份考察报告，详细分析所考察企业的优势和劣势，并且与公司当前的情况作对比分析，最终提出适合公司发展的建议或意见。针对获得各类相关团队奖励的在职店长，公司会组织他们到国内优秀企业学习考察，通过为期一周的考察学习，在职店长需要提交一份学习报告，提出自己的建议和意见。

（四）在职店长与教练互动交流

安排培训的在职店长，公司都会安排相关体系的高管作为他们的带训教练。在培训期间，在职店长可以跟公司高管进行一对一的深入交流。公司高管要履行自己的教练职责，帮助在职店长解决实际工作中出现的问题，以及分享一些自己的管理经验，帮助在职店长有效提高自己的管理水平。

（五）在职店长的考核、淘汰与提升

通过前面的各项理论学习，以及考察学习机会，最后公司会组织面试考核，面试官由公司人力资源部、相关事业部高管组成，对在职店长近几个月的学习情况进行最终考核。考核通过的在职店长，其中非常优秀的在职店长将会提升为区域店长。考核没有通过的在职店长回到原来岗位，甚至淘汰一些不符合公司发展要求的在职店长，让整个店长团队保持良性循环。

四、建立与完善店长培养的组织保障

店长培养是有一定过程的，其经营管理水平的能力是伴随着时间以及培训逐渐提高的。详细且规范的店长成长计划有利于培养合格的店长，有利于使店长的成长跟公司的成长计划之间实现良好的互动，从而从根本上给公司的发展以及人才的供应带来极大的好处。

储备店长阶段要打好良好的基础，熟悉各个部门的流程及管理要点，为日后做好充分的准备，在学习期间一定要认真实践所学的管理方法，先做到适应公司的运作，学习并巩固基础经营管理的知识。在这一阶段，储备店长不要急于将自己个人的管理心得和经验融入门店中，要完全掌握公司的管理经验。

只有制度才能保证人才梯队不断层，所以首先要在公司内部和外部，寻找那些有意愿投身零售连锁行业的人，通过建立一套科学合理的人才筛选制度，让越来越多有着强烈意愿，并且富有经验和才华的人，能够拥有更多的成长空间。其次需要对现有人才情况进行评估，及时鼓励优秀的人才，淘汰那些不思进取的人，从而保证整个人才梯队良性循环。最后通过构建科学合理的绩效考核制度，不断激励储备对象，让储备对象能够不断突破自己。

第六节　国内生鲜超市店长培养典型案例分析

永辉超市成立于 1998 年，经过近十几年的飞快发展，跃居中国企业500 强之一，2013 年中国连锁百强企业 13 强，中国快速消费品连锁百强 6强。永辉超市对于店长的培养颇有心得，培养了一批又一批的店长，满足了永辉不断扩张的需求。永辉超市从 2013 年开始，每年举办两期的店长储备班，每期持续时间为 6 个月左右，人数维持在 20 人左右，为新店不断输送人才，满足公司的快速扩张需求。在职店长培训每年举办一次，每期学员人数维持在 50 人左右，部分大区由于店长人数较多，可以分批次进行培

训。在职店长通过培训，团队管理能力得到较大的提升，对于相关业务技能有着更加深入的理解。在职店长通过培训，不仅带动门店业绩进一步的提升，而且促进门店形成良好工作氛围。

一、永辉超市储备店长培养体系

（一）永辉超市店长职责与责任培训

作为储备店长首先要认同公司企业文化和经营理念，遵守公司的经验纪律，对门店的营运环境、经营绩效、营运工作、顾客关系、员工关系及社区关系等进行管理，执行公司的规则制度，建设并带领团队提升标准，达成公司下达的各项目标，对所在门店所发生的一切问题进行负责。

通过分享和传播永辉企业文化，影响并感染团队及身边的人，努力营造家的文化，做一个会传承文化，有纪律、有技能、有激情、有担当的四有店长。店长要以身作则，做到勤奋、创新、沟通、总结，与门店干部员工能够达成一致，通过"传帮带"帮助干部提高带团队的经验，帮助员工熟练掌握业务技能，并且处理好社区关系，与顾客维持一种良好的邻里关系。

（二）永辉超市卖场营运环境管理培训

卖场营运环境主要包括门店消防安全管理、食品安全管理、购物环境安全管理及门店突发事件，应急管理。每个环节都是非常关键的，哪怕出了一个小小的差错，可能就会给公司带来巨大的损失。所以作为储备店长要深入学习各种专业知识，不仅在课堂上进行学习，而且业余要花大量的时间进行深入学习，力求把每一块专业知识都研究通透。

首先是门店消防安全管理，储备店长要深刻理解消防的定义和意义，以及我国现行的消防方针，以预防为主，消防结合。消防安全是永辉门店管理的头等大事，门店从店长到员工，人人有责，都要深刻认识门店消防的重要性，要把消防工作当作日常工作的头等大事来做。

其次是门店食品安全，食品质量关系到顾客身体健康和生命安全，所以解决好食品安全问题，是永辉超市门店一贯坚持的标准。作为储备店长要学习食品安全的重要性，通过学习超市食品安全的基本内容，对门店食品安全的环节和避免食品中毒事故的注意事项有着深刻认识。储备店长要明确自己与食品安全有着非常紧密的责任关系。

再次是门店购物环境，购物环境舒适，是顾客购物的基本需求。储备店长要努力营造良好、安全、放心的购物环境，要熟悉掌握应对突发事件，如消防事故所必须明确的事项。要经常巡视超市的陈列是否符合要求，超市的试吃活动是否符合要求。在第一时间把各种不利于购物的风险及时解决掉。

最后是门店突发事件应急预案，储备店长要了解门店突发事件的处理原则，突发事件处理组织和处理流程，以及一些非常典型的突发事件应急预案。储备店长要清楚的知道自己所在门店突发事件的种类，处理原则和小组的构成。

（三）永辉超市经营绩效达成培训

储备店长要学习如何通过门店一体化报表，详细了解自己门店的经营情况。通过一体化报表，可以及时了解各项任务指标的完成情况，通过分析这些指标的完成情况，可以更好地评价各个部门管理人员的表现，从而提高门店经营效率。作为永辉的储备店长，必须懂得利用各类报表来呈现问题和解决问题。标准化的仓库是保证存储期间产品质量，及时为正常生产和顾客提供合格产品的质量保障，所以要掌握仓库管理的原则及具体相关标准。卖场的系统化需要靠营运的标准化来实现，储备店长要掌握门店工作的标准流程、规范，才能提高销售业绩，减少商品损耗，并且能够有效提高门店的管理效率。

（四）永辉超市门店人员管理培训

店长在人员管理方面的职责，就是要落实和监督人员招聘、员工发展、绩效管理等团队管理方面的责任。要配合门店人事和相关部门，做好人员的招聘、员工关系和团队管理的辅导和配合工作。日常的会议是工作中非常重要的一部分，而且有效的会议也是非常关键的。所以作为店长要了解有效会议对门店工作的重要性，并且掌握如何有效地进行会议管理。

（五）永辉超市顾客服务培训

顾客是上帝，我们的利润来源就是我们的顾客创造的。所以维护好顾客的关系，是门店工作的重中之重。作为储备店长要了解门店顾客投诉的类型、原因及解决的方法。通过学习如何改善门店管理的机会点，预防顾客投诉的产生，从而提高顾客满意度，只有这样才能稳定门店的客流，使得门店经营往更加良性的方向发展。通过及时处理各种客诉，改善门店在顾客心目中的印象，从而将各种危机转化为机会。

（六）永辉超市门店公共关系培训

通过学习可以知道门店实际营运中必须具备的各种证照，以及如何让这些证照为我们的销售和顾客服务保驾护航。门店应该要严格按照政府相关的法律、法规指导门店的经营工作，组织门店店员学习掌握相关法律、法规具体条文内容，并参照法律、法规定期进行自我检查，发现问题立即纠正，制定相应的改善措施，确保不犯相同的错误。作为店长要深刻理解构建和谐社区关系的重要性，以及如何做好社区的关键管控点。

零售门店是客流的集中地，各种人流汇聚在一起，总会出现各种突发情况。为了给顾客营造一种良好、安全的购物环境，对于突发事件的及时处理，就显得非常重要，避免事件的进一步发酵扩大。门店实际营运过程中，发现问题、分析问题，通过排列优先级，聚焦解决核心问题，并进行自我反思和总结，提升工作效率及管理能力。依据危机预案的制度与流程，建立健全快速反应机制，定期开展培训与演练，避免或减少危机事件的发生，降低损失并消除不良影响。

（七）永辉超市储备店长培训考核与任命

储备店长通过为期六个月的理论学习和门店轮岗学习，基本掌握各个部门的工作内容和工作流程。期间每个阶段的理论学习都会有相应的理论考试，门店轮岗学习提交每周每月的学习心得。在最后阶段由公司人力资源部、相关事业部高管对储备店长近六个月的学习情况进行最终考核。考核通过的储备店长，将会公告其最新的职位任命。考核没有通过的店长，要回到原先岗位。

表 3 - 3　永辉超市储备店长班培训安排表

时间	培训安排	岗位内容	班次时间	培训地点	教练导师	备注
2015 年	项目介绍					
2015 年	启动仪式	开训仪式		教室门店	培训老师	
2015 年	军训			基地	教练	
2015 年	前台	收银	门店时间	门店	门店教练	
2015 年	收货	收货	门店时间	门店	门店教练	
2015 年	防损	防损	门店时间	门店	门店教练	
2015 年	前台考核	实操考核	正常班次	门店	前台负责人	
2015 年	防损考核	实操考核	正常班次	门店	防损负责人	
2015 年	加工	烘焙熟食	门店时间	门店	门店教练	
2015 年	加工	实操考核	正常班次	会议室	事业部负责人	
2015 年	食品用品	标准促销	门店时间	门店	门店教练	
2015 年	食品用品	实操考核	正常班次	会议室	事业部负责人	
2015 年	服装	标准促销	门店时间	门店	门店教练	
2015 年	服装	实操考核	正常班次	会议室	事业部负责人	
2015 年	生鲜	标准促销	门店时间	门店	门店教练	
2015 年	生鲜	实操考核	正常时间	会议室	事业部负责人	
2015 年	接店	值班店长	门店时间	门店	门店教练	
2015 年	毕业答辩		正常班次	总部		
2015 年	结业典礼		正常班次	总部		
2015 年	面谈		正常班次	总部		

二、永辉超市在职店长培养体系

（一）永辉超市门店团队管理培训

作为门店店长，要为员工提供持续的关怀，通过"传帮带，教叫交"帮助团队成长，提升员工满意度，降低离职率，提高门店的营运能力和团队执行力，带出有活力与激情、敢担当、能打仗、打胜仗的狼性团队。明确门店团队建设的核心所在，帮助员工做好职业规划，让员工明确自己未来的发展方向。为门店团队制造良好的公平竞争氛围，及时处理不遵守团队规则的员工。店长要做好团队的榜样，及时指导帮助有困难的员工。

（二）永辉超市门店营销提升培训

当今零售行业竞争越来越激烈，消费者的需求越来越个性化、定制化，原来粗放式的营销显然不适合当今时代，取而代之的是更加精准的营销。门店店长要想洞察顾客需求，就必须学会如何使用营销工具、分析数据并主动获取资讯，做好营销与创新，提升门店的竞争力和盈利能力。

1. 超市营销定义

营销就是依据消费者的需求来组织商品，并且通过销售手段提供给需要的客户。品类营销指的是把企业开辟的新领域作为一个新品类来经营，在自己开辟的市场中独占独享，例如康师傅方便面、喜之郎果冻等。首先从陈列角度来说，超市营销是品类营销的重要因素，销售中高端商品不能像普通促销商品一样陈列。要将中、高端商品的价值传达给顾客，需要通过演示或试吃，引导顾客购买，可以根据售卖方式调整商品排面大小，每日确定陈列的商品的销售情况并制定对策。

其次从企划物料来说，品类集成方式要明确，企划物料安排标准制定，商品或者分类的说明通过 POP 体系展示，不要安装不必要的 POP，重点突出商品。

最后从商品来说，一定要体现商品的价值，比如超值、性价比高等。商品的品类要齐全，能够满足不同层次消费者的需求，而且价格要体现出来。

2. 提升门店营销

明确目标。我们做品类营销是为顾客提供更好的商品，提升顾客满意度，增加客单价。同时也是我们节日、应季商品销售额拉伸及毛利的保证，特别对于中、高端商品的销售有着非常大的促进作用，当然我们也不能忽略品类营销对于非促销品品项销售的创造及毛利的保证。

明确原则。所有应季商品要做到全店统一，不能参差不齐，特别是节日商品更应该做到全店统一，而且要关注社会节日、活动的统一。一些地方的传统活动，对于销售的提升也是非常有帮助的，要记得限定区域开展。中、高端商品要限定门店投入开展，不能一下子全部投入，这样风险就会比较大。陈列展示时间原则上一般是一周或两周。

明确选品。主要是能够吸引客流的商品，其次是一些明星类商品，然后是对毛利贡献比较大的商品，最后才是一些补充性的商品。结构性商品在选品中占据重要的位置，要充分考虑品类之间的关联性，关注中高端新奇特结构性商品，而且是容易拿取，以销售来制定货架面积，实现美观和产品突出。

从门店实际情况出发，考虑目标达成的可行性、持续性、高效性，以及现阶段 DM 计划中对主题、重点品类、重点商品再次进行确认，可在限定的门店陈列中、高端商品进行销售。厂商周、单点营销时可以维持现阶段的情况，但在选品上应采用中高端商品，选品模式由门店、采购、管理部共同执行。

(三) 永辉超市损耗控制提升培训

1. 超市损耗定义

损耗顾名思义就是损失产生，耗损不可避免。它是门店在进货时商品的零售价值与售出时实际的零售价值间的差额。损耗控制的基本思路就是要列出相关损耗产生的原因，找出关键的管控点，应用 PDCA 方法来减少各作业流程损耗发生的概率，对于有效的损耗控制方法加强成果管控。

2. 损耗产生的原因

作业损耗：在订货过程中由于订货周期错误、品项错误、规格错误、数量错误、有效期限错误，都会导致损耗的发生。在收货过程中由于验收品质要求不严格，商品不良、点数不准、过磅不准确、供应商欺诈等，都会引起不良商品进入。在搬运时，员工如果不注意，就会导致损耗发生。收货单据的数量、价格如果与实际不相符，内部转码单据与实际不相符，甚至领用错误，都会产生损耗。在储存过程中，如果储存的温度不正确，就会交叉感染，为做到先进先出，导致商品储存时间过长，也会发生损耗。在加工过程中，如果生产过剩，就会出现损耗，甚至是卖相的不好看。

内外偷盗：员工直接偷窃公司的商品、赠品，员工与外部人员进行勾结，利用变换商品标签，甚至是商品包装，将高价商品低价买单或故意将价格打低使自己的同事、亲友受惠，收银员为同事、朋友、亲属等少结账或不结账。客服员工利用退货、换货等手段偷窃公司钱款。收银员利用更正键及整单取消键作弊。顾客利用衣服、提包、报纸等藏匿商品，不付款带出超市，更换商品包装，用低价购买高价的商品。团伙作案，团伙利用吃饭时间员工、导购不在排面或客流高峰期员工、导购补货、注意力不集中时，几人协作将商品藏匿在身上后迅速离开或利用试衣间将衣物穿在身上离开超市。

意外损耗：比如自然事故中的火灾、水灾，人为事故等。意外事件较难预防，一旦发生意外，将给门店带来不可估量的损失，所以必须引起高度重视，从制度上加以完善。

损耗存在于超市经营的各个环节，只有你想不到的，没有不可能发生的。所以要求我们的员工充分发挥主人翁意识，全民参与防损，重视个案，防患于未然，维护更新，决不怠懈，那么虽然我们无法用已有的经验准确堵塞多变的损耗漏洞，但可以用现有"教训"防范同类案例的发生。

3. 超市损耗类型及解决措施

粮油类商品的损耗，主要是由于商品的保质期控管不力，商品保存不当等方面造成的。可以采取以下措施：第一是要严格保质期定期检查制度；第二是要提供良好的保存条件；第三是要做好商品到货的核实。

酒饮类商品的损耗，主要是由于商品的偷盗、商品的破损、退货不及时造成的。措施如下：第一要做好高值商品的防盗工作；第二要及时做好破损商品的退换货工作和报损工作；第三要注意过季商品的清退工作；第四要做好未买单先喝的劝阻；第五要做好玻璃容器商品的陈列安全工作。

休闲食品的损耗，主要是由于糖果类商品的偷盗、小吃类商品的破损、散装被偷吃、退货不及时等原因造成的。主要措施：第一要做好高值商品和小件商品的防范工作；第二要做好易破损商品的防御性陈列；第三要将有季节因素的商品过季后立刻清退；第四要做好试吃、未买单先吃的劝阻。

冲调食品的损耗，主要是由于保质期、偷盗、破包等原因造成的。措施：第一是要特别关注保健品类、奶粉类商品的防损工作；第二要及时做好破损商品的清退调换；第三要注意高价值商品的保质期，如奶粉、保健品等；第四要关注奶粉类商品，防止新收银员刷防伪码造成漏刷。

日配商品的损耗，主要是由于商品的保质期管理不力，商品的破损、设备故障等原因造成的。主要措施：第一要严格保质期天天检查专人负责的制度；第二要做好破损商品及时清退调换；第三要做好设备定期检查工作。

洗化类商品的损耗，主要是由于商品的偷盗、商品破损、滞销商品处理不力等因素造成的。主要措施：第一要注意高值小件商品的防盗工作；第二要做好破损商品及时撤柜调换；第三要将滞销商品及时清退。

日杂文体类商品的损耗，主要是由于商品的破包、商品条码控制混乱等因素造成的。主要措施：第一要做好文体办公用品的防盗工作；第二要落实条码管理工作；第三要做好破包商品的及时清退调换；第四要做好玻璃制品、易碎品的陈列安全工作。

纺织床上用品的损耗，主要是由于商品的偷盗、货号规格混乱、过季等原因造成的。主要措施：第一是做好防盗反扒工作；第二是严格货号与条码对应的控管制度，防止供应商乱贴条码；第三是过季商品及时退换。

家电类商品的损耗控制，重点防范到货数量或规格错误、多件销售相似商品混卖。主要措施：第一严格进销存报表；第二防止多件销售中相似商品混卖；第三防止新收银员刷防伪码造成漏刷；第四要做好商品的陈列安全工作。

（四）永辉超市在职店长培训考核与任命

在职店长通过为期三个月的培训提升，在理论部分加深对团队管理经验的学习，以及相关专业技能的提升学习。期间都会有相应的考试，考试成绩记录到考核表中；在户外拓展实践中，将理论充分融入到实际中，应用到实际中。在户外拓展实践中，根据在职店长的个人表现和团队表现进行加分记录；在国内外考察学习中，学员可以进一步了解行业的动态，以及近距离学习行业优秀企业的经营理念，期间会安排学员进行总结。最后由公司人力资源部、相关事业部高管对在职店长近三个月的学习情况进行最终考核。考核优秀的在职店长，将会是区域店长的优先选择对象。

表 3 - 4　永辉超市在职店长培训安排表

时间	培训安排	培训内容	培训地点	教练导师	备注
2015 年	项目介绍				
2015 年	启动仪式	开训仪式	会议室	培训老师	
2015 年	领导力	领导力提升	会议室	培训老师	
2015 年	执行力	执行力提升	会议室	培训老师	
2015 年	竞争力	门店竞争提升	会议室	培训老师	
2015 年	营销管理	门店营销提升	会议室	培训老师	
2015 年	损耗控制	门店损耗控制	会议室	培训老师	
2015 年	理论考核		会议室		
2015 年	户外拓展	拓展训练	基地	拓展教练	
2015 年	出外考察	考察学习	外地	带队教练	
2015 年	考核	总结考核	会议室		
2015 年	面谈		总部		

三、永辉超市店长培养绩效与不足

永辉超市从 2013 年开始，每年举办两期的店长储备班，每期维持 6 个月，每期学员人数维持在 20 名左右。通过 6 个月的学习考核，每期学员基本都通过考核。对于考核成绩优秀，能力特别突出的学员，大部分是安排到老店当店长。因为老店的业绩和客流相对稳定，周围的商圈也相对成熟，只要按照公司的相关制度流程，不会出现太大的挑战。在职店长培训班，每年举行一次，人数较多的大区可以分批次进行，每期人数维持在 50 人左右。在职店长通过培训提升，对于相关业务技能有着更深入的了解，团队管理方面有着较大的提升。

永辉超市店长绩效考核主要包含主营业务收入、利润、费用率、生鲜损耗率、食品用品损耗率、食品用品库存周转天数、离职率、营运标准、团购指标以及重大安全事故。由此可见永辉超市店长绩效非常侧重对经营数据的考核，而对于企业文化的传承、团队领导力的考核相对薄弱，店长势必会过多追求门店业绩的达成，而忽略门店工作环境、氛围的构建。应通过借鉴零售连锁企业的文化评价指标体系，来评价店长的文化认可度，以及文化的传承情况[140]。

四、永辉超市店长培养案例的启示

从永辉超市店长培养案例，收获的启示分别是，首先需要搭建一个公平、持续、科学的店长培养机制，上到公司高层，下到门店员工，都能认识到店长培养体系的重要性。只有通过建立有效的培养机制，才能不断培养出一批又一批优秀的店长，满足公司的发展需求[141]。其次要丰富店长培养体系的培养内容，不仅涵盖各种专业技能知识，而且能够提供国内外学习考察的机会，并且为店长提供机会，能够与公司相关高层进行深入交流。最关键是培养的内容要因人而异，因地制宜，针对储备店长开展相应的培养内容，针对在职店长开展相应的提升培训。最后要建立店长培养的考核与反馈机制，通过制订一套科学合理的考核和反馈方案，推动店长勇于突破自己，不断提升门店业绩，从而进一步实现门店的精细化管理。

第七节　研究结论与研究展望

一、研究结论

（一）生鲜超市店长培养现状分析结论

目前，外资超市的店长培养模式已非常成熟，但由于外资超市商品结构与生鲜超市有着较大的区别，而且经营理念也存在较大的差异，导致外资超市的店长培养模式无法复制到生鲜超市。很多外资超市的中高级干部来到生鲜超市后，无法复制其原先的经营方式和经验，往往水土不服，都要经过较长一段时间的轮岗学习，才能慢慢适应生鲜超市的理念和经营方式。

当前大部分生鲜超市的店长，是从门店基层一步步走上来的，他们的文化素质很低，大部分是高中学历。他们有着非常丰富的生鲜经营经验，但是在人员管理、团队激励、社区关系、数据分析及品类营销等方面，还是相对非常薄弱的。由于生鲜超市的发展历史相对较短，对于店长的培养体系也不尽完善，缺乏系统性和整体性。在生鲜超市高速发展过程中，随着用工对象的年轻化，顾客消费习惯的个性化，当前的生鲜人才培养模式显然无法满足新时代的要求。

（二）三种店长培养模式的对比分析结论

通过对三种人才培养模式的对比分析，我们发现三种人才培养模式各有优缺点，公司不能单纯依赖某种人才培养模式，应该运用多种形式培养人才，丰富公司人才梯队的来源。门店高层管理者主要从门店内部中层管理者中提拔，毕竟他们对于门店业务流程和团队协作经营相对比较熟悉，此时可以适当搭配"空降兵"人才，因为"空降兵"的业务素质和管理能力非常不错。门店内部资深员工是储备店长的最优选择，并通过结合大学生管理培训模式，可以丰富门店中层管理阶层的人才来源。内部资深员工对于企业的认同感最强，拥有丰富的基层工作经验，虽然个人素质不强，创新变革能力不强，但通过不断自我学习提升，以及公司组织的培训拓展机会，就一定可以成为一名非常优秀的店长[142]。

（三）生鲜超市店长职场现状与培训需求调查结论

通过问卷调查，受调查的店长基本都是已婚人士，其中男性受调查者为96人，占总数的84.2%，女性受调查者18人，占总数的15.8%；门店营业面积8000平方米以下的占了大部分，占总数的85.9%；门店2013年营业收入主要集中于1000万—4000万元，占总数的56.1%；年龄层主要集中于31—40岁，主要为中青年阶段，占总数的71.9%；零售工作经验主要分为两个时间段，分别是6—10年、11—15年，占总数的93%；店长在岗时间主要集中在6—10年，占总数的38.6%；店长的高中（中专）学历偏多，其次是大专学历，整体占总数的84.2%，可见整体的文化素质并不是很高，很多都是基层上来的；2013年年薪情况，5万—6万元的偏多，占总数的22.8%，主要集中在10万元以下。

当前对于店长的业务技能培训是非常丰富的，比如如何实现更加精准的品类营销，如何有效降低商品损耗，如何控制商品库存，保持一个非常合适的周转天数等。但是对于店长管理能力的培训相对较少，他们非常想学习如何带领团队，激励团队，并与社区、政府保持良好关系，以及如何保持门店形象，提升顾客满意度和忠诚度。

（四）适合生鲜超市要求的店长培养模式

由于生鲜超市商品与经营模式的特殊性，外资超市完善的店长培养模式无法直接复制，从外资超市跳槽过来的中高级干部又出现水土不服情况，而生鲜超市店长很多都是从基层走上来的，个人素质并不是很高。在"农改超"政策的大力刺激下，以及电商的冲击下，生鲜超市的发展势头反而越来越好。随着生鲜超市用工对象的年轻化，以及顾客消费习惯的个性化，急需一套适合生鲜超市要求的店长培养模式。

针对当前生鲜超市存在的特殊情况，笔者认为生鲜超市的店长培养模式主要分为两个方向。首先是储备店长的培养，在储备店长培养中，我们的培养目标主要是为他们提供业务技能方面的培训。通过为储备店长提供各类相关的业务技能理论培训，以及在门店的实操轮岗过程中，深入门店各部门岗位进行学习，尤其是生鲜部门各个岗位的学习，最终通过考核者就可以成为一名合格的店长。其次是在职店长的能力提升培养，我们的培养目标是对在职店长进行管理方面的培训提升，尤其是团队领导力的提升，通过理论授课与考核，让在职店长学习各种团队激励的方法和技巧。最关键的是要通过团队拓展实践，让在职店长理论结合实践，让自己的个人领导魅力上一个新的台阶。

二、研究展望

目前关于生鲜超市店长培养模式的研究较少，随着零售行业的快速发展，电商对于实体店的冲击越来越大，但生鲜超市受到的影响较少，生鲜超市为何能够抵挡住电商的冲击？因为生鲜商品的特殊性，其在老百姓日常生活中占据重要地位，可见对生鲜超市进行更加深入的研究是必然趋势。研究生鲜超市店长的培养模式，是提升生鲜超市经营管理水平的关键所在。

由于笔者的知识水平有限，零售工作经验不是很丰富，本章的研究方法和结果不可避免会存在一些局限性。本章所设计的生鲜超市店长培养体系，主要参考国内某知名超市，样本对象比较狭窄，所得结论能否适用于其他生鲜超市，以及能否推广到其他地区，有待进一步论证。

第四章　生鲜超市员工培训体系设计研究

第一节　背景

进入"十三五"建设期，原有的经济增长模式已经无法满足我国的国情，经济增长的同时还要找寻新的途径持续稳定地促发展。在这样的时代，作为零售业重要业态的生鲜超市要想追求长远利益，顺应时代潮流，抓好人才培养，走现代化新型资源创造更大价值的道路，完善员工培训体系成为人力资源工作的重点。现如今，在绝大多数的企业中，企业的领导者除了关注公司的成本、资金外，还会重点将注意力投向企业人力资源的管理工作中。这是因为，在现代这样一个市场环境复杂多变，竞争空前激烈的社会，一个企业只有拥有自己的核心竞争人才，这个企业才能抓住更多成长和成功的机会。

近年来，国人开始关注人力资源管理理论，许多企业也逐渐引入了人力资源管理的概念对企业进行管理。然而，很多企业的领导者将精力重点放到了人力资源的招聘与配置、绩效薪酬体系建设等方面，培训与开发这一重要模块却没有得到足够重视。这是由于现代人力资源管理理论研究和应用在我国起步较晚，理论体系与实际应用还存在时间差，多数企业的人力资源体系建设还有待完善。此外，由于培训与开发存在产出不明显、效益周期长的特点，导致了多数企业忽视对这一模块的重视与建设。

但是，在现代这样一个人才成为核心竞争力的时代，仅仅依靠招聘、薪酬等模块的工作并不能满足市场竞争对企业人才优势的需求。为了企业能够长久地生存下去，就要求更加重视培训与开发来为企业打造出一支训练有素、技能知识储备具有优势的高素质人才队伍。企业必须完善培训体系，为企业的员工提供有针对性的专业的培训，让员工提升自身技能、适应企业发展需要的同时增强员工对企业的满意度，让企业的凝聚力与竞争力齐飞。

生鲜超市作为新时期国家"菜篮子"工程的重要载体，肩负着城乡居民基本生活保障的重任。但生鲜超市的人力资源管理的体系建设还不完善，依然存在人员流动率高、人才紧缺的问题。因此，生鲜超市企业有必要完善生鲜超市的员工培训体系，更加关注员工的需求和对企业的满意度，采取提升员工能力和满意度的方式留住人才。于是，本章将通过对生鲜超市员工培训体系建设情况进行调研，客观了解生鲜超市员工培训体系建设存在的问题，并基于调查分析结果提出生鲜超市员工培训体系有效运行的对策建议。

第二节　生鲜超市员工培训体系设计研究的文献综述

一、员工培训相关概念研究

（一）员工培训的定义

现代化管理的企业通过投资培训的方式投资人力资源，这种形式已经成为企业投资的重要形式。培训主要是通过影响员工的态度、改变员工的行为、提升员工的技能来提高员工与岗位的匹配度，从而提高组织绩效[143]。安东尼·M. 格兰特[144]指出，培训是一个系统的过程，在这个过程中，培训者与被培训者相互协作，共同解决问题，以实现预期的目的。在这个过程中，培训者通过帮助受培训者提高技能、增长知识、增加人生经验、促进自我学习和成长，从而提高受培训者的工作业绩。加里·德斯勒（1999）[145]认为，培训是员工获得技能的过程，尤其强调获得基础技能，它使员工获得匹配其基本职责的基本技能。雷蒙德·A. 诺伊[146]认为，企业通过制订培训计划，然后组织员工参与到计划的实现过程中去，从而提高员工的工作能力的过程就是培训。麦克吉（2002）指出，培训是组织为使员工能够在实现组织目标的过程中发挥一定作用而采取的一系列能够影响员工的行为和态度的正常程序；波哥特与桑顿（2003）认为，培训的最终目的还是为组织带来收益，它是在课堂上和工作中采取一定的行为激发员工的最大潜能；米尔克维奇和邦德鲁（2003）认为，培训是对员工进行教育的一个过程，这个过程具有计划性与目的性，即由企业组织以实现员工工作适应能力的活动的集合[147]。

在国内，在一些学者的研究中也逐渐诞生了一些具有中国特色的关于培训的定义。王翠萍（2010）[148]认为，企业的员工培训是一个有目的性的活动，其目的是通过对员工进行培训，以提高员工能力的形式帮助企业实现发展和效益。湛新民（2005）[149]提出，员工培训就是企业运用各种手段促使员工在知识、技能、动机等方面有所提高，从而保证员工能够完成预期的工作目标的各种有计划的努力过程。甘泉、冯晓宪（2014）[150]认为，员工培训是组织给现有员工和新员工传授与岗位有关的知识技能的一项活动，其目的是使员工满足工作环境的需求。许丽娟（2008）[151]认为，培训是组织为了让员工能够更好地适应工作和提升绩效而做出的一系列具有系统性和计划性的活动的总和。郭嘉莉、王书峰（2000）[152]指出，员工培训是为了满足企业和员工共同发展需要，对部分员工开展的有针对性的理论与实践教育。黄经元、沈芳（2009）[153]认为，企业培训是根据员工某一阶段的工作需要，然后采取一切有效的教学形式对员工进行教育，从而达到他们更新知识、提高眼界、增长技能的目的，以期提升他们的竞争力乃至整个团队的竞争力。

（二）员工培训的特点

杨杰（2003）[154]认为，培训主要有三个特点，即培训是一个系统的机制，培训需要提前计划，培训工作具有连续性。钟荣跃（2008）[155]在《日本企业员工培训的特点及启示》中指出，日本企业员工的培训教育具有以下几个特点值得国内企业借鉴，即员工培训是建立在员工与企业互信互利的基础上的，以员工素质为本位作为培训的理念与实践准则，追求"全面发展"的培训目标，员工培训具有人文关怀的色彩。张宸、肖尔文

(2009)[156]在研究西方知名媒体员工培训时发现其具有以下特点：注重培训质量，重视新人培训，有意识地与新媒体时代相适应，重视合作者与用户的培训，向国际化靠拢。党荷叶（2013）[157]指出，应注意员工培训的以下特点：第一，全方位和多层次性；第二，以企业的核心为视角；第三，以企业战略为导向；第四，系统地思考员工的职业生涯发展。程铿（1997）[158]指出，员工培训的以下特点应该得到众多企业的广泛关注：组织重视，考虑培训目的、效益和成本，管理规范化，培训手段多样化，重视培训评估，重视培训者。付庆红（2014）[159]指出员工培训具有针对性、效益性、长期性和速成性，这些特点在企业对员工开展培训时必须给予重视。

（三）员工培训的重要意义

国内学者在研究员工培训时，对其意义都作出了各自的总结与描述。王伟强、李录堂（2006）[160]认为，企业对员工进行培训，是一种通过增加人才竞争力来提高企业整体竞争力的一种方式，是对员工的一种重要激励方式，是弘扬企业文化、促进组织学习的基础。杨红敏（2007）[161]指出，培训能够实现组织提高员工素质的目标，是组织人力资源投资的一种最有效的途径之一，可以最大限度地激发人的潜力。温卫宁、廖文婧（2013）[162]指出，员工培训是组织提高组织人力资源产值的有效途径，实践证明，注重培训投资的企业都具备一定的竞争优势，而忽视培训投资的企业在发展战略上难以走远。彭剑锋（2003）[163]指出，以战略为导向的员工培训是人力资源战略、企业战略的重要基石。李冬梅（2013）[164]指出，员工培训具有四个重要的作用：更新员工的知识，调动员工的工作积极性，引进和留住人才，有利于企业的投资回报。叶春涛（2013）[165]认为，知识经济时代的员工培训是企业走向现代化的必经之路，是建立学习型组织的客观要求，是组织走向扁平化的必然要求。柳维芬、何晓晨（2013）[166]指出，员工培训是企业成长的一项重要战略任务，它具有锻炼员工的工作能力、获取竞争优势、提高企业的知名度、树立企业形象等重要作用。余伟静（2013）[167]指出，员工培训可以提高企业的核心实力，促进企业的全面发展，明显提高企业的经济效益以及传承企业文化。陈士春（2012）[168]提出，员工培训对组织具有三点重要的意义：提高企业在市场上的竞争力，是做好人才储备的重要途径，可以使员工将所在组织当作生命中的一部分对待。

二、培训体系相关理论综述及现状

（一）培训体系的内涵

李剑锋（2004）[169]认为，企业培训体系是企业内部建立起来的，是为了帮助企业应对市场竞争，完善企业的管理职能而设置的一个系统，这个系统包含了框架、方法、资源等要素。这个整体是一个结构化的动态体系，为企业的发展不断提供具有核心竞争力的员工。彭剑锋（2003）[170]提出，培训体系是基于组织战略和人力资源战略规划的完整的开发系统，涉及制度层、资源层、经营层各个层面，需要经历需求分析、计划制订、计划实施和效果评估四个环节。王印久（2005）[171]认为，培训体系是一套管理模型，这个模型能够帮助企业顺利实现培训目标，要运作这个管理模型，需要组织建立制度、设置岗位、确定人员等，它是企业实现发展战略在员工培训方面的体现。刘勇、徐双（2013）[172]指出，所谓的企业员工培训体系，是在企业战略和人力资源战略的指导下的一系列管理活动，当这些活动完成后，可以发现员工在素质和绩效上的进步。胡君辰（1996）[173]指出，企业的培训体系是通过公司层战略、人力资源战略、培训管理体系、培训课程体系和培训开发制度全方位将企业培训工作的整个过程有机统一起来的整体。徐芳（2005）[174]认为，员工的培训体系是以管控培训工作为目的的一个系统机制，其基本运作保障是员工培训工作。

（二）员工培训体系的内容

吴宇虹（2004）[175]认为，培训体系主要包含培训讲师管理制度、培训课程体系和培训效果评估三个主要核心部分。王莉、石金涛（2005）[176]认为，企业培训体系主要是由培训课程体系、培训实施体系和培训管理体系三个子系统组成的。赵丽霞等（2009）[177]提出的现代化培训体系，以培训战略和培训目标、员工的职业生涯管理体系为指导，以组织的培训体系、培训制度体系、培训流程体系和培训的保障支持体系等为运作基础，她们所提出的培训体系特别突出了组织的发展战略的基础地位。倪春

(2012)[178]根据众多学者对于培训体系的研究，将培训体系分为信号指令层、服务功能层、基础构架层三个层面：信号指令层实施培训相关行为，服务功能层用于培训资源的整合，基础构架层为服务功能层提供支持与服务。何向红（2011）[179]指出，构建企业的培训体系，需求分析是基本条件，系统的培训运作是必要条件，培训效果评估在培训各个环节中的地位不容忽视，培训体系模式的建立也是必不可少的。郎益夫、傅丽丽（2008）[180]基于员工的职业生涯规划的基础上提出，培训体系由需求分析、培训计划、实施管理、培训效果评估、培训效果发挥五部分组成。伊琳珊（2010）[181]指出，构建员工培训体系需要经过以下环节：第一，分析企业的培训需求；第二，企业培训计划的制订；第三，实施培训方案；第四，培训效果评估。吴天放（2014）[182]提出，构建培训体系有如下步骤，需要一一把握：第一，构建基于企业发展战略的培训体系环境；第二，建立完善的培训管理体系、课程体系和培训实施体系；第三，建立一支稳定、专业的培训师资队伍。严莎（2013）[183]在《论企业内部培训体系的构建》一文中指出，培训体系包含课程体系、管理机制、职责体系和师资队伍四个部分。王丽静（2011）[184]在构建培训体系时加入了精细管理理念，她认为培训体系有如下内容：培训体系框架、培训规划、需求分析、培训课程、培训讲师、培训预算、培训条件、培训过程监控和培训效果评估。

（三）培训体系的模式

上文介绍了培训的定义、培训体系的定义、培训体系的内容。以下介绍几种常见的培训体系模式。

（1）系统型培训模式

系统型培训模式最早开始于美国的陆军学校采取的一种教学模式，到了近代逐渐被企业模仿。这种培训模式由六个阶段组成，分别是培训制度制定、培训计划编制、培训课程设计、培训需求分析、培训组织实施及培训效果评估。在这之后博伊尔（Bowell）将系统培训模型精炼为培训循环过程模式，如图4-1所示。

```
          ┌─────────────┐
     ┌───→│  确定培训需求  │────┐
     │     └─────────────┘    │
     │                        ↓
┌─────────┐              ┌──────────┐
│ 评估培训效果 │              │ 计划和设计培训 │
└─────────┘              └──────────┘
     ↑                        │
     │     ┌─────────────┐    │
     └─────│   实施培训   │←───┘
           └─────────────┘
```

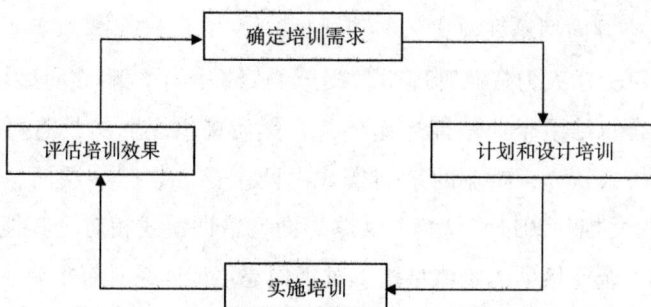

图 4 - 1　系统型培训模式

系统型培训模式认为培训是一种结构、流程，并且是持续连贯的活动过程。这种模式最重视的是需求分析这一环节。但是，随着培训理论的成熟，人们逐渐发现了系统型培训模式只注重内部需求，忽视了企业的长远目标以及环境的局限性[185]。

（2）过渡型培训模式

美国学者哈里·泰勒（Harry Taylor）[186]发现了系统型培训模式的缺陷，即忽视企业战略在培训中的地位和作用，于是他在系统型培训模式的基础上提出了过渡型培训模式，即企业发展战略和培训学习双环模式，其中内环具有系统型培训模式的特点，外环突出企业的发展战略的重要性。强调企业培训体系与企业战略的统一。

（3）顾问型培训模式

刘岩（2004）[187]指出，随着顾问机构顺应时代诞生，伴随而来的是顾问型的培训模式。顾问型培训模式强调培训工具和方案在培训管理工作中的重要地位，这些工具和手段可以协助企业开展与培训有关的工作，帮助企业实现预期的培训目标。

（4）ST 型培训体系模式

国内职业经理人高文举在《培训管理》一书中提出了 ST 培训体系模式，又名"螺旋培训发展模式"。这种模式认为企业在进行培训需求分析的时候必须考虑企业的发展现状、市场环境和员工自身的需要，然后制定有针对性的培训目标以及培训战略。这种模式的优势是灵活性强和可以根据企业的实际情况变化方案[188]。

(5) 战略导向型培训模式

中国人民大学人力资源管理学教授彭剑锋提出了战略导向型培训模式，这种模式综合总结了企业培训运作环节，然后提供全面的具有可操作性的方案。这种模式认为，企业的培训模式由两个核心、三个层面、四个环节组成[170]。蒋文艳（2011）认为，战略导向型培训模式相对于其他模式较为全面地阐述了企业培训的整体结构，对于构建培训体系具有重要意义[189]。

三、超市培训的相关研究

纵观现今的理论成果，已经有部分学者对超市的培训展开了研究与论证。卢嘉惠、李文凯（2013）[190]以 HL 企业为研究对象，研究了生鲜超市的店长培训，他们认为，对于店长的培训决定着超市在市场上的地位和未来命运。郭丹（2008）[191]指出，连锁超市培训中，普遍存在培训需求分析缺乏、培训内容滞后、培训效果缺乏考核、培训整体"无规划"、培训理念滞后、缺乏风险意识六个问题。解决好这些问题，是把握连锁超市"人才关"的关键所在，有利于连锁超市整体标准化水平的提升。马新建、高晓英（2008）[192]在研究本土连锁超市时指出，员工培训体系的重新构建应该从培训观念、培训目标、体系建设与实施、教学时效性、培训内容、培训组织、培训教材和配套措施八个方面入手。何辉、李业昆（2003）[193]发现连锁超市的员工培训存在许多的问题，其中培训脱离需求、缺乏考核与效果评估、能力提升与奖惩不挂钩等问题尤其突出，解决好这些问题是连锁超市健全员工培训体系的重点内容。

四、零售业培训的相关研究

曹克强（2001）[194]指出，在计划经济转向市场经济的大背景下，零售业人员的培训应该关注以下新的理念：第一，以被培训者为中心；第二，体验式的学习；第三，遗忘培训，宽容"有缺陷的创新"；第四，注重员工的价值；第五，对成功的新理解。

王振波（2013）[195]指出，零售业从业人员数量庞大，岗位的工作职责繁杂，其员工工作职责的履行直接反映在经营成果上，零售业对员工进行培训，可以让人力资本增值。

姚永龙（2006）[196]认为，搞好人才培训是我国零售业现代化的标志，但其依然存在一定的问题，分别是：第一，企业对人才培训的积极性较低；第二，正规教育与零售业的人才需求脱节；第三，社会化职业培训发展缓慢；第四，人才培训缺乏系统性。

夏君、林小丽（2013）[197] 指出，零售业的竞争伴随零售业规模的扩张日益激烈，这就需要零售业加强对员工的培训。零售业的企业要想做好员工的培训，首先应该解决以下问题：第一，企业对员工培训的重视与投入有限；第二，员工的职业生涯规划与培训计划契合度低；第三，人才的培训缺乏系统性。解决好这几个问题，是零售业企业提高培训水平的重点工作内容。

第三节　生鲜超市员工培训体系关键因素调查分析

一、问卷回收

笔者开始对调查对象展开正式问卷调查是在 2015 年 3 月。此次问卷一共发放了 200 份，收回 188 份，回收率达到 94%，其中有 26 份问卷存在漏答现象，剔除后有效问卷为 162 份，有效率达到 86.1%。有效问卷的被调查者女性 113 人，占总数的 69.75%；男性 49 人，占总数的 30.25%。详细结果见表 4 - 1。

表 4 - 1　研究样本情况表

		频率（次）	百分比（%）	有效百分比（%）	累计百分比（%）
门店营业面积	1000 平方米及以下	44	27.2	27.2	27.2
	1001—5000 平方米	65	40.1	40.1	67.3
	5001—10000 平方米	36	22.2	22.2	89.5
	10000 平方米以上	17	10.5	10.5	100.0
门店 2015 年营收水平	2000 万元以内	45	27.8	27.8	27.8
	2000 万—5000 万元	70	43.2	43.2	71.0
	5001 万—8000 万元	34	21.0	21.0	92.0
	8001 万—10000 万元	9	5.6	5.6	97.6
	10000 万元以上	4	2.5	2.4	100.0

表 4 -1 研究样本情况表（续表）

		频率（次）	百分比（%）	有效百分比（%）	累计百分比（%）
性别	男	49	30.25	30.25	30.25
	女	113	69.75	69.75	100.0
婚姻状况	已婚	108	66.7	66.7	66.7
	未婚	54	33.3	33.3	100.0
年龄	30 岁及以下	36	22.2	22.2	22.2
	31—50 岁	96	59.3	59.3	81.5
	50 岁以上	30	18.5	18.5	100.0
零售业累计工作年限	5 年以下	66	40.7	40.7	40.7
	5—10 年	60	37.0	37.0	77.7
	11—20 年	26	16.1	16.1	93.8
	20 年以上	10	6.2	6.2	100.0
在本超市岗位时间	5 年以下	81	50.0	50.0	50.0
	5—10 年	44	27.1	27.1	77.1
	11—20 年	34	21.0	21.0	98.1
	20 年以上	3	1.9	1.9	100.0
最高学历	初中及以下	56	34.6	34.6	34.6
	高中（中专）	46	28.4	28.4	63
	大专	35	21.6	21.6	84.6
	本科及以上	25	15.4	15.4	100.0
年薪	5 万元以下	76	46.9	46.99	46.9
	5 万—10 万元	46	27.2	27.2	74.1
	11 万—20 万元	34	21.2	21.2	95.3
	20 万元以上	6	3.7	3.7	100.0

二、问卷的效度分析

问卷效度（Validity）即有效性，指测量问卷真实反映被访者情况的程度，主要有准则效度（Criterion Validity）、内容效度（Face Validity）和建构效度（Construct Validity）。本章探讨以内容效度和建构效度为主。

本章主要是通过理论研究确定问卷初稿阶段—根据专家意见修正问卷—预调查检验问卷这三个阶段来探讨问卷的内容效度。问卷确定的第一阶段结合了大量国内外学者的研究以及生鲜超市员工的基本特征确定了问卷初稿；在问卷的第二阶段——专家建议阶段，分别向人力资源理论专家和生鲜超市实践的有关专家（人力资源管理教授 2 名，生鲜超市人力资源负责人 3 名）开展了有准备的访谈，在专家们的指导和建议下对问卷初稿进行了调整；在问卷设计的第三阶段，通过发送邮件和实地发放问卷的方式对30 名生鲜超市员工进行了培训体系关键因素预调查，因为收回的问卷的信度效度检验结果良好，所以确定修订后的问卷可以作为最终定稿使用。整个问卷的设计过程秉持细致周到、严格把关的原则，整个过程完整且有深度，并得到有关专家的认可，内容的效度良好。

在效度的构建阶段，本章采用了因子分析法，即通过主成分分析方法和最大方差旋转法对 42 道题项的数据进行因子分析。

第一，在对生鲜超市员工培训体系关键因素进行因子分析之前，本章将先采用项目 – 总体相关系数（CITC）分析法纠正条目，结果如表 4 – 2 所示。

表 4 – 2 项总计统计量

	项已删除的刻度均值	项已删除的刻度方差 γ	校正的项总计相关性	项已删除的 Cronbach's α 值
N1 你认为你所在的职位培训机会多吗？	122.53	247.346	0.335	0.951
N2 优秀的培训体系要求培训内容具有前瞻性	120.29	246.859	0.534	0.952
N3 优秀的培训体系更应该重视外部讲师的培养	121.63	247.270	0.663	0.951
N4 培训方法选择针对性对自己的工作有切实的帮助	121.69	257.543	0.578	0.951
N5 培训效果与员工实际工作绩效呈正向关系	121.33	256.876	0.567	0.953
N6 优秀的培训体系要求培训讲师做好课前准备	121.25	248.188	0.564	0.953
N7 您对工作技术掌握还需提高	121.48	247.088	0.565	0.952
N8 优秀的培训体系要求培训对象具有针对性	120.26	258.858	0.682	0.950
N9 培训后应用机会影响培训效果	121.36	246.755	0.567	0.952
N10 企业应该设有专门人员管理培训设施	121.39	250.372	0.566	0.951
N11 培训教材选择针对性对自己的工作有切实的帮助	120.28	249.551	0.642	0.951
N12 培训体系设计必须以企业发展战略为指导	121.96	255.24	0.647	0.952

表 4-2 项总计统计量（续表1）

	项已删除的刻度均值	项已删除的刻度方差 v	校正的项总计相关性	项已删除的Cronbach's α 值
N13 超市的培训制度完善与否会影响员工参与培训的积极性	121.37	250.366	0.540	0.951
N14 员工间的竞争影响员工对培训的需求	121.61	243.790	0.676	0.950
N15 优秀的培训体系需要高专业素质的讲师	121.88	247.3485	0.550	0.952
N16 员工参与培训的积极性与企业对培训的倡导呈正相关	121.63	250.588	0.566	0.952
N17 优秀的培训体系中受培训者是乐于参与培训的	121.61	245.358	0.552	0.951
N18 员工参加培训应该与员工晋升挂钩	121.57	248.114	0.338	0.950
N19 公司对员工培训的支持力度会影响员工对培训的理解	121.52	244.555	0.632	0.953
N20 优秀的培训体系要求选择合理的培训方案	121.44	247.156	0.539	0.951
N21 培训考核方式与工具针对性对自己的工作有切实的帮助	121.42	248.550	0.266	0.954
N22 考核成绩应加入员工评优材料依据中	121.81	251.633	0.357	0.953
N23 优秀的培训体系要求讲师的讲课具有良好的效果	121.02	245.854	0.533	0.953
N24 员工自身认为需要培训来适应工作强度	120.94	246955	0.607	0.951
N25 重视员工培训的超市在市场竞争中更有优势	120.48	245.832	0.666	0.951
N26 完整的培训体系需要有完整的培训制度	121.62	258.371	0.565	0.951
N27 有工作内容相关的培训分析是大多数员工的需求	121.21	247.129	0.644	0.952
N28 丰富的培训内容更能激发员工上课的兴趣	121.52	246.451	0.510	0.953
N29 优秀的培训体系更应该重视内部讲师的培养	121.54	238.625	0.630	0.952
N30 优秀的培训体系需要完善的培训实施管理流程	121.70	252.581	0.596	0.951
N31 培训效果转化这一环节非常重要	121.81	249.499	0.569	0.952
N32 优秀的培训体系需要先进的培训设备支持	121.64	247.915	0.622	0.950

表4-2 项总计统计量（续表2）

	项已删除的刻度均值	项已删除的刻度方差δ	校正的项总计相关性	项已删除的Cronbach's α 值
N33 培训内容针对性对自己的工作有切实的帮助	121.35	251.422	0.516	0.954
N34 公司层的需求分析处于总领地位	121.41	246.018	0.630	0.951
N35 领导者对培训工作的重视可以引导员工重视自身的培训发展	120.88	248.471	0.525	0.950
N36 优秀的培训体系要求培训内容具有实用性	121.25	248.529	0.594	0.953
N37 优秀的培训体系需要舒适的培训环境	121.33	246.341	0.633	0.953
N38 培训效果转化与激励机制联系紧密	121.04	248.625	0.578	0.952
N39 超市重视培训更容易留住员工	121.58	252.244	0.667	0.954
N40 完善培训组织框架是培训体系设计的基础	121.07	249.442	0.570	0.951
N41 超市扩张准备中必须要对员工进行培训	121.71	247.652	0.685	0.952
N42 员工参与培训有利于职业生涯发展	121.54	250.042	0.684	0.950

　　首先，各个测量题项项相关系数基本大于删除标准0.5，除了 N1（0.335）、N18（0.338）、N21（0.266）、N22（0.357）四个题项小于0.4。由于 N1、N18、N21、N22 未达到显著水平，且这些项删除后，不会对 Cronbach's α 值造成影响，综合考虑，予以删除。最终，经项目－总体相关系数（CITC）条目净化，最终保留38个题项。

　　其次，对样本数据进行 KMO 和 Bartlett 球体检验，根据检验结果可以判定是否适合进行因子分析。结果见表4-3。

表4-3 KMO 和 Bartlett 的检验

取样足够度的 Kaiser - Meyer - Olkin 度量		0.736
Bartlett 的球形度检验	近似卡方	3451.623
	df	519
	Sig.	0.000

　　本章根据 KMO 数值判断量表是否可以做因子分析。统计学家 Kaiser（1974）给出常用 KMO 度量标准：表示非常适合的数值区间是 KMO > 0.9；表示很适合的数值区间是0.8—0.9之间；表示适合的数值区间是0.7—0.8之间；表示一般的数值区间是0.6—0.7之间；表示很差的数值区间是

0.5—0.6 之间；0.5 以下，表示应当放弃。此外，经检验发现 Bartlett 球体检验的值满足规定要求，适合做因子分析。

经过研究发现 KMO 值为 0.736，Bartlett 球体检验的 P = 0.000，满足达到显著水平的数值要求 0.05 以内，表明样本数据适合进行因子分析。

再次，对量表 38 个题项进行主成分分析法提取因子，经过最大正交旋转和抽取特征值大于 1 的因子之后。特征值大于 1 的方差贡献率及累计方差贡献率如表 4－4 所示。

理论上来说，量表建构效度达到可接受水平的要求是各个因子累计方差在 50% 以上。本研究中特征值大于 1 的累计方差贡献率为 70.686%，在共同度方面，所有题项的公因子方差都大于 0.5，满足要求。

最后，对量表各因素旋转后的结果进行因子负荷，分析转轴后各项目的因子负荷系数，并进行多次因子分析，生成 6 个因子，如表 4－5 所示。

表 4－4 特征值大于 1 的因子及方差贡献率

成分	初始特征值			提取平方和载入			旋转平方和载入		
	合计	方差的%	累计%	合计	方差的%	累计%	合计	方差的%	累计%
1	12.553	42.012	42.012	12.553	42.012	42.012	4.980	11.059	11.059
2	3.454	7.447	49.459	3.454	7.447	49.459	3.961	11.684	22.743
3	2.365	7.934	57.393	2.365	7.934	57.393	3.555	10.960	33.703
4	1.788	4.963	62.356	1.788	4.963	62.356	2.331	9.093	42.796
5	1.581	4.546	66.902	1.581	4.546	66.902	4.024	13.840	56.636
6	1.361	3.784	70.686	1.361	3.784	70.686	2.358	14.050	70.686

表 4－5 旋转成分矩阵

	成分					
	1	2	3	4	5	6
N26 完整的培训体系需要有完整的培训制度	0.785					
N13 超市的培训制度完善与否会影响员工参与培训的积极性	0.762					
N19 公司对员工培训的支持力度会影响员工对培训的理解	0.801					
N35 领导者对培训工作的重视可以引导员工重视自身的培训发展	0.738					
N40 完善培训组织框架是培训体系设计的基础	0.663					

表4-5 旋转成分矩阵（续表1）

	成分					
	1	2	3	4	5	6
N16 员工参与培训的积极性与企业对培训的倡导呈正相关	0.671					
N25 重视员工培训的超市在市场竞争中更有优势	0.778					
N39 超市重视培训更容易留住员工	0.661					
N34 公司层的需求分析处于总领地位		0.772				
N12 培训体系设计必须以企业发展战略为指导		0.674				
N41 超市扩张准备中必须要对员工进行培训		0.794				
N27 有工作内容相关的培训分析是大多数员工的需求		0.746				
N7 您对工作技术掌握还需提高		0.782				
N24 员工自身认为需要培训来适应工作强度		0.674				
N42 员工参与培训有利于职业生涯发展		0.854				
N14 员工间的竞争影响员工对培训的需求		0.606				
N33 培训内容针对性对自己的工作有切实的帮助			0.766			
N28 丰富的培训内容更能激发员工上课的兴趣			0.718			
N2 优秀的培训体系要求培训内容具有前瞻性			0.698			
N36 优秀的培训体系要求培训内容具有实用性			0.647			
N11 培训教材选择针对性对自己的工作有切实的帮助			0.702			
N23 优秀的培训体系要求讲师的讲课具有良好的效果				0.798		
N6 优秀的培训体系要求培训讲师做好课前准备				0.711		
N15 优秀的培训体系需要高专业素质的讲师				0.690		
N29 优秀的培训体系更应该重视内部讲师的培养				0.665		
N3 优秀的培训体系更应该重视外部讲师的培养				0.671		
N17 优秀的培训体系中受培训者是乐于参与培训的				0.770		
N8 优秀的培训体系要求培训对象具有针对性				0.661		
N20 优秀的培训体系要求选择合理的培训方案					0.832	
N30 优秀的培训体系需要完善的培训实施管理流程					0.620	

表4-5 旋转成分矩阵（续表2）

	成分					
	1	2	3	4	5	6
N10 企业应该设有专门人员管理培训设施					0.791	
N32 优秀的培训体系需要先进的培训设备支持					0.692	
N37 优秀的培训体系需要舒适的培训环境					0.654	
N5 培训效果与员工实际工作绩效呈正向关系						0.836
N31 培训效果转化这一环节非常重要						0.671
N38 培训效果转化与激励机制联系紧密						0.725
N9 培训后应用机会影响培训效果						0.545
N4 培训方法选择针对性对自己的工作有切实的帮助						0.595

提取方法：主成分。

旋转法：具有 Kaiser 标准化的正交旋转法。

a. 旋转在 8 次迭代后收敛。

6 个因子共解释了 70.686% 的方差，满足相关矩阵检验的要求。根据各个因子所包含题项的内涵，将因子 1 命名为组织培训系统，其包含题项 N26、N13、N19、N35、N40、N16、N25、N39；因子 2 命名为需求分析，包含题项 N34、N12、N41、N27、N7、N24、N42、N14；因子 3 命名为培训内容，包含题项 N33、N28、N2、N36、N11；因子 4 命名为培训主体，包含题项 N23、N6、N15、N29、N3、N17、N8；因子 5 命名为计划与实施，包含题项 N20、N30、N10、N32、N37；因子 6 命名为培训效果评估，包含题项 N5、N31、N38、N9、N4。各题项在其所在的因子上都有较高且无接近的负荷，说明公因子有效解释了原变量，具有较高的解释性。

三、问卷的信度分析

问卷信度（Reliability）就是可靠性，主要指测量结果是否值得信任。可采取多重方法分析。由于本章采取的是 Likert 5 点量表的测量方法，且问卷题项包含被访者单位及个人基本概况等事实性题目和生鲜超市员工培训体系设计影响因素认同度测量，经过分析，本章采用了 Cronbach's α 系数法检查量表，且经过检验本章研究与该量表具有内在一致性，如表 4-6 所示。

表 4 - 6　培训体系关键因素项总计相关性及 Cronbach's α

维度	题项	校正的项总计相关性	Cronbach's α 值	Cronbach's α 值
培训组织系统	N26 完整的培训体系需要有完整的培训制度	0.785	0.853	0.945
	N13 超市的培训制度完善与否会影响员工参与培训的积极性	0.762		
	N19 公司对员工培训的支持力度会影响员工对培训的理解	0.801		
	N35 领导者对培训工作的重视可以引导员工重视自身的培训发展	0.738		
	N40 完善培训组织框架是培训体系设计的基础	0.663		
	N16 员工参与培训的积极性与企业对培训的倡导呈正相关	0.671		
	N25 重视员工培训的超市在市场竞争中更有优势	0.778		
	N39 超市重视培训更容易留住员工	0.661		
需求分析	N34 公司层的需求分析处于总领地位	0.772	0.827	
	N12 培训体系设计必须以企业发展战略为指导	0.674		
	N41 超市扩张准备中必须要对员工进行培训	0.794		
	N27 有工作内容相关的培训分析是大多数员工的需求	0.746		
	N7 您对工作技术掌握还需提高	0.782		
	N24 员工自身认为需要培训来适应工作强度	0.674		
	N42 员工参与培训有利于职业生涯发展	0.854		
	N14 员工间的竞争影响员工对培训的需求	0.606		
培训内容	N33 培训内容针对性对自己的工作有切实的帮助	0.766	0.836	
	N28 丰富的培训内容更能激发员工上课的兴趣	0.718		
	N2 优秀的培训体系要求培训内容具有前瞻性	0.698		
	N36 优秀的培训体系要求培训内容具有实用性	0.647		
	N11 培训教材选择针对性对自己的工作有切实的帮助	0.702		
培训主体	N23 优秀的培训体系要求讲师的讲课具有良好的效果	0.798	0.8747	
	N6 优秀的培训体系要求培训讲师做好课前准备	0.711		
	N15 优秀的培训体系需要高专业素质的讲师	0.690		
	N29 优秀的培训体系更应该重视内部讲师的培养	0.665		
	N3 优秀的培训体系更应该重视外部讲师的培养	0.671		
	N17 优秀的培训体系中受培训者是乐于参与培训的	0.770		
	N8 优秀的培训体系要求培训对象具有针对性	0.661		
计划与实施	N20 优秀的培训体系要求选择合理的培训方案	0.832	0.865	
	N30 优秀的培训体系需要完善的培训实施管理流程	0.620		
	N10 企业应该设有专门人员管理培训设施	0.791		
	N32 优秀的培训体系需要先进的培训设备支持	0.692		
	N37 优秀的培训体系需要舒适的培训环境	0.654		
培训效果评估	N5 培训效果与员工实际工作绩效呈正向关系	0.836	0.828	
	N31 培训效果转化这一环节非常重要	0.671		
	N38 培训效果转化与激励机制联系紧密	0.725		
	N9 培训后应用机会影响培训效果	0.545		
	N4 培训方法选择针对性对自己的工作有切实的帮助	0.595		

据规定，量表的 Cronbach's α 系数必须在 0.6 以上，说明可信度高。从表 4 – 6 可知，各维度题项的项总计相关系数均达到 0.5 以上，整个量表及各维度的 Cronbach's α 系数都在 0.75 以上，表明整份量表可信度高，研究结果可取。

四、因子分析

此次研究因子分析采用主成分因子分析法和最大方差正旋转法，抽取特征值大于 1 的 6 个因子，并根据各因子包含题项的含义，分别命名为组织培训系统、需求分析、培训内容、培训主体、计划与实施、培训效果评估。6 个因子共解释了 70.686% 的方差，其中方差解释量最大的为 14.050%，其后依次为 13.840%、11.684%、11.059%、10.960%、9.093%。由此可以推断，现在保留的因子的信度良好，证明了培训体系设计关键因素由 6 个维度构成，分别是组织培训系统、需求分析、培训内容、培训主体、计划与实施、培训效果评估。如表 4 – 7 所示。

表 4 – 7　培训体系关键因素分析与因子命名

因子	特征值	方差贡献率（%）	累计方差贡献率（%）	因子命名
1	4.980	11.059	11.059	组织培训系统
2	3.961	11.684	22.743	需求分析
3	3.555	10.960	33.703	培训内容
4	2.331	9.093	42.796	培训主体
5	4.024	13.840	56.636	计划与实施
6	2.358	14.050	70.686	培训效果评估

五、培训体系设计关键因素与培训效果的相关分析

为进一步了解生鲜超市员工培训体系关键因素的构成维度与培训效果的关系，本章将采用皮尔逊（Pearson）对各变量进行相关性分析，以确定 6 个构成维度与培训效果的相关程度。一般情况下因变量与自变量之间的线性相关程度要达到显著（中度）相关，Pearson 数值要在 0.5 以上。表 4 – 8 给出了培训体系关键因素与培训效果之间的相关系数及显著性指标。

表 4 −8　各维度认同度与培训效果认同度水平相关分析

各维度认同度与培训效果认同度水平	Pearson 相关性	显著性
组织培训系统——培训效果	0.296 ＊＊	0.000
需求分析——培训效果	0.441 ＊＊	0.020
培训内容——培训效果	0.521 ＊＊	0.000
培训主体——培训效果	0.498 ＊＊	0.002
计划与实施——培训效果	0.351 ＊＊	0.000
培训效果评估——培训效果	0.437 ＊＊	0.001

＊＊. 在 0.01 水平（双侧）上显著相关。

从表 4 −8 中可以看出，组织培训系统、需求分析、培训内容、培训主体、计划与实施、培训效果评估与培训效果呈显著的正相关，并且相关系数显示培训内容影响最为突出。

六、培训体系设计关键因素与培训效果的回归分析

进行相关分析检验了培训体系设计关键因素与培训效果存在显著相关关系，但是，要进一步检验培训体系设计关键因素的各个维度对培训效果的影响强度，还必须借助回归分析。因此，本研究将以培训效果为因变量，以培训体系设计关键因素的各个维度为自变量，采取逐步回归方法，进行多元回归分析，采取最小二乘法进行模型估计。其中，t 值达到 0.05 的显著的因子可以进入回归方程。

（一）线性回归前提假设检验

在进行回归分析之前，可以通过基本假设检验回归模型满足线性回归要求与否，即检验因变量与自变量的线性趋势、因变量和自变量的独立性、因变量的正态性、方差齐性是否满足要求。

可以通过绘制散点图的方法判断因变量与自变量之间是否满足回归分析的要求，及具有线性关系。此次研究对因变量和自变量之间的线性关系进行分析后，发现因变量培训效果与自变量 6 个维度之间存在线性关系，符合回归分析要求。

因变量残差之间相互独立，各自之间不存在相关性，就是因变量的独立性。采取 DW 检验可以检验出因变量是否具有独立性，本研究的 DW 值为 2.009，表明残差项间无相关，因变量具有独立性。然后可以采取多重共线性

检验来判断自变量的独立性。采用可由容忍度、方差膨胀因子两个指标去判断多重共线性解释变量之间的彼此相关性，当自变量间与其他自变量存在共线性问题时，容忍度值介于 0 – 1 间；方差膨胀因子（VIF）是容忍度的倒数，当自变量间越有共线性问题时，其数值也越大，一般而言，自变量间不存在多重共线性时 VIF 小于 10。表 4 – 9 显示，自变量间不存在多重共线性。

表 4 – 9　培训体系设计关键因素各维度共线性检验结果

模型	共线性统计量	
	容差	VIF
（常量）		
组织培训系统	1.000	1.000
需求分析	1.000	1.000
培训内容	1.000	1.000
培训主体	1.000	1.000
计划与实施	1.000	1.000
培训效果评估	1.000	1.000
N. 因变量：培训效果		

　　正态性要求因变量服从正态分布，无论自变量是怎样的线性组合。本章采用了直方图检验残差是否服从正态性要求，如图 4 – 2 所示，因变量回归标准化残差呈现正态分部。方差齐性检验就是检验残差是否方差齐，本章采取绘制因变量的预测值和残差之间的散点图的方式进行检验。经过研究可以判断本节的回归方程满足方差齐性假设检验。如图 4 – 2 所示。

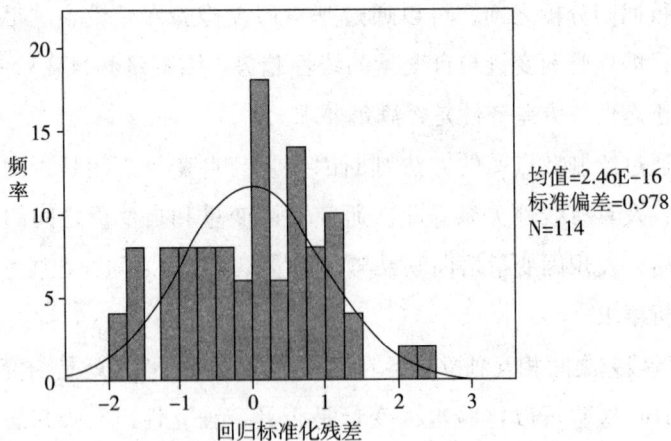

均值=2.46E−16
标准偏差=0.978
N=114

图 4 – 2　直方图

（二）回归模型分析

经过上文中对多元线性回归前提假设的验证，证明了因变量培训效果与组织培训系统、需求分析、培训内容、培训主体、计划与实施、培训效果评估 6 个自变量可行多元线性回归，分析结果见表 4 - 10。

从表 4 - 10 可以看出，判定系数 $R^2 = 0.637$，修正的 $R^2 = 0.625$，方程拟合效果处于良好的水平；F 统计量为 43.638，Sig 值为 0.000，小于给定的显著性水平 0.05，表明回归方程极显著，通过了方差显著性检验：组织培训系统、需求分析、培训内容、培训主体、计划与实施、培训效果评估的回归系数 P 值均小于 0.05，存在显著性。综上所述，可以判断回归方程模型具有统计上的意义。

根据上述的回归分析可以得出，6 个维度的标准化回归系数都具有显著性，6 个维度都纳入回归方程，其中培训内容的数值表明其对培训效果的影响最显著。

表 4 - 10 培训体系设计关键因素各构成维度与培训效果水平回归分析结果

变量	标准化系数		标准系数	t	Sig
	B	标准误差	试用版		
（常量）	4.206	0.030		83.113	0.000
组织培训系统	0.360	0.030	0.433	8.697	0.020
需求分析	0.317	0.030	0.462	7.383	0.000
培训内容	0.394	0.030	0.287	5.547	0.002
培训主体	0.132	0.030	0.192	3.368	0.000
计划与实施	0.261	0.030	0.363	6.542	0.001
培训效果评估	0.138	0.030	0.354	6.669	0.000
R^2	0.637				
调整的 R^2	0.625				
F 值	43.638				
Sig.	0.000				

第四节　生鲜超市员工培训体系设计

本章从生鲜超市组织培训系统、生鲜超市培训需求分析、生鲜超市员工培训内容、生鲜超市培训主体、生鲜超市员工培训计划与实施、生鲜超市员工培训效果评估六个维度设计了生鲜超市员工培训体系。具体内容如下：

1. 组织培训系统方面包括组织培训制度、组织培训结构、领导层支持机制、更新培训理念和创建培训文化；

2. 需求分析方面包括公司层、工作层、个人层的培训需求分析；

3. 培训内容方面包括课程设置、培训教材"图书馆"；

4. 培训主体方面包括培训讲师、受培训者；

5. 培训计划与实施方面包括培训方案设计、培训实施管理、培训环境与设施管理系统；

6. 培训效果评估方面包括讲课效果评估、培训方法选择评估、培训成果转化成效。

一、组织培训系统

（一）培训制度

培训制度是企业培训工作开展的向导，可以指导企业的员工培训工作按流程顺利进行。企业的培训管理制度是宏观层面的标准，是企业培训工作有章可循、规范化开展的引航灯。因此，生鲜超市在进行培训体系设计时，必须着手抓好培训制度的建设。一般而言，培训制度包括培训的计划制度、培训的奖惩制度、培训的时间保障制度、培训的财务制度四个方面。培训计划制度是指培训计划纳入到企业工作计划体系中去，成为公司议程性的制度。培训奖惩制度是指培训的效果、培训工作的开展与奖惩挂钩，员工晋升加薪时也要将其考虑在内。培训时间保障制度是对于培训时间和培训周期的规范，为衡量培训效果提供了依据。培训财务制度是企业的财务制度在培训经费使用上的利用与延伸，是培训经费正常使用的保障。

（二）组织支持力量

在市场中不难发现，具有一定实力的企业往往会将员工培训上升到企业战略的高度。而要完成各项培训工作需要组织持续不断的支持与帮助。如果情况允许，组织还需要引进外部的资源和师资力量以及专业的培训管理机构参与到组织的员工培训中来，没有组织的充分支持，这一系列的工作是无法按要求和程序完成的。培训流程的各个环节是环环相扣的，任何一个基本环节的缺失都会导致培训工作的开展陷入盲目，最终导致组织的培训达不到效果或者在原有的水平上停滞不前。因此，生鲜超市在设计培训体系时，必须将组织的支持力量考虑在内，很多培训体系的建立也必须在组织的充分支持下开展。组织的支持主要包括人员参与支持、组织制度支持和财力物力支持三部分。

（三）培训组织结构

生鲜超市的培训组织结构是专门负责培训的部门与人员或者在培训的整个过程中所牵涉的部门和人员。他们负责统计与了解超市的培训需求，然后对这些信息进行总结与分析，并根据部门对于培训的需求制订培训计划；在培训计划的指导下寻找合适的培训机构或者组织内部的培训讲师，并在培训过程中建立培训责任系统，对整个培训过程以及培训所涉及的人力、财力、物力进行有效管理；在培训后期做好培训效果评估与培训效果转化工作，做好反馈与建档工作等。因此，培训组织结构的完善与否直接影响到企业的培训效果，生鲜超市在设计培训体系时必须考虑培训组织结构的建设工作。

（四）组织文化与培训观念

在树立员工的培训观念时，会发现员工对培训的认识往往与组织文化与培训观念息息相关。一方面，企业文化是组织在对员工进行培训时的重要内容，培训的一个重要目的就是让员工了解企业的文化，使员工认同企业的文化并帮助组织建设企业文化。另一方面，一个企业的培训观念会反作用于员工的培训观念。一个认同培训的企业会提供人力物力去开展培训工作，同时员工在这样的环境下也更容易认可培训的意义。一个否定培训或者忽视培训的企业，往往其员工也会忽视培训的重要作用。

二、需求分析

(一) 公司层面的培训需求分析

企业发展战略的实现需要一定的人才支撑，因此，企业需要通过各种形式来满足发展对人才的需要。培训是一条有效且经济的途径，所以公司在做员工的培训需求分析时要以发展战略为出发点。企业发展的出发点是市场竞争，但是面对现今激烈的市场竞争，目前的市场状况需要更多的人才储备以及更快速的人力资源增长，因此，公司应该从公司的发展层面进行企业的培训需求分析，并制订具有前瞻性的培训计划从而适应公司在未来对于人才的需求。公司层面的培训需求分析和员工个人层面的培训需求分析存在总分的关系，后者要以前者为前提和指导，在其总体大框架下有所发挥。企业应该做到：一是根据企业的发展战略，引进"稀有人才"；二是依靠培训系统，在企业的内部实现人力资源存量的提升。对此，生鲜超市应两者并用。

(二) 工作层面的培训需求分析

工作层面的需求分析是公司根据岗位的职务说明书，分析每个岗位员工应该掌握的能够胜任该岗位而需要的核心技能与知识储备量，并根据其来制订培训方案的过程。工作层面的需求分析是整个需求分析中最为重要的一个环节。因为工作层面的需求分析是按照工作职责说明书来进行分析的，其分析结果具有客观性、可预见性以及易操作性。只有保证了工作层面的需求分析客观真实、数据完整，才能保证最后培训计划的真实完整。在现在的多数企业，工作层面的需求分析也是最容易操作，被大多数企业广泛接受的需求分析。因为这个过程的需求分析能够客观反映公司层的需求，可以说是公司层需求分析的细化和深入，很多时候员工个人的职业生涯规划也要依赖于工作层面的技能与知识的需求分析。

(三) 个人层面的培训需求分析

企业在进行需求分析时，应该考虑到培训应针对员工的职业生涯发展规划，最大限度发挥培训的激励作用。若忽视这一因素，员工的积极性将会受到打击，挫败感会使员工失去对超市的归属感和信心，不再对超市进行支持，严重的可能导致企业的发展背离企业预期的发展规划目标，超市的收益也会因此降低。很多情况下员工可以通过参加培训的方式实现升职加薪的目的。此外，培训还能够使员工在追求自身发展的同时获得满足感。因此，生鲜超市员工培训体系需求分析过程中，个人层面的需求分析就显得尤为重要。

三、培训内容

（一）课程设置

培训课程是整个员工培训的主要载体，员工通过上课获得知识和技能。所以生鲜超市在进行课程设计时要注重课程设计的全面性与针对性的结合。培训课程针对不同的培训主体，一般分为新员工入职培训课程、职能培训课程和管理培训课程。新员工入职培训课程就是通过传授企业文化、规章制度等内容帮助新员工了解企业、尽可能快地完成角色转换，最终使新人们尽快地适应公司的环境，融入到工作团队中去，并能够胜任相关的工作。职能培训课程一般是按照员工所在的不同职能部门进行划分设计的，对不同部门的员工培训要以职务说明书为培训标准。员工通过职能培训获取与岗位职能有关的知识和技能，从而适应岗位的工作。管理培训课程所涉及的对象是企业中的管理层，以提高不同层级的管理人员的管理技能和综合实力为课程设置的主要目标。有针对性的课程设计能够有效地提高员工的技能与知识，因此必须加以重视。

（二）培训教材

培训教材是培训内容的载体，是企业员工培训不可或缺的重要角色之一，培训效果受到培训教材的制约，因此，生鲜超市在进行培训体系设计时，需要建立起完备的教材和知识系统。生鲜超市在进行培训体系设计的教材准备时，要准备超市的基本情况、各个培训方案中讲师需要的教案、课件、相关的印发材料、各项技能培训所需的教材，以及相关超市的与培训有关的数据资料、电子资料和文献资料等。培训材料应该是充足的，在人力资源部门的整理和分类下形成企业自己的"图书馆",这个"图书馆"涵盖了方方面面的资料,是培训体系的基础内容。

四、培训主体

(一) 培训讲师

培训讲师是员工培训的灵魂人物,是超市对员工进行培训的最为关键的传递者,因此,教师团队的建设也是超市培训体系设计必不可少的部分。培训讲师的素质和水平决定了授课的水平,好的讲师能够帮助员工找到自己工作技能与知识上的盲点,然后帮助受培训者更新知识、提高技能、开阔眼界,最终使员工在工作岗位上提高绩效。生鲜超市的培训体系设计中,对于培训讲师的选择至关重要,为了达到预定培训效果,超市应该按照培训课程的内容和培训员工的特点匹配相应的培训讲师。培训讲师有内部和外部之分,依据是其是否在企业内供职。内部讲师来自企业的内部,一般是企业的管理者或者高级技术师通过竞聘的方式参与到培训的讲课中去。而外部讲师大多是来自专业的培训机构的讲师,或者企业向高校聘请的有关专家。无论是内部讲师还是外部讲师都有其自身的优势和特点,企业应该根据课程内容选择合适的讲师来源,将二者结合起来效果较好。

(二) 受培训者

受培训者主要是指那些接受培训的员工。受培训者一般分为刚入职的新人、在职员工和企业的管理层。本章主要以生鲜超市员工作为研究对象,针对这部分群体设计培训体系。良好的培训效果除了讲师的努力,组织的支持,还需要受培训者自觉自愿地参与到培训中去。任何的培训,受培训者的培训意愿都是基础。对于培训有着较高的积极性的员工大多是那些有着强烈的培训意愿的员工,他们出勤率高、上课认真、认可并积极配合企业的培训安排,培训之后也会积极地将培训课程转化为实际的应用。企业在做培训工作时,必须深入了解员工的需求,与受培训者的职业生涯规划相结合,做好与受培训者的沟通与交流。此外,在选择受培训者时也要以员工的培训需求为依据,选择那些真正需要的受培训者。

五、计划与实施

（一）培训方案设计

培训方案设计涉及培训过程的方方面面，从流程、地点到人员分配都要一一确定。培训计划一般分为年度培训计划和单项培训计划两种，一个企业的培训工作应该两种类型都需要。年度计划是根据上一年的培训工作和企业未来的规划方案所设计的在接下来一年的培训安排。一般为了某一个或者几个特定的目的而制订的培训计划称为单项计划。企业在制订培训计划时应该确保培训计划的各个部分的内容完整，防止出现内容缺失、设计不科学的现象。此外，培训方案的选择也是非常重要，企业应该根据培训需求分析的相关数据选择适合企业、工作、员工个人的培训方案加以实施。

（二）培训实施管理

培训实施的实质就是将培训计划付诸实践，解决培训工作中存在的问题，最终实现以培训提高企业竞争力的目标。培训实施管理主要有五个步骤：第一，收集培训相关资料。这一阶段主要是确保资料的真实可靠。第二，找出实际工作中的误差，培训实施管理就是解决现实问题，实现培训目标。第三，分析培训计划并设计相关的培训计划考核工具，考核工具主要是为确定培训计划的价值。第四，培训计划的控制。这一环节属于事前控制，保证所执行计划的完善性。第五，公布与跟踪落实。培训每个环节的内容都应得到全面的落实，以防出现差错。培训实施管理涉及培训工作的每一个环节和流程，培训前、培训中、培训后都应该做到及时调整，保障培训工作的顺利开展。

（三）培训环境与设施管理

培训环境是指那些直接或者间接影响培训并在培训过程中发挥作用的各种因素的集合。培训环境的好坏制约并影响培训体系以及培训的整个过程和最终的效果，同时，培训对于培训环境又有反作用。具有良好培训效果的培训课程一般伴有舒适的培训环境，反之培训效果不佳可能是环境的舒适度造成的。培训设施的管理隶属于培训体系的硬件环境管理。培训设施一般包括培训场地，培训需要的投影仪、计算机、白板等物件。培训设施在培训投入中属于较大的费用开销，部分培训设施价格昂贵，需要有专人维护。部分企业还会有培训专用的计算机系统，这就需要专人进行定期的维护管理，保证这些培训设施在讲师上课的过程中正常发挥作用。许多企业为了提高培训效果纷纷引进先进的培训设备。

六、培训效果评估

（一）培训效果

培训效果是受培训者工作胜任力提高的程度，以及这些员工在知识素质和专业水平达到预定效果的程度。培训效果是整个培训过程最主要的目标，是企业对于培训投入的回收率的最主要的衡量标准。因此，培训效果的评估是培训环节中必不可少的部分。培训效果评估采取一定的方法和手段去判断培训工作是否达到了培训计划的预期目标，考察的对象是被培训者和培训工作及流程。培训的其他多个环节和手段最终的目标就是使培训达到一个良好的效果，最大限度地利用企业的培训投入。有些企业忽视了这一环节，这就导致了这些企业的培训工作浮于表面，没有实际的意义，反而浪费了企业的资源。

（二）培训成果转化成效

企业的员工培训工作可以为企业带来人才资源的提升，从而帮助企业实现发展战略的目标。但是有关研究表明，一般条件下，培训直接为企业带来的效益是有限的，培训为员工、企业带来的培训效果也是极其有限的，这就意味着大部分的培训资源被浪费。但是这种浪费在现今竞争日益激烈的市场上是无法容忍的，因此，提高员工培训效果的有效转化，降低企业的培训成本，最大限度地提高企业的培训效率是生鲜超市在进行培训体系设计过程中迫切需要关注的重点内容。培训效果转化需要一定的周期，需要企业长期且耐心地找寻员工培训效果转化的形式和契机，具体情况具体分析，找到适合企业自身的、适合培训具体内容和形式的、适合员工个体和员工团队的培训效果转化方式。

（三）培训方法

培训课程中，每个讲师都会采取不同的形式和教学策略，这就是培训方法。培训方法的选择，会直接影响到员工的接受程度和培训效果，合适的培训方法有助于培训讲师调动员工的积极性和提高培训成效，避免培训方法选择的错误可以提高企业资源的利用率。企业较常采用的培训方法有授课法、讨论组和实战模拟法。每一种培训方法都有其优点和缺点，企业应该根据企业的状况、员工的特点、培训的环境与设备等因素选择合适的培训方法，尽可能地使培训效果达到最大。

第五节　生鲜超市员工培训体系有效运行的对策建议

一、完善组织培训系统

（一）建立健全的培训制度

建立健全的培训制度是使培训在框架下顺利运作的保障和重要支持力量，生鲜超市在设计培训体系时，应该注重以下制度的建设。首先，制定合理的培训计划制度，要设计出一套有本企业特色的培训计划的标准，以企业的发展战略为依据，并不断根据企业和市场的发展加以调整。其次，将培训奖惩制度有效地运用。每一次的培训都应该评选出优秀的讲师和学员加以肯定。而对于那些没有达到培训效果的员工，将他们列入下一次培训者名单中去，并对在培训工作开展过程中敷衍工作的人员给予惩罚。再次，不同的岗位结束培训的时间要加以确定；对不同培训类型和方案的培训周期也要有一定的期限，将每一位员工的培训时间纳入到企业的日程中去。最后，培训经费的使用也要有一定的财务标准和财务运作流程，保障培训经费用在刀刃上。

（二）完善组织培训结构

建立和完善组织培训结构，生鲜超市应做好以下工作：第一，建立培训管理委员会。在生鲜超市公司总部人力资源管理部门的内部，建立培训管理委员会。委员会成员的组成可以根据公司的需要来制定，委员会的主要工作职责是制定公司培训战略、审批培训计划和培训经费预算批准、制定培训目标、培训政策等。第二，培训经理职责的确定。培训经理的主要职责是有效运作培训管理机制，包括培训计划的拟订、培训计划的执行、培训的制度以及培训流程的拟订，管理好日常的培训运营工作。建立培训协调委员会，其主要职责是进行培训需求调查分析、实施培训工作、培训评估和效果转化等。除了建立公司的培训结构，还应该规定好培训各个岗位的职责和分工，以及相关培训工作的人员规定。最终建立起一整套完整的组织培训框架与公司的整体框架相呼应。

（三）建立完善领导层支持机制

建立完善的领导层支持机制，提高生鲜超市企业领导者对于员工培训的认识至关重要，只有提高了领导层对培训的认识，才能进一步地将培训意识和培训文化渗透到整个企业中。提高领导层对员工培训的认识，需要让领导们认识到超市的发展和员工培训是相辅相成的。优秀的企业可以最大限度地发挥培训的效果，而一个重视员工培训的企业也能够从培训带来的优质人才上收益。除此之外，还应该建立领导对员工培训的负责机制。建立超市培训体系，需要建立起一支专业的员工培训机构，这个机构由一支专业的团队进行管理，在机构的设置中，每一个管理者都应该被充分地调动起来为员工培训工作服务。从基层门店的人事部门到高层总部的人力资源部门领导都要负责相应的工作职责，每个人都肩负有相应的职责与工作。对于管理人员来说，考核他们的主要标准是培训效果。超市各个部门在培训总章程的指导下，按照总章程这条线索，以各个部门工作的特点为依据有步骤、有计划地开展培训工作，制定出有超市特色的、阶段性的人才培养和储备战略。

（四）更新培训理念和创建培训文化

更新培训理念，创建有益于培训开展的培训文化可以采取以下方法：

第一，自上而下地制定组织培训目标和责任制度。公司的决策层可以基于公司的发展战略和未来一段时间内的目标，对于那些与公司业务息息相关的人才进行专业化的培训、开发和任用。除了基于战略的组织目标与责任，企业还应该根据现有的问题开展分析，根据企业的问题进行有针对性的培训，使企业更有凝聚力，形成学习型组织氛围。第二，依托培训部门不断地向员工传递企业的文化。企业文化是一个企业的精神内涵，培训中向员工宣扬企业文化是建设企业精神内涵的表现。对企业文化的培养可以通过举行交流研讨会、做好企业内部杂志、老总会议讲话等方式。第三，以企业的目标为标准，定期对培训工作进行审核，保持员工培训与企业目标的一致性。

二、做好超市的需求分析

（一）做好公司层的培训需求分析

企业的发展战略与企业培训体系具有相互作用的关系，科学的培训体系促进企业的发展，企业得到良好发展又为培训体系建设提供更多的支持，因此，企业在做公司层的需求分析时必须考虑企业的发展战略。生鲜超市要量身定做符合超市自身发展的有效的培训体系，必须与超市的发展战略、人力资源战略和超市零售行业的特点相结合。生鲜超市在未来的发展中，要保持乃至提升利润，其方式是通过增加区域门店的拓展力度，加大中央采购的能力，降低采购等成本风险，有效整合超市的各项资源，保持降低成本和适度扩张的战略优势。这就要求生鲜超市据此做好需求分析，开展培训项目规划，对员工进行相应的培训，做好人才储备工作，争取在市场竞争中保持人才储备优势。在门店运营管理、生鲜商品经营、采购成本管理等方面，有必要进行重点培训。在考虑企业的发展战略时，应该着重注意以下内容：目前和将来公司整体的工作技能需求量；培训的侧重是针对个人、团队还是部门；培训是否有建立培训预案的必要。

（二）从工作层开展需求分析

生鲜超市在对工作层进行培训需求分析时，要认真分析每个岗位的员工的胜任力素质模型，然后在此基础上制订相应的培训课程和培训计划。工作层的需求分析的核心是工作说明书，企业在做需求分析时要以企业层的需求分析为指导，找出工作岗位职责需要调整的部分，确定该岗位需要增加的技能与知识的内容，同时还应该根据员工个人层的需求分析，找出员工无法满足岗位要求的部分，最终这些因企业战略或者员工职业生涯规划而需要提高的岗位技能需求就是培训的重点。工作层的需求分析需要分析者细致、客观地进行分析，这样才能保证之后的培训计划不会出现缺漏的部分。生鲜超市的岗位设置分类较细，要针对各岗位的特点，分析其核心需求，才能设计出有针对性的课程。

（三）依据员工个人需求做好需求分析

个人层面的培训需求分析最终目的是要设计出有利于员工实现职业生涯发展的培训课程。超市在开展员工层的需求分析时，深入剖析员工的职业发展规划成为个人层需求分析的关键步骤，了解员工自身的技能水平以及员工的知识技能与岗位不适应的部分，然后根据岗位特色以及员工自身的性格、喜好等因素开展针对性的需求分析，为后来的培训提供量身定做的依据。一个适应员工职业生涯发展的培训项目应该是分阶段的，项目的各个阶段要与员工的职业生涯发展规划的阶段相对应。每个阶段员工的培训需求不同，要根据这些阶段性的特点对员工进行配需才能有效地帮助员工突破职业瓶颈。另外，企业在做员工层的培训需求分析时要尽可能地挖掘出员工的真实想法和需求，并以此为依据完善培训方案。

三、完善培训内容

（一）课程设置更有针对性

生鲜超市的新人入职培训的目的是帮助新员工完成角色的转换工作，一般新人入职培训设计的主要内容有公司的企业文化介绍、员工的基本素质的培养与激发、专业素质的考核、工作态度等内容。生鲜超市培训课程的重点在于职能培训课程的设计，目的是提高岗位职能匹配度。培训课程围绕生鲜超市门店"生鲜经营、品类管理、营销定位、门店服务"这四大项目为主题。根据生鲜超市员工所在不同岗位的特点，有针对性地设置实用性强的课程：针对生鲜部门的"生鲜精细化管理"；针对开店拓展部门的"生鲜超市门店选址策略""生鲜超市门店定位与规划"；针对采购部门的"生鲜采购成本管理"；针对营运部门的"生鲜超市门店的差异化竞争策略"

"生鲜超市运营数据分析""生鲜超市商品结构的调整与管理";针对防损部门的"生鲜超市损耗形成的原因及关键控制点";针对客服部门的"生鲜超市顾客服务理念及服务营销策略";针对财务部门的"生鲜超市盈利模式与财务管理""生鲜超市预算制定与目标管理"。

（二）建立完整的培训教材"图书馆"

生鲜超市进行培训体系设计，必须建立完整的培训教材"图书馆"，可以从以下方面入手：首先，收集生鲜超市培训教材的相关资料。培训教材体系内容丰富，涉及范围广泛，需要企业建立起自己的知识库。其次，根据教材的保密程度对教材进行存储和管理。再次，根据教材的不同形式和介质的差异将教材进行分类归档。培训教材与资料形式多样，有有形的也有无形的，培训管理人员应按照不同的介质、形式进行合理的分类归档。最后，要有专门的人员负责企业教材、知识"图书馆"的管理工作。每一次资料的借阅、归还都应在一定的制度和流程下开展。

四、做好培训主体的工作

（一）做好培训的师资保障

企业的培训部门就像一所学校，好的教师团队是学校实力的关键所在，因此，一个有水平的培训组织需要建立起一支精良的讲师队伍。生鲜超市要做好培训的师资保障工作，应该制订主动的教师资源积累方案去应对培训，这是超市可持续发展的一个法宝。生鲜超市应该在教师的聘用与授课等方面建立起完整的规章制度，让教师队伍在制度的框架下全面系统地不断提高水平。生鲜超市在建设教师团队时，应把适应超市各种职工技术知识的需要作为培养教师队伍的总体目标，全面提升培训者的整体素质。建立师资队伍教育培训领导责任制度是一种有效的建设道路：首先，高层领导应该把教师团队建设提到超市发展建设的日程上来，以超市的发展规划为依据制定师资团队建设的长、中、短期规划，并对培养和培训工作做好详细的安排。其次，人力资源部门要在良好运作培训机制的同时抓好教师团队建设。协调和解决教师团队建设过程中的各种事务性问题，例如人员选拔、人才推荐以及培训和选拔的管理工作等。最后，师资队伍的建设还需要超市其他部门的密切配合。在课程目标的设置过程、制订相关的师资培养计划和实施办法过程中各个部门都应该积极地配合。各个部门还应该向人力资源部门推荐优秀的管理者和技术能手作为培训讲师。除了建设企业自身的师资队伍外，企业也有必要与一些专业的培训机构合作，通过这些机构，可以邀请到国内一流的专业讲师，为企业开设一些零售行业前沿的、有启发性的课程。师资队伍应相对稳定，能够长期为生鲜超市企业服务，保证培训效果的延续性。

（二）提高受培训者的培训积极性

培训体系中，受培训者的积极性对于培训效果的影响至关重要，因此，企业在选择培训对象时，必须根据受培训者的培训需求和员工对于参与培训的意愿进行衡量，选择合适的人员参与到培训项目中去。此外，企业应采取一定的措施提高员工参与培训的积极性，让员工端正参与培训的态度，使他们意识到培训对于工作的重要性和对自身发展的重要性。首先，应该想办法提高员工参与培训的意愿，将培训与绩效和奖惩制度挂钩就是一个有效的办法。此外，要帮助员工做好职业生涯规划，帮助员工找到自身的定位，了解自身的优缺点，想要在职业生涯中不断地前进，就必须通过培训提高自身的技能，弥补自身的缺陷。

五、完善培训计划，提高培训管理效率

（一）选择科学的培训设计方案

生鲜超市在选择员工培训时，必须要以企业的战略为依据，选择既满足企业发展的需求，考虑企业的资源和环境，企业能够负担的培训成本以及培训方案能够为企业带来的效益；同时还要以员工的需求和现在的素质水平为依据，确定员工的职业目标和培训目标的员工培训方案。企业在进行培训体系设计时，可以根据需求分析和以往企业的培训经验，设计年度培训方案作为日常培训工作的依据，还应设计一些单项培训方案，应对企业出现特殊的员工培训需求。具体的培训方案必须包括培训的目标、培训课程、培训方法、培训主体、培训设备和教材及时间地点、培训组织者和培训费用。人力资源部门在设计培训方案时要考虑多方面的因素，尽量做到培训方案细致周到。

（二）建立系统性专业化的培训运作

企业的员工培训运作机制是一个系统性、程序化的机制，在这个机制运作的各个环节中，每一个环节都有其工作的重点和环节目标。企业在对培训工作进行管理和运作时，应遵循守规定按顺序的原则，并及时做好问题应对工作，针对培训过程中的各种问题要有一个健全的预防和管理机制。培训运作过程应该在企业培训制度的指导下有效运转，每个部门、每个工作人员的职责都要明确，按职责办事应成为企业运转的原则。另外，培训主管要熟悉培训的各个环节和流程，能够在出现问题时第一时间加以控制和改进。

（三）建立完善的培训环境与设施管理系统

生鲜超市在进行培训体系设计时，应该注重培训环境和培训设施的创造和维护。良好的培训环境能够让讲师和员工均感到舒适，在舒适放松的环境下也有利于培训效果的提高，人力资源部门应划分出专门的员工培训专区，为员工培训提供足够的空间。此外，培训设备应该在预算允许的情况下完善基础设备和引进一定的先进设备，这些培训设备还应该有专人进行看管和定期地维护保养。除了环境和设备的齐全外，企业还应该制定一套培训教室和培训设备使用的规范和申请流程，让培训设备的使用、登记都有章可循。

六、做好培训效果评估工作

（一）培训讲课效果评估

培训效果评估是一整个完整和规范化的流程，生鲜超市在开展培训的效果评估工作时，应严格按照以下程序来进行，保证培训效果评估的准确与科学。培训效果评估的流程包括以下六个环节：第一，决定做培训评估，并确定这一决定的目的和意义。第二，培训评估计划的预先制订，确定评估各个环节与内容。第三，收集并整理培训评估所需的各种数据资料。第四，对培训项目进行收益分析，对项目进行投入产出评估。第五，撰写培训评估报告，为培训建档做准备。第六，及时反馈培训评估结果，对于不足的地方要及时调整并加以总结。

（二）注重培训成果转化成效

将培训的授课成果转化为切实的工作效果，需要一定的过程，企业提高培训成果转化效果，可以从以下方面入手：第一，建立培训效果转化平台，即基于企业战略的培训体系和保障机制的集合。第二，建立培训转化机制运作的改进模式，将培训转化机制在一定的模式下运转，建立内部、外部和内外结合的模式以应对培训转化模式需要改进的情况。第三，建立培训效果评估体系，通过培训效果评估体系来评价培训的效果。

七、保障培训方法的针对性与有效性

现今普遍采用的培训方法有授课法、讨论组和实战模拟法。在培训人员较多且培训设备和培训场地有限的情况下可以选择授课法。讨论法包括案例讨论法、自由讨论法、专题讨论法三种，在时间允许，受培训人数有限的情况下可以选择这种方法。实战模拟法包括沙盘法、角色扮演法、体验学习法三种，这种方法可以给学员带来直观和实际的感受，在条件允许的情况下企业可以酌情采用。由于生鲜超市的员工有其自身的特殊性，本章特别提出几种适合生鲜超市行业特点的培训方法。

（一）师带徒法

师带徒的培训方法是出现时间最早也是最为有效的一种培训方法，这种方法经历了千年的传承，根据时代的转变以及各个行业的不同会表现出不同的特点，但是其主线始终保持一致，即通过师傅的引导和培养帮助徒弟快速地学会工作技能的同时也能快速地完成角色转化，在师傅的带领下快速地融入工作团队中。生鲜超市的员工大多知识水平较低，工作内容繁杂但技术水平要求不高，很多工作内容需要实践操作后才能学会和适应。而师带徒可以说是生鲜超市投入最少、见效最快的培训方式，可以在激励新员工快速适应工作岗位的同时帮助师徒双方共同进步、共同成长。这种方法对新入职的员工和转岗培训的员工尤为适用。师带徒的培训方法一般由以下六个步骤组成，分别是：第一，确定徒弟人选，一般为新入职的员工和转岗培训的员工。第二，确定师傅，师傅应是超市中具有丰富工作经验和实践能力的老员工。第三，明确带徒目标和培训方式，必须以明确的目标和标准化保障培训的效果，防止出现随意性和简单化的问题。第四，签订师徒合同，师徒合同应该在自愿的基础上签订，且师徒合同要与培训方案相适应。第五，实施培训计划和定期检查，在师带徒的培训期间，师傅应该严格按照培训计划对徒弟进行培训，而管理者也要做好定期的检查工作，保障培训的顺利进行。第六，出师鉴定，出师鉴定必须由规定的资格鉴定组织鉴定，达到一定的要求后方可出师，出师鉴定应尽量全面和量化。

（二）角色扮演法

角色扮演法就是假定一种工作情景，让被培训者扮演这些特定的工作情景中的特定角色。在扮演角色的过程中员工要根据自己的角色对特定的条件和环境进行分析，并与自身的任务相结合在一定的时间内快速地做出决策和应对。角色扮演法属于参与式的培训，这种培训方法可以让受训者有种身临其境的感受，从而提升员工的实践工作能力。生鲜超市的员工多数是生鲜技工、客服、收银、防损、采购等人员，这些人员的工作都有一定的特点，通过角色扮演法可以让新员工快速地适应工作环境，适应工作角色，并能够考验员工在工作中的反应速度和决策能力。一般情况下，角色扮演法可以与情景模拟相混搭，从而促进员工技能的提升。这种情况下，员工扮演的角色是情景模拟中的某一个或者某些具体的问题，员工被分为不同的小组，轮流参与到角色的扮演中去。生鲜超市人流量大，工作情形复杂多变，针对一些常见的问题，可以采取这种方法对员工进行培训，防止在实际工作中出现类似的问题时员工无所适从。

（三）职务轮换法

职务轮换法是一种让员工的工作内容丰富化的培训方法，这种方法可以有效地避免职务专业化的问题，防止员工因长期做同样的工作而出现的厌倦和懈怠情绪。此外，通过对员工采取职务轮换的培训方法，还有利于员工加深对整个超市的了解，提升员工对超市的认同感。生鲜超市的岗位种类丰富，员工需要掌握的产品知识和工作技能的要求也较多，通过对员工进行职务轮换的培训，可以让员工增加知识储备，且员工在做好自身职务工作的同时，也可以适当地做一些其他工作，丰富员工的工作内容，提升员工工作乐趣的同时有利于超市内部灵活性和协调性的提升。

第六节　研究总结与展望

一、主要结论

本章以生鲜超市为研究对象，探讨生鲜超市员工培训体系的构成维度，此次研究的主要贡献：

（1）对生鲜超市员工培训体系设计进行了专项研究

目前，虽然有许多学者通过不同的方法和研究形式对培训体系设计进行研究，但是很少从零售行业入手，尤其是生鲜超市员工培训体系设计问题。本章对生鲜超市员工培训体系设计开展了专项研究，包括构成维度、关键因素、有效运行的对策建议等，丰富了生鲜超市行业的培训体系设计研究。

（2）形成了生鲜超市员工培训体系设计关键因素的指标体系

此次研究经过提炼和分析其他学者关于培训体系设计的研究结果及实地考察多家生鲜超市，经过问卷调查并进行数据分析一系列的研究，最后形成了生鲜超市员工培训体系设计关键因素的指标体系——6个一级指标和17个二级指标，其中一级指标包括组织培训系统、需求分析、培训内容、培训主体、计划与实施、培训效果评估；二级指标包括培训制度、组织支持力量、培训组织结构、组织文化与培训观念、公司层需求分析、工作层需求分析、个人层需求分析、课程设置、培训教材、培训讲师、受培训者、培训方案设计、培训实施管理、培训环境与设施管理、培训方法评估、讲课效果评估、培训成果转化成效。

（3）为提高生鲜超市员工培训体系设计的水平提供了思路

在问卷调查和数据分析的基础上，可以判断生鲜超市员工培训体系设计的总体水平仍然处于一般状态，本章找出并论证了影响生鲜超市员工培训体系设计的关键因素，并提出了有针对性的对策建议，为提高生鲜超市员工培训体系设计的水平提供了一个思路，为生鲜超市企业的实际操作提供了指导和借鉴。

二、研究展望

本章在研究后提出以下的展望：在生鲜超市员工培训体系设计关键因素的研究样本选择上，之后要拓展研究样本的范围，可以从调查的地区范围和研究人数上下功夫，争取将更多的生鲜超市作为研究样本纳入研究中去，此外，还要在北方等地区扩大地区研究样本的数量，提高研究样本的代表性。同时，还可以从不同特点、不同管理者、不同企业文化的生鲜超市入手取样，继续探讨不同变量背景下不同因素对培训体系、培训效果的影响。在研究内容上，关于生鲜超市员工培训体系设计研究，还可以深入探讨影响培训效果的因素在重要性上的排序；此外，除了本章所提出的关键因素，还应找寻其他可能对培训体系设计有影响的因素和维度。除此之外，还有关于生鲜超市的培训体系与员工的离职倾向、培训体系与员工行为、培训体系与工作绩效等之间的关系都将成为未来对零售行业进行研究需要努力的重点和方向。

第五章　福建省生鲜超市服务型人员培训效果评估研究

第一节　绪论

中华人民共和国成立至今已走过六十余载，社会经济已然走向飞速发展的节奏，人民生活水平也经历温饱走向富足。在恩格尔系数逐渐降低的同时，居民的消费观念也在不停地改变，越来越多的人愈发重视生活品质，养生和健康成为新的时尚。"民以食为天，食以鲜为先"，因此，传统的以农贸市场为主的生鲜销售已在市场上逐渐萎缩，相反，对食品质量进行严格检验、主要提供绿色食品的温馨舒适的生鲜超市应运而生。现阶段我国"菜篮子"及"农超对接"等项目的实施，农产品连锁超市及社区便利店、生蔬市场等开始走进居民的生活，在市场中的份额也逐步提高。一些大型的零售企业也瞄准生鲜市场这一商机，专门开辟生鲜业务区，以便也能从中分得一块蛋糕。

生鲜产品历经国营菜场和农贸市场两个阶段才演变成如今的形态——生鲜超市。生鲜超市主要由超级市场发展产生，依然属于零售业，因此，生鲜超市依然无法避免零售业经常遇到的难题，诸如人力成本和店面租金日益增长、不同地区相同的模式无法奏效及电子商务的猛烈冲击等问题，但是，最为严重的问题莫过于生鲜超市的人员流动率过高，尤其是生鲜超市的服务型人员。持续不断的服务人员流失，使得一批又一批新进入生鲜超市的服务型人员的培训成效成为他们胜任工作，继而推动生鲜超市发展的重中之重。

　　福建省生鲜超市历经数年的发展，造就了为数不少的有如永辉超市和新华都等优秀的生鲜企业。随着行业和企业间竞争的日益加剧，为了在竞争中立于不败之地，生鲜超市也越来越重视企业员工的培训，增加其知识技能及对企业的忠诚度。自培训出现至今，培训效果的评估便是一大难题，培训投入巨大的成本，到底有何效果，投入是否得到了应有的回报，一直难以估量，令学术界和企业界的研究者头疼不已。纵观当前企业的培训状况，虽然大多数企业意识到培训效果的重要性，但少有企业真正对员工培训效果实施评估，即使有极少企业具有员工培训效果评估体系，也大多只是停留在诸如考试或者问卷调查等比较单一的手段和比较低级的评估阶段，难以找到可以参考的典范。生鲜超市的服务型人员在生鲜超市的运营中具有举足轻重的作用，但是，目前对其培训效果的评估几乎为零。在生鲜超市提升整体竞争力的迫切需要的环境下，进行生鲜超市服务型人员的培训效果的评估研究，构建完善的生鲜超市服务型人员的培训效果评估体系，提升其培训效果，已经成了生鲜超市无可回避的课题。

第二节　福建省生鲜超市服务型人员培训效果评估研究的文献综述

一、培训效果评估的界定

　　培训效果评估起源于国外，是一项系统性、复杂性的人力资源管理活动[198]。概念一经提出，就受到学界学者和用人单位的青睐。当前，培训效果评估的研究并非完善，国内外学者对其定义莫衷一是。Phillips（1995）[199]，Tony Newby（2003）[200]指出培训效果评估是用来对培训进行预测，系统地衡量一个培训体系是否具有价值的过程；Peter Bramley&Barry Kitson（1994）[201]同样将培训效果评估看成是一个过程，通过研究该过程中信息的收集来评价培训体系的有效性；Philip Lewis（1994）[202]等人深入研究了该领域之后提出，培训效果评估指的是通过运用一定的评价手段来评估培训的效益，并通过对培训效果评估结果的运用，提高培训的效率。

一个科学的培训评估体系对组织的培训、企业的经营绩效非常重要[203]。学者石金涛（2003）[204]、曾志娟（2014）[205]提出，培训效果评估是用来衡量培训有效性的重要工具，其在企业培训体系当中非常重要；孙昱丹（2007）[206]、李晓蕾（2012）[207]、李翔东（2014）[208]指出，培训效果评估是指在企业员工进行培训之后，通过科学有效的手段对受训者进行观察以了解培训效果的一种方法；杨杰（2003）[209]、周俊玲（2012）[210]提出，培训效果评估是指通过运用科学的方法收集培训过程的数据信息，对培训活动进行正确的评价，从而为培训体系进行完善和补充的一种工具；学者杨宣志（2002）[211]、汪俊波（2004）[212]则认为，培训效果评估是指企业在进行员工培训之后，采用数据或者文字的形式把培训的成果表达出来的过程；周正江（2007）[213]、孙晶、王翰林（2011）[214]等学者认为，培训效果评估是通过科学的测量方法，收集培训的指标数据以确认员工接受培训之后技能的增量与原定目标的差值，从而对培训的有效性进行评价。

二、培训效果评估模型

国外对培训效果评估的研究相对于国内较为完善，并且已形成诸多成熟的评估模型，本章选取相对具有代表性的6个模型来进行探讨。

第一，四层级评估模型。

柯克帕特里克（Donald Kirkpatrick）（1996）[215]详细阐述了培训评估的反应、学习、行为和结果的四层次评估模型，该模型至今仍是国内外企业应用最广泛的评估模型之一。

反应层重点关注受训员工该次培训的感受，评价的内容为：对培训人员的意见与建议、对培训内容的看法、对培训环境和过程的看法等。测量的方法有问卷调查法和面谈法。学习层重点在评价员工在培训之前与之后的能力提升，包括员工对培训内容的掌握等。此层次的评价数据可通过笔试、演讲角色扮演等方式来获取。行为层主要评价员工在接受培训之后，获得的知识或者技能转化到实际工作中的运用情况。重点是评价员工在培训前后的工作行为变化，此层次的评价可通过360度评价来衡量。结果层主要评价员工在接受培训之后，其行为的变化为企业带来的经营绩效、财务绩效的提高程度；评价的内容为提高的生产率、提高的销售量、减少的次品率、利润率等可以通过实际数据获得的指标。

第二，CIPP 评估模型。

丹尼·尔斯塔弗尔比姆（Daniel Stufflebeam）（1983）[216]将培训项目本身作为一个研究对象进行研究分析，他依据项目组织过程的规律，提出了以情景评估（Context evaluation）、输入评估（Input evaluation）、过程评估（Process evaluation）和成果评估（Product evaluation）为四级的 CIPP 评估模型。

情景评估的内容为对相关环境以及问题的评估，该层次评估的主要任务为对培训需求以及培训目标的确立；输入评估，即对现有培训资源的评估，通过搜集培训资源信息，整理、规划培训资源，从而确定使培训资源使用效益达到最大化的培训计划；过程评估，即培训评估过程的监控和反馈，通过评估及时地向培训负责人反馈受训员工的培训情况，发现培训过程存在的问题，及时纠正错误使培训能顺利进行；成果评估主要评估培训达到的实际效果与预期效果之间的差距。对培训结果的评估，衡量此次培训的有效性。

第三，CIRO 四级评估模型。

学者 Warr，Allan&Birdi（1999）[217]设计了 CIRO 四级评估模型。该模型与 CIPP 模型较为相似，其主要架构为情景评估（Context evaluation）、输入评估（Input evaluation）、反应评估（Reaction evaluation）和输出评估（Out-Put evaluation）。

情景评估层次的任务主要有两个，第一为对人力资源环境的评估，即评估是否需要对某个员工进行培训；第二条评估的内容为针对该员工进行分析并确定其培训需求和培训目标。输入评估旨在确定培训活动的可行性，通过整理企业人力资源信息，分析培训资源优缺点，确定如何使资源应用达到最大化，找到企业员工培训与资源利用的最佳搭配方案。反应评估主要任务为收集受训员工在培训过程中存在的问题信息并及时进行改进，从而提升人力资源培训计划的适用性。输出评估层次的主要内容为评价培训的成果，通过收集培训的结果，结合情景评估层次确立的培训目标，分析员工在接受培训之后其技能和知识的增涨幅度以及其为企业经营效益带来的增量。

第四，五级评估模型。

海布林（Hamblin）（1974）[218]在柯克帕特里克的四级评估模型基础上提出了"五级评估模型"，他在进一步的研究之后，将培训评估划分为五个层次，分别是反应层、学习层、工作行为层、执行层和组织目标层。

反应层的评估，主要评估受训员工对培训的看法，包括培训的过程、培训的师资以及培训的内容等；评估的时间一般为培训进行时和培训结束后。学习层的评估主要评估员工接受培训之后掌握的知识和技能，测量的方式为对员工接受培训之前和进行培训之后的技能增量进行测量。工作行为层的评估为在员工接受培训之后的行为与培训之前的行为的对比；评估时间为培训开始之前和培训结束之后。执行层的评估，通过对培训成本和企业受益之间的分析，对员工的培训带来的效果进行分析。组织目标层的评估，亦称为最终评价层，主要评估该培训体系对企业综合能力的影响，即培训的产出是否与企业的发展需求相一致。

第五，ROI评估模型。

杰克·菲利普斯（Jack Phillips）（1996）[219]提出"五级投资回报率模型"，即ROI评估模型。ROI评估的实施过程为：第一步要做好培训评估的计划，包括对评估的目标、方法以及培训时间等的选择；第二步为对培训项目结束后的数据的收集，包含硬数据和软数据的收集；第三步为对培训成果的分析与整理，厘清培训成果中与员工绩效相挂钩的成分；第四步为将收集到的数据等价量化为同价值的货币数据，以便进行详细的分析；第五步为计算投资回报率，即计算通过培训获得的企业收益与培训投入的成本的比值来对培训进行评估。

在ROI评估计算公式中，培训收益指的是企业通过给员工进行培训之后增长的利润。培训成本包含直接成本和间接成本两种类型的成本。直接成本为直接应用于培训活动上的费用，如外聘培训教师的费用、培训材料的采购费用、场地的租借费等；而间接成本为各种培训交通费、办公用品购买费用、相关行政人员的工资等费用。

第六，五层次评估模型。

考夫曼（Kaufman）（1994）[220]提出了"五级评价模型"，其评估层次为：培训资源评估、学员掌握评估、知识应用评估、组织效益评估以及社会效益评估。

综合以上观点不难看出，后期的考夫曼等学者提出的模型主要是在柯克帕特里克的四层级评估模型的基础之上发展而来的，柯氏评估至今仍是当前最为经典的评估方法之一，但不同地区企业的不同文化决定了不同的应用方法，CIPP模型以及之后延伸的CIRO模型相对于柯氏评估，关注的内容更为全面，更符合我国的国情。而ROI模型做出柯氏评估的补充，与Kaufman的五层次评估模型同样具有其科学性，但因在国内的研究较少，因此其应用程度也就相对较低。

三、培训评估方法

国内培训评估体系起步相对国外较晚，理论发展也相对较少，培训评估体系理论主要集中在定性评估、定量评估和定性定量评估相结合三个方面。其中，定性评估包括目标评估法、关键人物评估法和比较评估法等；定量评估包括收益评估法、数据包络法、模糊数学理论和层次分析法等；定性定量结合评估法包括绩效评估法、集体讨论评估法和硬指标和软指标结合法等。

第一，定性评估法。

学者韩光军（2002）[221]认为，要进行评估就应该让其工作上联系最为密切的人对其进行评估，于是他设计了360°评估法，从上级、下级、平级以及消费者的角度对员工进行培训的评估；刘新军（2002）[222]通过在观察培训对象之外，建立培训标准，再通过与标准的对比进行评估受培训对象的培训效果；李玮（2002）[223]则提出目标评估法，他将受训员工的培训成绩以及培训之后的工作表情与培训目标进行比较，从而获得培训成果数据。

第二，定量评估法。

苗青（2002）[224]在深入研究了培训评估的基础之上提出了多重测定法

和时间序列法等测量方法，用于评估培训效果，他提出培训效果的评估即测量培训活动开始前与结束后的能力差距；张亚男（2000）[225]认为，要想使培训达到企业经济最大化，就要关注企业培训的成本花费，通过培训成果的转化与企业经济的增涨对比，计算通过培训后员工为企业带来的经济效益的提高，并以此为依据进行培训效果的评估；王鲁捷（2003）[226]等人通过将数据包络法引入培训效果评估，为定量法打开了新的思路；邵雨梅（2002）[227]、张琦（2010）[228]、张本超（2005）[229]等通过对模糊数学理论与层次分析法的结合将培训效果进行量化计算，以及得出培训效果的数据依据。

第三，定性定量结合评估法。

晏秋阳、曹亚克（2002）[230]、王重捷（2002）[231]等讨论了培训效果评估的模式。聂永刚（1999）[232]提出，通过三个时间段的评价对受训员工的培训效果进行评估。第一个时间段是在培训之前对员工的基本状况的评估，第二个时间段是在培训结束时对受训员工的知识和技能进行评估，第三个时间段是在培训结束一个季度之后再次对受训员工进行综合能力的评估。而学者付焘（2003）[233]提出，通过集体评估、多人表决的方式对受培训员工进行培训评估，可使受培训者的受训情况更明显，所得到的结果更具有可信度。

通过对国内外培训效果评估研究情况的归纳和总结，我们了解了国内外学者提出的一些有关培训评估的方法、模型等。每一种方法都存在不同的利弊，定性评估相对于定量评估，其主观性相对较强，评价结果容易因为人际关系而发生改变；而定量评估在操作上相对烦琐，数据收集比较慢，评估成本花费较大。而定性定量结合评估法则综合两者优点，互补长短，评估结果相对来说比较客观公正，从而受到广大学者以及企业的青睐。因此本研究决定采用定性定量结合评估法构建生鲜超市服务型人员的培训评估体系。

四、培训评估指标

学者祖钦先（2006）[234]认为培训效果评估的要素指标可分为两类，一类是客观性的评价指标，如受训成绩、增涨利润率、次品减少率等；另一类是主观性的评价指标，如工作态度的提高、工作能力的增强等。两种类型的指标差别除了内容之外，还体现在指标数据的收集方式上。客观性评估指标通过考核获得，而主观性评估指标则通过调查、访谈等方式获得。

崔霞（2010）[235]在经过深入的研究之后，将培训效果评估指标分为四个层级，分别是一级指标、二级指标、三级指标和四级指标。其中，一级指标分别为准备阶段、培训过程以及培训结构的指标；二级指标分别为需求与战略、培训内容、培训方式、师资、保障、课堂参与度、效果和组织绩效；三级指标内容包括业务流程、客户、财务等22个指标；四级指标主要是对三级指标的深入，诸如能力的提高、工作的积极性、企业利润的增长等18个指标；

彭剑锋（2005）[170]、马涛（2007）[236]等人根据培训的不同时间段，建立了贯穿整个培训活动"培训前、中、后指标体系"，即在培训前、培训中以及培训后三个一级指标的基础之上，根据培训的对象、内容等方面进行分解最终确立了11个二级指标，以此对整个培训过程进行评价。任维仓（2009）[237]同样基于四层级评估模型设计了四层级评估指标。

国内其他学者，在柯氏评估模型的基础上，同样提出了诸多关于指标体系的构建方法。熊敏鹏（2007）[238]等人在柯氏模型的基础之上，设计了反应指标、学习指标、行为指标和结果指标的四级评估指标；沈亭亭（2008）[239]则在柯氏模型的反应层、学习层、行为层和效果层基础之上，建立了内容为培训内容的评价、对培训内容吸收的评价、顾客反映等9个二级指标和忠诚度、满意度、离职率等6个三级指标；陶祁、王重鸣（2006）[240]通过灵活运用适应性绩效，从而提出了包括持续学习、适应性等4个因素25个项目的绩效指标。

培训效果评估指标体系的构建决定了培训评估的准确度，指标的选择更多考虑的是其可测量性，因此，学者们在建设培训效果评估指标体系时都由具体的数据测量得到，如财务增长率、员工离职率等能通过数据计算得来的指标；而也有越来越多的学者在定量的基础上提出了结合定性指标的观点，即通过测量诸如员工忠诚度、顾客满意度等不可测量的指标来获得培训的效果数据。笔者认为，定量或者定性的指标数据并不能充分、客观地体现员工的培训结果，而只有综合运用两种指标才能真正测量出员工的培训效果。

五、培训效果评估中存在的问题

员工培训在企业员工培养中越来越受到学者和企业高管的重视，而培训效果评估作为企业员工培训活动中最重要的环节[241]，却并没有得到企业高层的重视，甚至有相当大的一部分企业并没有开展过培训评估活动。

学者周俊玲（2012）[210]在深入研究企业培训之后提出企业的培训效果评估仍然存在很多重点，企业高层对培训效果评估的重视不足，舍不得投入资金导致企业评估水平无法提高；企业的培训支持人员对培训效果评估缺乏系统的训练，评估技能掌握不够充分，评估方法较为单一，且缺乏相应的评估管理，进而导致企业无法进行全面的培训效果评估活动。

学者蒋园园（2011）[242]同样提出培训效果评估系统存在评估方式不够全面、评估方法过于单一、评估活动与实际情况相脱节等情况。该学者提出，企业在进行评估工作时应全面考量评估体系，制定多样的评估手段，将评估内容与工作情况相挂钩，客观衡量培训成果，并且在评估过程当中应建立培训评估数据系统以指导后续的培训活动。

周光旭（2007）[243]认为，影响培训效果评估的因素很多，员工培训的效果并不是能马上显现的，而是需要一段时间才能测量出来，因为培训的评估并不能及时、准确地进行，从而导致了培训效果评估的效果无法充分地体现。

学者何苗（2013）[244]在研究了公务员的培训机制之后发表了自己关于培训评估存在问题方面的观点，他认为，当前企业对员工培训效果评估的认识度不足，培训过程只重视培训次数以及投入等，却忽视了对培训效果的评价；培训师对员工培训评估采用的方式存在误区，没有综合各方面、各时间段对员工培训结果进行评估；并且，许多企业在进行培训评估之后，没有进行相应的培训评估反馈，导致员工对培训结果一无所知，从而影响后续的培训活动。

学者杨子祁（2013）[245]提出，企业培训评估的过程缺乏系统性，评估对象过于片面化；赵步同、谢学保（2008）[246]指出，企业虽在培训方面的投入力度加大，但是在培训评估方面的评价机制不够完善，评估活动与实际任务脱节严重；张丽华（2011）[247]认为，企业员工培训效果评估只停留在表层，评估不够深入，并且缺乏后续的跟踪调查。

综合众多学者的研究观点，笔者整理出当前企业培训效果评估体系存在的问题。第一，企业高层领导不够重视培训效果评估；第二，评估人员缺乏相应技能的训练，技能掌握不充分；第三，评估方法较为单一，无法全面地对培训活动进行评估；第四，评估缺乏相应的机制保障；第五，培训评估没有与工作相联系，导致评估与实际情况相脱节。

六、改善培训效果评估的对策

梁辉（2014）[248]等学者在卫生应急人员的培训效果评估体系中提出，高层领导应在思想上加强对培训效果评估工作的重视，密切关注评估工作的进行，对评估工作的参与者给予适当的奖惩，以提高培训参与人员的积极性。曾红（2013）[249]、陶华生（2014）[250]认为，要完善企业培训的评估体系，应建立完善、科学的评估手段，包括明确评估的目的以及选用最适用的评估工具。同时，应建立良好的沟通渠道，确保培训评估的领导方、参与方、执行方、关联方和受训方"五方"之间反馈机制的顺利运行。

学者李卓（2010）[251]为完善评估体系，提出"三结合一挂钩一提高"。"三结合"即定量和定性评估相结合、理论与实际相结合以及综合评估与重点评估相结合；"一挂钩"为评估结果与企业决策相挂钩；"一提高"为提高评估人员的培训技能掌握量。

学者周振环（2005）[252]指出，在进行培训评估时，应由熟悉企业经营业务与培训工作的人员组成专家队伍进行培训评估工作的开展，并对该队伍进行专项培训，统一专家成员的评估标准。贾芳芳（2012）[253]同样认为，对于企业培训效果评估的顺利进行，高层应加强对培训评估体系的重视，建立合理有效的评估体系，并且加强各方面人员之间的沟通，积极听取参与人员反馈的意见与建议，及时修正存在的问题，从而提高培训的有效性。

第三节　福建省生鲜超市服务型人员培训效果
影响因素分析与指标体系构建

一、培训效果影响因素分析

福建省生鲜超市的服务型人员在生鲜超市中是一个特殊的群体，他们人数众多，而且与顾客进行面对面的交流，因此，他们服务态度的好坏与服务能力的强弱直接影响到生鲜超市的整体形象与业绩。如何使服务型人员出色地胜任其工作岗位，已是生鲜超市刻不容缓的任务，培训便是解决这一难题的首选方式。为了生鲜超市服务型人员的培训能达到预期的效果，深刻剖析其培训效果的影响因素就成了重中之重。笔者经过深入调查分析，认为福建省生鲜超市服务型人员的培训效果影响因素主要包括服务型人员的培训意愿、培训内容、培训师资与环境、组织支持和培训考核五个方面。

（一）服务型人员的培训意愿

任何培训开展得是否顺利与成功，首要的基础便是培训人员的培训意愿。培训意愿强烈的员工往往会具有较高的积极性，无论是培训的出勤率与认真程度，还是对培训的安排都有较高的认可度和配合度。总体来说，生鲜超市的服务型人员的培训意愿取决于三个方面：工作责任心、职业发展需求及竞争压力。工作责任心是指员工对工作所肩负责任的认识和信念以及相对应的必须遵守既定规则、承担责任和义务的一种自发状态，工作责任心是一个员工做好本职工作的基本影响因素。因此，富有工作责任心的服务型员工会认为培训将有助于自己高质量高效率地完成本职工作，这是其对工作应尽的义务，就会有较强的培训意愿。而职业发展需求则是指员工对自己未来的职业生涯发展赋予较高的目标和追求，期望自己能在既定领域里在能力允许的情况下做得最好，成为领域的领军人物。富有职业发展需求的服务型人员会重视且喜欢参加培训，将培训视为提升自己知识和技能的重要途径，培训意愿自然比较高。竞争压力主要是指企业同等岗位之间的优胜劣汰机制，这也是决定培训人员培训意愿高低的重要因素。如果生鲜超市的服务型人员处于较为激烈的竞争之中，工作的压力就会随之提升，为了保证不被淘汰，绝大多数人会抓住培训的机会提升知识和技能，提高自身竞争力，其培训意愿自然提升。

（二）培训内容

培训内容对培训效果的影响至关重要，主要体现在培训内容的进度、难度、针对性、实用性、前瞻性及培训的方式和流程等方面。培训的进度影响生鲜超市服务型人员接受培训的程度，进度过快会使生鲜超市的服务型人员觉得所授内容一带而过难以把握，进度过慢又会使其产生厌烦情绪；培训的内容的难度要适中，难度过高会令服务型人员丧失信心，而难度过低又会使其觉得培训没有必要；培训具有针对性则会让服务型人员觉得有清晰的目标；培训的实用性无疑是服务型人员颇为看重的，这与其工作紧密相连，若是实用性强有助于服务型人员提升工作绩效则培训的兴趣浓厚，反之则兴趣不高；培训的前瞻性对于有职业生涯追求的服务型人员尤其具有吸引力，即使培训的内容与目前的工作并不十分切合，但他们敏锐的洞察力使其了解这是未来的方向，是提升自身价值不可错过的良机；培训的方式对培训效果也有一定的影响，若是填鸭式的讲授培训方式，效果未必如愿，若是寓教于乐的培训方式，大多能收到良好效果；培训流程的适当与否也对服务型人员的培训效果产生影响。

（三）培训师资与环境

培训的师资与环境也是决定培训效果的关键要素之一，主要包含培训的师资水平、设备、环境的舒适度、培训的管理及服务质量。培训的师资水平直接影响生鲜超市服务型人员接受培训内容的程度和层次，培训师如果高度具备专业知识，对所要培训的内容进行精心准备，拥有超强的表达能力，有丰富的授课经验与技巧，能够运用适当的培训教材与资料及对现场的问题具备随机应变的反应与解答能力，生鲜超市的服务型人员就能有效接收与消化培训内容。开展培训所用的设备也很重要，诸如投影仪等多媒体现代的培训设备能够更方便、更立体、更真实地展示所要培训的内容，而仅仅借助原始的黑板、粉笔等简陋的设备难以达到预期的培训效果。培训环境的舒适度将影响生鲜超市服务型人员的培训心情，干净整洁温度适中的培训环境能使他们身心愉悦全神贯注于培训，反之则分散其注意力。此外，培训的管理与服务也对培训的效果起到影响作用，如果管理有序则可以提高培训的效率，周到的服务也能提升生鲜超市服务型人员的愉悦度从而提升其培训效果。

（四）组织支持

从某种意义上来说，组织的支持是任何培训项目取得预期成效的根本保障，主要包含以下几个方面：第一，组织的重视程度，只有从生鲜超市的高层领导直至基层管理者都重视服务型人员的培训，培训才能被坚定不移地执行下去，不会中途而废不了了之；第二，调整服务型人员的工作时间安排支持培训，如果生鲜超市不给予培训员工便利去调整工作安排，他们便难以有集中的时间参加培训；第三，生鲜超市要大力提供培训费用资金投入，众所周知，资金是保证项目运转的基本前提，没有资金投入，培训项目就无从谈起；第四，生鲜超市给培训结业的服务型人员应用所训内容的机会，如果被培训后这些知识和技能毫无用处被束之高阁，培训自然没有效果；第五，服务型人员经培训提高的工作效率应该获得生鲜超市的奖励，这样才能增强服务型人员参加培训并认真进行培训的动力和积极性，使培训获得预期的成效；第六，服务型人员经培训工作能力全面提高后应获得晋升机会，生鲜超市提供晋升的通道和空间给培训表现优秀的人员，无疑是激励其获得最佳成效的有效手段。

（五）培训考核

培训考核对生鲜超市服务型人员的培训效果评估也有不可忽视的影响，主要体现在考核的方式与工具、考核人员的素质、考核中的人际关系和考核结果的反馈四个方面。考核方式与工具运用是否得当，体现出服务型人员培训考核的科学与否。传统的考核工具比较单一，往往通过书面测试等方式鉴定成绩就算结束了，没有后续检验受训人是否在工作中运用所培训的知识和技能，更没有定期测试受训人是否真正掌握受训内容。考核人员的素质对考核结果的鉴定至关重要，考核人员的专业知识、业务水平、是否存在偏见及能否全局把控评价都会影响到考核的公平性和客观性。考核中存在的人际关系也对考核结果产生影响，服务型人员若与考核人员具有亲属、朋友等较为亲近的关系，则可能有利于考核，反之则可能获得不利的考核结果；最后也是极为重要的就是考核结果的反馈，只有将考核结果反馈给受训的服务型人员，并与之一起分析取得了哪些成绩，存在哪些不足之处，受训人才能有针对性地改进提高，继而提升培训效果的整体水平。

二、培训效果评估指标体系构建

（一）指标体系初建

根据以上对福建省生鲜超市服务型人员培训效果评估影响因素的分析，本章初步构建福建省生鲜超市服务型人员培训效果评估指标体系一级指标体系，包括服务型人员培训意愿、培训内容、培训师资与环境、组织支持和培训考核。其中，服务型人员培训意愿包括工作责任心、职业发展需求和竞争压力3个指标；培训内容包括培训内容进度、难度、针对性、实用性、前瞻性及培训方式、流程共7个指标；培训师资与环境包括培训师资水平、设备、环境舒适度、培训管理和培训服务共5个指标；组织支持包括生鲜超市重视培训的程度、调整工作支持培训、培训费用投入力度、培训后应用机会、培训后效率提高获得奖励及培训后能力提高获得晋升6个因素；培训考核包括考核方式与工具、考核中的人际关系、考核人员素质及考核后结果的反馈共4个指标。整个指标体系共25个指标，如表5-1所示。

表5-1 服务型人员培训效果评估指标体系

一级指标	二级指标
服务型人员培训意愿	工作责任心 职业发展需求 竞争压力

表 5-1　服务型人员培训效果评估指标体系（续表）

一级指标	二级指标
培训内容	培训内容进度
	培训内容难度
	培训内容针对性
	培训内容实用性
	培训内容前瞻性
	培训方式
	培训流程
培训师资与环境	培训师资水平
	培训设备
	培训环境舒适度
	培训管理
	培训服务
组织支持	生鲜超市重视培训的程度
	调整工作支持培训
	培训费用投入力度
	培训后应用机会
	培训后效率提高获得奖励
	培训后能力提高获得晋升
培训考核	考核方式与工具
	考核人员素质
	考核中的人际关系
	考核结果的反馈

（二）指标体系优化

为检验福建省生鲜超市服务型人员培训评估指标体系是否能够真正反映服务型人员的培训效果，本章将初步构建的 25 个具体指标设计成问卷选项，通过匿名调研进行其信度和效度分析。25 个选项加上介绍语（简单介绍本次调研的主要目的以便被访者了解情况进行配合）形成调查问卷。问卷测量使用 Likert 5 点量表法，每个指标共 5 个选项，分别为"非常不同意""比较不同意""一般""比较同意""非常同意"，并依次用 1 分、2 分、3 分、4 分、5 分表示，分数越高表示同意程度越高。

本次调查问卷共发放 80 份，回收 75 份，有效问卷为 68 份，问卷有效率为 85%。本章用 SPSS18.0 对所回收样本进行效度和信度检验。

　　第一，问卷效度检验。本章主要探讨问卷的内容效度和建构效度。就内容效度而言，本研究问卷的确是经由笔者借鉴大量国内外研究成果进行分析概括，并参考生鲜超市培训方面的资深专家综合而成，得到生鲜超市培训领域行家的认可。对于建构效度的检验，本章将先采用项目－总体相关系数（CITC）分析法纠正条目，如表 5－2 所示。

表 5－2　项总计统计量

	校正的项总计相关性	项已删除的 α 值
A1 服务型人员的工作责任心影响培训效果	0.613	0.951
A2 服务型人员的职业发展需求影响培训效果	0.663	0.951
A3 服务型人员的竞争压力影响培训效果	0.653	0.951
A4 培训内容进度影响培训效果	0.295	0.953
A5 培训内容难度影响培训效果	0.650	0.951
A6 培训内容针对性影响培训效果	0.387	0.953
A7 培训内容实用性影响培训效果	0.651	0.951
A8 培训内容前瞻性影响培训效果	0.538	0.952
A9 培训方式影响培训效果	0.318	0.953
A10 培训流程影响培训效果	0.295	0.954
A11 培训师资水平影响培训效果	0.666	0.951
A12 培训设备影响培训效果	0.577	0.952
A13 培训环境舒适度影响培训效果	0.633	0.951
A14 培训管理水平影响培训效果	0.361	0.953
A15 培训服务影响培训效果	0.312	0.953
A16 生鲜超市重视培训的程度影响培训效果	0.665	0.951
A17 调整工作支持培训影响培训效果	0.375	0.953
A18 培训费用投入力度影响培训效果	0.610	0.951
A19 培训后应用机会影响培训效果	0.680	0.951
A20 培训后效率提高获得奖励影响培训效果	0.506	0.952
A21 培训后能力提高获得晋升影响培训效果	0.519	0.952
A22 培训考核方式与工具影响培训效果	0.602	0.951
A23 培训考核人员的素质影响培训效果	0.566	0.952
A24 培训考核中的人际关系影响培训效果	0.670	0.951
A25 培训考核结果的反馈影响培训效果	0.625	0.951

各个测量指标相关系数基本大于删除标准 0.5，除了 A4（0.295）、A6（0.387）、A9（0.318）、A10（0.295）、A14（0.361）、A15（0.312）和 A17（0.375）7 个题项小于 0.4。考虑到 A4、A6、A9、A10、A14、A15 和 A17 未达到显著水平，且项删除后，可使 Cronbach's α 值增加或不变，综合考虑，给予删除。最终，经项目 - 总体相关系数（CITC）条目净化，最终保留 18 个指标项。然后，对服务型人员的培训意愿、培训内容、培训师资与环境、组织支持和培训考核五个一级指标的累计方差贡献率进行检验，一般来说，各指标因子累计方差达 50% 以上，显示出量表建构效度达到可接受水平。检验效果如表 5 - 3 所示。

表 5 - 3　指标因子的方差贡献率

指标因子	初始特征值			提取平方和载入			旋转平方和载入		
	合计	方差的%	累计%	合计	方差的%	累计%	合计	方差的%	累计%
1	14.105	47.102	47.102	14.105	47.102	47.102	5.018	23.050	23.050
2	3.405	9.147	56.249	3.405	9.147	56.249	3.924	19.875	42.925
3	2.384	8.519	64.768	2.384	8.519	64.768	3.851	14.985	57.910
4	1.659	5.234	70.002	1.659	5.234	70.002	3.694	8.893	66.803
5	1.498	4.566	74.568	1.498	4.566	74.568	3.627	7.765	74.568

如表 5 - 3 所示，福建省生鲜超市服务型人员培训效果的指标因子累计方差贡献率为 74.568%，表明该量表具有可以接受的效度。

第二，问卷信度检验。问卷的信度检验就是指问卷的可靠性、一致性及其稳定性，常用的测量方法包括重测信度法、复本信度法、折半信度法及运用频率最高的 Cronbach's α 信度系数法。因为该研究量表使用 Likert 5 点量表的测量方法，而且问卷的指标项主要由答卷人对福建省生鲜超市服务型人员培训效果指标的态度构成，不符合重测信度针对事实式问卷的特点，而复本信度法的可操作性不够强，同时，虽然折半信度法与 Cronbach's α 都可以用于态度和意见式问卷的信度测量，但是由于 Cronbach's α 的使用更为常用，因此，本研究也运用 Cronbach's α 系数法检验福建省生鲜超市服务型人员培训效果指标量表的内在一致性。如表 5 - 4 所示。

表 5 – 4　服务型人员培训效果评估指标项总计相关性及 Cronbach's α

指标因子	题项	校正的项总计相关性	Cronbach's α 值	Cronbach's α 值
服务型人员的培训意愿	A1 服务型人员的工作责任心影响培训效果	0.649	0.869	0.928
	A2 服务型人员的职业发展需求影响培训效果	0.795		
	A3 服务型人员的竞争压力影响培训效果	0.789		
培训内容	A5 培训内容难度影响培训效果	0.712	0.854	
	A7 培训内容实用性影响培训效果	0.809		
	A8 培训内容前瞻性影响培训效果	0.735		
培训师资与环境	A11 培训师资水平影响培训效果	0.812	0.763	
	A12 培训设备影响培训效果	0.796		
	A13 培训环境舒适度影响培训效果	0.751		
组织支持	A16 生鲜超市重视培训的程度影响培训效果	0.821	0.802	
	A18 培训费用投入力度影响培训效果	0.754		
	A19 培训后应用机会影响培训效果	0.607		
	A20 培训后效率提高获得奖励影响培训效果	0.805		
	A21 培训后能力提高获得晋升影响培训效果	0.784		
培训考核	A22 培训考核方式与工具影响培训效果	0.655	0.746	
	A23 培训考核人员的素质影响培训效果	0.597		
	A24 培训考核中的人际关系影响培训效果	0.645		
	A25 培训考核结果的反馈影响培训效果	0.684		

　　一般而言，问卷的 Cronbach's α 系数若高于 0.6，通常可以认定为可信度较高。从表 5 – 4 可以看出，福建省生鲜超市服务型人员培训效果评估的指标题项的项总计相关系数均达到 0.6 以上，整个量表及各指标的 Cronbach's α 系数都在 0.75 以上，这说明整份量表具备比较高的可信度，研究结果比较可信。

　　（三）指标体系确立

　　通过福建省生鲜超市服务型人员培训效果评估指标体系的初建，并发放调查问卷，对调查问卷进行效度和信度的检验分析，与此同时，对指标体系进行优化，最终确立服务型人员培训效果评估指标体系由 5 个一级评价指标和 18 个二级评价指标构成，具体如表 5 – 5 所示，同时据此形成正式的调查问卷。

表5-5　服务型人员培训效果评估指标体系

一级指标	二级指标
服务型人员培训意愿	工作责任心 职业发展需求 竞争压力
培训内容	培训内容实用性 培训内容难度 培训内容前瞻性
培训师资与环境	培训师资水平 培训设备 培训环境舒适度
组织支持	生鲜超市重视培训的程度 培训费用投入力度 培训后应用机会 培训后效率提高获得奖励 培训后能力提高获得晋升
培训考核	考核方式与工具 考核人员素质 考核中的人际关系 考核结果的反馈

第四节　福建省生鲜超市服务型人员培训效果评估

一、评估方法——模糊综合评价法

（一）模糊综合评价法简介

在研究中经常会出现一些富有不确定性或者模糊性的事件或情况，运用模糊数学的方法来解决比较合适[254]。模糊综合评价法是通过运用模糊关系合成的基本原理，从多个因素多个角度对被评估事物的隶属等级状况进行综合评估的一种方法[255]。尤其是当被评估的事物具有比较多的影响因素而且又具有相当的不确定性和模糊性的时候，模糊综合评价法更能展现出其无与伦比的优越性。对福建省生鲜超市服务型人员培训效果状况进行评估，如前文所述，影响服务型人员培训效果的因素存在于多种方面，不能利用简单的单一的指标去衡量，而要进行多角度多重指标综合评价。模糊综合评价法所评估出来的结果不能简单地理解为好或者坏，带有一定的模糊性。

（二）模糊综合评价法的优点

本研究选择模糊综合评价法对福建省生鲜超市服务型人员培训效果状况进行评估，主要是因为模糊综合评价法具有以下优点：

1. 适用性强

模糊综合评价法能够对主观因素和客观因素同时进行评价。有些方法只能对客观因素进行评价，而对主观性强的因素却一筹莫展。针对富含主观性的问题，该方法能够进行模糊化处理，通过确定单一因素对评语集各等级的模糊隶属度，把因素从定性因素转化为定量指标。对于福建省生鲜超市服务型人员培训效果的评估，在什么样的状况下培训效果是良好的，在什么样的状况下培训效果是难以接受的，这个无法界定得非常清楚，带有比较强的模糊性，并且培训效果的指标评价体系中指标众多，适合采用该方法。

2. 简单易行

对于福建省生鲜超市服务型人员培训效果的评估，对生鲜超市服务型人员培训的开展具有非同寻常的意义，培训效果评估的结果直接关系到服务型人员培训的自检和改进。因此，生鲜超市服务型人员培训效果评估应该定期进行，而且每次评估应该遵循快捷高效的原则，以便为后期培训工作的开展提供指导。因此，培训效果评估的方法不能太复杂，以免使得培训效果评估流于形式，而模糊综合评价法正因其简单易行而适合本研究。

3. 能处理复杂问题

模糊综合评价法能够实施多级、多层次评价，并且评价过程是可以重复的。福建省生鲜超市服务型人员培训效果评估的影响因素众多，把这些方方面面的因素根据其特点和性质进行整合，划分归类为不同的层级和集合，这本身是一项烦琐而复杂的工作。然而，模糊综合评价法能够轻松整理不同的因素并进行归类，进一步为各因素的权重和隶属度的确定奠定基础，将复杂的问题简单处理。

4. 权重可调

不同的被评估事物中的不同因素可能具有不同的影响能力，因此，在评估过程中可能需要针对不同的因素设置不同的权重，福建省生鲜超市服务型人员培训效果的评估也是如此。评价者可以根据不同目的选用权重的确定方法，从而得到不同的评价结果。

（三）模糊综合评价法的步骤

1. 确定评价对象的因素集

因素集是指在对被评事物的综合评价中，所有评价指标所组成的集合[256]，如图 5 - 1 所示。

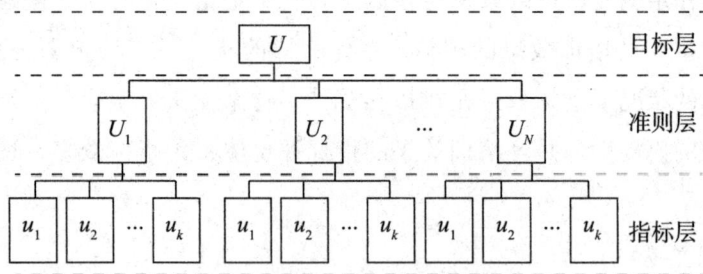

图 5 - 1   指标体系结构图

由上图可知，目标层是由多个准则层因素构成的，与此同时，各个准则层因素又由多个指标层因素构成。

对因素集 U 进行划分，即：

$$U = \{U_1, U_2, \cdots, U_N\} \tag{5-1}$$

式中，

$$U_i = \{u_1^{(i)}, u_2^{(i)}, \cdots, u_k^{(i)}\}, \ i = 1, 2, \cdots, N \tag{5-2}$$

也就是说，U_i 包含有 k_i 个因素，$\sum_{i=1}^{N} k_i = n$，同时要符合以下条件：$\bigcup_{i=1}^{N} U_i = U$，称 $U = \{U_1, U_2, \cdots, U_N\}$ 为第一级因素集；称 $U_i = \{u_1^{(i)}, u_2^{(i)}, \cdots, u_k^{(i)}\}$ 为第二级因素集。其中，N 指的是目标层包含准则层的数量，k 表示第 1，2，$\cdots$，N 个准则层包含指标层因素的数量。

2. 确定评价集

评价等级表示对被评事物每个因素评估等级的模糊概念，评价集一般表示为：

$$V = \{V_1, V_2, \cdots, V_m\} \tag{5-3}$$

每个等级都有一个对应的模糊子集，评价集包括评价者对被评价对象作出的评价结果[257]。

3. 建立单因素评价矩阵

对每个单因素指标 $u_j^{(i)}$（$i = 1, 2, \cdots, N$）进行量化，建立第 i 个因素的单因素评价集（$R \mid u_j^{(i)}$）：

$$R_j = (r_{j1}, r_{j2}, \cdots, r_{jm}) \quad j = 1, 2, \cdots, k \tag{5-4}$$

基于公式（5-4）求得单因素的评价矩阵：

$$R = \begin{bmatrix} R \mid u_1^{(i)} \\ R \mid u_2^{(i)} \\ \cdots \\ R \mid u_k^{(i)} \end{bmatrix} = \begin{bmatrix} r_{11}^{(i)} & r_{12}^{(i)} & \cdots & r_{1m}^{(i)} \\ r_{21}^{(i)} & r_{22}^{(i)} & \cdots & r_{2m}^{(i)} \\ \cdots & \cdots & \cdots & \cdots \\ r_{k1}^{(i)} & r_{k2}^{(i)} & \cdots & r_{km}^{(i)} \end{bmatrix}_{km} \tag{5-5}$$

4. 确定评价指标权重向量

确定单因素指标的权重向量是：

$$A_i = (a_{i1}, a_{i2}, \cdots, a_{in_i}), \quad \sum_{k=1}^{n_i} a_{ik} = 1 \text{ 且 } a_{ik} \geq 0 \tag{5-6}$$

5. 选择合成算子

合成算子是指为获取评价结果所选择的耦合方式，基本包含 4 种算子

（1）M（$\wedge$，$\vee$）算子 $\wedge$ 表示取小，$\vee$ 表示取大

$$B_k = \bigvee_{j=1}^{m} (a_j \wedge r_{jk}) = \max_{1 \leq j \leq m} \{\min (a_j, r_{jk})\}, \quad k = 1, 2, \cdots, n \tag{5-7}$$

（2）M（$\cdot$，$\vee$）算子 $\cdot$ 表示相乘

$$B_k = \bigvee_{j=1}^{m} (a_j \cdot r_{jk}) = \max_{1 \leq j \leq m} \{\min (a_j \cdot r_{jk})\}, \quad k = 1, 2, \cdots, n \tag{5-8}$$

（3）M（$\wedge$，$\oplus$）算子 $\oplus$ 表示相加

$$B_k = \sum_{i=1}^{m} \min (a_j, r_{jk}), \quad k = 1, 2, \cdots, n \tag{5-9}$$

（4）M（$\cdot$，$\oplus$）算子

$$B_k = \sum_{j=1}^{m} a_j r_{jk}, \quad k = 1, 2, \cdots, n \qquad (5-10)$$

6. 合成模糊综合评价结果

将权向量矩阵 A 与模糊关系矩阵 R 合成得到模糊综合评价结果向量 B，即：

$$A \circ R = (a_1, a_2, \cdots, a_k) \begin{bmatrix} r_{11} & r_{12} & \cdots & r_{1m} \\ r_{21} & r_{22} & \cdots & r_{2m} \\ \cdots & \cdots & \cdots & \cdots \\ r_{k1} & r_{k2} & \cdots & r_{km} \end{bmatrix} = (b_1, b_2, \cdots, b_m) = B \qquad (5-11)$$

这里，算子"。"可取（$\wedge$，$\vee$）或（·，$\oplus$）[258]。

7. 模糊综合评判结果的处理

因为模糊综合评判集 B 是评价集 V 上的模糊子集，因此通常被称为综合评判的结果，并据此确定最终的满意解[259]。一般运用最大隶属度法，即取 V 中与 $\max\limits_{1 \leq j \leq m} b_j$ 最为"接近"的元素 v 作为评价结果，即：

$$v = \{ v_j \mid v_j \rightarrow \max (b_j) \} \qquad (5-12)$$

二、福建省生鲜超市服务型人员培训效果评估过程

（一）建立评估因素集及其分层

影响福建省生鲜超市服务型人员培训效果的因素很多，根据前文表5-5建立的评估指标体系，服务型人员培训意愿、培训内容、培训师资与环境、组织支持和培训考核五个因素组成了生鲜超市服务型人员培训效果综合评价的第一层评价因素集：即 $U = \{U_1, U_2, U_3, U_4, U_5\}$＝｛服务型人员培训意愿，培训内容，培训师资与环境，组织支持，培训考核｝，第一层的每一个评价因素又被细分为多个第二层因素，分别为：

$U_1 = \{u_{11}, u_{12}, u_{13}\}$＝｛工作责任心，职业发展需求，竞争压力｝＝服务型人员培训意愿；

$U_2 = \{u_{21}, u_{22}, u_{23}\}$＝｛培训内容实用性，难度，前瞻性｝＝培训内容；

$U_3 = \{u_{31}, u_{32}, u_{33}\}$＝｛培训师资水平，设备，环境舒适度｝＝培训师资与环境；

$U_4 = \{u_{41}, u_{42}, u_{43}, u_{44}, u_{45}\}$＝｛生鲜超市重视培训的程度，培训费用

投入力度，培训后应用机会，培训后效率提高获得奖励，培训后能力提高获得晋升}＝组织支持；

$U_5 = \{u_{51}, u_{52}, u_{53}, u_{54}\} = \{$考核方式与工具，考核中的人际关系，考核人员素质，考核后结果反馈$\}$＝培训考核。

福建省生鲜超市服务型人员培训效果评估指标体系集及分层见表5-6。

表5-6　培训效果评估指标体系集表

	一级指标	二级指标
福建省生鲜超市服务型人员培训效果评估指标体系 U	服务型人员培训意愿 U_1	工作责任心 u_{11} 职业发展需求 u_{12} 竞争压力 u_{13}
	培训内容 U_2	培训内容实用性 u_{21} 培训内容难度 u_{22} 培训内容前瞻性 u_{23}
	培训师资与环境 U_3	培训师资水平 u_{31} 培训设备 u_{32} 培训环境舒适度 u_{33}
	组织支持 U_4	生鲜超市重视培训的程度 u_{41} 培训费用投入力度 u_{42} 培训后应用机会 u_{43} 培训后效率提高获得奖励 u_{44} 培训后能力提高获得晋升 u_{45}
	培训考核 U_5	考核方式与工具 u_{51} 考核人员素质 u_{52} 考核中的人际关系 u_{53} 考核结果的反馈 u_{54}

（二）建立培训效果评价集

根据评估的需要，将福建省生鲜超市服务型人员培训效果评估的等级标准划分为"优秀""良好""一般""较差"和"很差"五个等级，分别对应百分制的"90—100""80—89""70—80""50—69"和"50以下"。据此，福建省生鲜超市服务型人员培训效果评估的评语集合为：

$V = \{V_1, V_2, V_3, V_4, V_5\} = \{$优秀，良好，一般，较差，很差$\}$

福建省生鲜超市服务型人员培训效果评估的综合评判等级如表 5 - 7 所示。

表 5 - 7　培训效果评估的综合评判等级表

效果等级	优秀	良好	一般	较差	很差
分数	100—90	89—75	74—60	59—50	50 以下

（三）建立单因素评价矩阵

由福建省生鲜超市高层管理人员、培训专家及服务型员工中的资深优秀员工共同组成的评价小组根据培训效果评价集对表 5 - 6 中的各个因素进行打分。

假设评价小组成员有 k 人，k 个成员对 u_i 被评为 v_j 的评分分别为 c_{ij1}，c_{ij2}，…，c_{ijk}，其中 $0 \leq c_{ijp} \leq 100$，（$p = 1, 2, …, k$；$i = 1, 2, …, n$；$j = 1,$

$2, …, m$），求其平均值，则 $r_{ij}' = \dfrac{c_{ij1} + c_{ij2} + … + c_{ijk}}{k}$ $\hspace{1cm}$ (5 - 13)

对每一因素进行归一化处理：

$$r_{ij} = \frac{r_{ij}'}{r_{i1}' + r_{i2}' + … + r_{im}'} \hspace{1cm} (5 - 14)$$

即可获得福建省生鲜超市服务型人员培训效果评估的某一单因素评价结果。此次对福建省生鲜超市服务型人员培训效果的评价一共邀请了 15 位专家，对评价指标体系中的每个指标逐个打分，然后求其平均值，并进行归一化处理，就得到指标体系中每一因素的评价结果，见表 5 - 8。

表 5 - 8　福建省生鲜超市服务型人员培训效果评价指标及单因素评价结果表

	一级指标	二级指标	单因素评价结果				
			优秀	良好	一般	较差	很差
福建省生鲜超市服务型人员培训效果评估指标 U	服务型人员培训意愿 U_1	工作责任心 u_{11}	0.2	0.2	0.4	0.1	0.0
		职业发展需求 u_{12}	0.1	0.2	0.3	0.3	0.1
		竞争压力 u_{13}	0.5	0.3	0.1	0.1	0.0
	培训内容 U_2	培训内容实用性 u_{21}	0.2	0.2	0.4	0.1	0.1
		培训内容难度 u_{22}	0.1	0.2	0.5	0.2	0.0
		培训内容前瞻性 u_{23}	0.1	0.1	0.3	0.3	0.2

表5-8 福建省生鲜超市服务型人员培训效果评价指标及单因素评价结果表（续表）

	一级指标	二级指标	单因素评价结果				
			优秀	良好	一般	较差	很差
福建省生鲜超市服务型人员培训效果评估指标 U	培训师资与环境 U_3	培训师资水平 u_{31}	0.3	0.2	0.4	0.1	0.0
		培训设备 u_{32}	0.1	0.2	0.3	0.4	0.0
		培训环境舒适度 u_{33}	0.1	0.2	0.5	0.1	0.1
	组织支持 U_4	生鲜超市重视培训的程度 u_{41}	0.1	0.1	0.2	0.4	0.2
		培训费用投入力度 u_{42}	0.0	0.1	0.2	0.3	0.4
		培训后应用机会 u_{43}	0.1	0.2	0.3	0.1	0.3
		培训后效率提高获得奖励 u_{44}	0.1	0.2	0.4	0.2	0.1
		培训后能力提高获得晋升 u_{45}	0.1	0.2	0.2	0.2	0.3
	培训考核 U_5	考核方式与工具 u_{51}	0.0	0.1	0.4	0.3	0.2
		考核人员素质 u_{52}	0.1	0.2	0.5	0.3	0.0
		考核中的人际关系 u_{53}	0.1	0.1	0.4	0.3	0.1
		考核结果的反馈 u_{54}	0.0	0.1	0.2	0.3	0.4

由表5-8可知，各单因素的评价矩阵分别为

$$R_1 = \begin{bmatrix} 0.2 & 0.2 & 0.4 & 0.1 & 0.0 \\ 0.1 & 0.2 & 0.3 & 0.3 & 0.1 \\ 0.5 & 0.3 & 0.1 & 0.1 & 0.0 \end{bmatrix} \qquad R_2 = \begin{bmatrix} 0.2 & 0.2 & 0.4 & 0.1 & 0.1 \\ 0.1 & 0.2 & 0.5 & 0.2 & 0.0 \\ 0.1 & 0.1 & 0.3 & 0.3 & 0.2 \end{bmatrix}$$

$$R_3 = \begin{bmatrix} 0.3 & 0.2 & 0.4 & 0.1 & 0.0 \\ 0.1 & 0.2 & 0.3 & 0.4 & 0.0 \\ 0.1 & 0.2 & 0.5 & 0.1 & 0.1 \end{bmatrix} \qquad R_4 = \begin{bmatrix} 0.1 & 0.1 & 0.2 & 0.4 & 0.2 \\ 0.0 & 0.1 & 0.2 & 0.3 & 0.4 \\ 0.1 & 0.2 & 0.3 & 0.1 & 0.3 \\ 0.1 & 0.2 & 0.4 & 0.2 & 0.1 \\ 0.1 & 0.2 & 0.2 & 0.2 & 0.3 \end{bmatrix}$$

$$R_5 = \begin{bmatrix} 0.0 & 0.1 & 0.4 & 0.3 & 0.2 \\ 0.1 & 0.2 & 0.5 & 0.3 & 0.0 \\ 0.1 & 0.1 & 0.4 & 0.3 & 0.1 \\ 0.0 & 0.1 & 0.2 & 0.3 & 0.4 \end{bmatrix}$$

（四）设置评价指标权重

根据前文构建的福建省生鲜超市服务型人员培训效果评估指标体系，通过培训效果评估小组成员对各指标的相对重要性给出量化，经过所有成

员一起充分讨论和协商,在各位成员意见相对比较一致的基础上构造相应的判断矩阵。为了使各个指标两两比较获得量化的 a_{ij} (a_{ij} 是要素 i 与要素 j 相比的重要性标度),给出 a_{ij} 的量化标度值。

1. 一级指标权重的设定

构建"$U - U_1$,U_2,U_3,U_4,U_5"判断矩阵计算一级指标权重,并进行相容性分析,详见表 5 - 9。

表 5 - 9 一级指标权重表

U	U_1	U_2	U_3	U_4	U_5	W_i^0	λ_{max}
U_1	1	3	7	1	5	0.362	
U_2	1/3	1	5	1/3	3	0.163	
U_3	1/7	1/5	1	1/7	1/2	0.043	5.129
U_4	1	3	7	1	5	0.362	
U_5	1/5	1/3	2	1/5	1	0.070	

由表 5 - 9 计算出 CI = 0.032,CR = 0.029 < 0.1,满足一次性检验。

2. 二级指标权重的设定

分别构建每个一级指标的二级指标判断矩阵,详见表 5 - 10 至表 5 - 14。

表 5 - 10 二级指标权重表(1)

U_1	u_{11}	u_{12}	u_{13}	W_i^0	λ_{max}
u_{11}	1	1/3	1/7	0.083	
u_{12}	3	1	1/5	0.193	3.111
u_{13}	7	5	1	0.724	

由表 5 - 10 计算出 CI = 0.056,CR = 0.097 < 0.1,满足一次性检验。

表 5 - 11 二级指标权重表(2)

U_2	u_{21}	u_{22}	u_{23}	W_i^0	λ_{max}
u_{21}	1	5	7	0.724	
u_{22}	1/5	1	3	0.193	3.111
u_{23}	1/7	1/3	1	0.083	

由表计算出 CI = 0.056,CR = 0.097 < 0.1,满足一次性检验。

表 5 - 12　二级指标权重表（3）

U_3	u_{31}	u_{32}	u_{33}	W_i^0	λ_{max}
u_{31}	1	3	7	0.669	
u_{32}	1/3	1	3	0.243	3.011
u_{33}	1/7	1/3	1	0.088	

由表 5 - 12 计算出 CI = 0.006，CR = 0.009 < 0.1，满足一次性检验。

表 5 - 13　二级指标权重表（4）

U_4	u_{41}	u_{42}	u_{43}	u_{44}	u_{45}	W_i^0	λ_{max}
u_{41}	1	3	7	5	9	0.503	
u_{42}	1/3	1	5	3	7	0.260	
u_{43}	1/7	1/5	1	1/3	3	0.068	5.374
u_{44}	1/5	1/3	3	1	5	0.134	
u_{45}	1/9	1/7	1/3	1/5	1	0.035	

由表 5 - 13 计算出 CI = 0.094，CR = 0.084 < 0.1，满足一次性检验。

表 5 - 14　二级指标权重表（5）

U_5	u_{51}	u_{52}	u_{53}	u_{54}	W_i^0	λ_{max}
u_{51}	1	5	7	3	0.558	
u_{52}	1/5	1	3	1/3	0.122	
u_{53}	1/7	1/3	1	1/5	0.057	4.177
u_{54}	1/3	3	5	1	0.263	

由表 5 - 14 计算出 CI = 0.059，CR = 0.066 < 0.1，满足一次性检验。

3. 综合指标权重

基于上文的分析计算，可得福建省生鲜超市服务型人员培训效果评估指标体系权重如下：

各子集权重（一级权重）=（a_1，a_2，a_3，a_4，a_5）=（0.362，0.163，0.043，0.362，0.070）

各子集 U_i（i = 1，2，3，4，5）中诸要素的权重（二级权重）分别为：

A_1 =（a_{11}，a_{12}，a_{13}）=（0.083，0.193，0.724）

A_2 =（a_{21}，a_{22}，a_{23}）=（0.724，0.193，0.083）

A_3 =（a_{31}，a_{32}，a_{33}）=（0.669，0.243，0.088）

A_4 =（a_{41}，a_{42}，a_{43}，a_{44}，a_{45}）=（0.503，0.260，0.068，0.134，

0.035）

$$A_5 = (a_{51}, a_{52}, a_{53}, a_{54}) = (0.558, 0.122, 0.057, 0.263)$$

（五）模糊综合评价

基于前文的分析运算，运用多因素多级模糊综合评价方法，对福建省生鲜超市服务型人员培训效果进行综合评价：

$$B_1 = A_1 \circ R_1 = (0.083, 0.193, 0.724) \circ \begin{vmatrix} 0.2 & 0.2 & 0.4 & 0.1 & 0.0 \\ 0.1 & 0.2 & 0.3 & 0.3 & 0.1 \\ 0.5 & 0.3 & 0.1 & 0.1 & 0.0 \end{vmatrix}$$

$$B_1 = (0.398 \quad 0.272 \quad 0.164 \quad 0.139 \quad 0.019)$$

$$B_2 = A_2 \circ R_2 \ (0.724, 0.193, 0.083) \circ \begin{vmatrix} 0.2 & 0.2 & 0.4 & 0.1 & 0.1 \\ 0.1 & 0.2 & 0.5 & 0.2 & 0.0 \\ 0.1 & 0.1 & 0.3 & 0.3 & 0.2 \end{vmatrix}$$

$$B_2 = (0.172 \quad 0.192 \quad 0.411 \quad 0.136 \quad 0.089)$$

$$B_3 = A_3 \circ R_3 \ (0.669, 0.243, 0.088) \begin{vmatrix} 0.3 & 0.2 & 0.4 & 0.1 & 0.0 \\ 0.1 & 0.2 & 0.3 & 0.4 & 0.0 \\ 0.1 & 0.2 & 0.5 & 0.1 & 0.1 \end{vmatrix}$$

$$B_3 = (0.234 \quad 0.200 \quad 0.385 \quad 0.173 \quad 0.009)$$

$$B_4 = A_4 \circ R_4 \ (0.503, 0.260, 0.068, 0.134, 0.035) \circ \begin{vmatrix} 0.1 & 0.1 & 0.2 & 0.4 & 0.2 \\ 0.0 & 0.1 & 0.2 & 0.3 & 0.4 \\ 0.1 & 0.2 & 0.3 & 0.1 & 0.3 \\ 0.1 & 0.2 & 0.4 & 0.2 & 0.1 \\ 0.1 & 0.2 & 0.2 & 0.2 & 0.3 \end{vmatrix}$$

$$B_4 = (0.074 \quad 0.127 \quad 0.239 \quad 0.322 \quad 0.254)$$

$$B_5 = A_5 \circ R_5 = (0.558, 0.122, 0.057, 0.263) \begin{vmatrix} 0.0 & 0.1 & 0.4 & 0.3 & 0.2 \\ 0.1 & 0.2 & 0.5 & 0.3 & 0.0 \\ 0.1 & 0.1 & 0.4 & 0.3 & 0.1 \\ 0.0 & 0.1 & 0.2 & 0.3 & 0.4 \end{vmatrix}$$

$$B_5 = (0.018 \quad 0.062 \quad 0.360 \quad 0.300 \quad 0.223)$$

本研究的算子采用（·，＋）算子，因为该算子不但综合考虑所有因素的影响，而且还能够保留单因素评价的全部信息。

由 B_1，B_2，B_3，B_4，B_5，构成福建省生鲜超市服务型人员培训效果评估的总模糊综合评价矩阵：

$$R = (B_1, B_2, B_3, B_4, B_5)^T = \begin{vmatrix} 0.398 & 0.272 & 0.164 & 0.139 & 0.019 \\ 0.172 & 0.192 & 0.411 & 0.136 & 0.089 \\ 0.234 & 0.200 & 0.385 & 0.173 & 0.009 \\ 0.074 & 0.127 & 0.239 & 0.322 & 0.254 \\ 0.018 & 0.062 & 0.360 & 0.300 & 0.223 \end{vmatrix}$$

由综合指标权重可知一级指标权重：

$(a_1, a_2, a_3, a_4, a_5) = (0.362, 0.163, 0.043, 0.362, 0.070)$，则总因素的模糊评价结果为：

$C = A \circ R$ $(0.362, 0.163, 0.043, 0.362, 0.070)$

$C = (0.210\ \ 0.189\ \ 0.255\ \ 0.234\ \ 0.129)$
$\begin{vmatrix} 0.398 & 0.272 & 0.164 & 0.139 & 0.019 \\ 0.172 & 0.192 & 0.411 & 0.136 & 0.089 \\ 0.234 & 0.200 & 0.385 & 0.173 & 0.009 \\ 0.074 & 0.127 & 0.239 & 0.322 & 0.254 \\ 0.018 & 0.062 & 0.360 & 0.300 & 0.223 \end{vmatrix}$

按照最大隶属度原则，可认定目前福建省生鲜超市服务型人员的培训效果尚属于一般状况，分值在 60—74 之间。这说明了福建省目前不少生鲜超市意识到服务型人员培训的重要性，但培训效果却不理想，没有收到预期的效果。

第五节　福建省生鲜超市服务型人员培训效果提升路径研究

一、激发服务型人员培训意愿

福建省生鲜超市服务型人员的培训意愿对其整个培训效果具有举足轻重的作用。只有服务型人员自身具有强烈的培训意愿，才会充满超强的驱动力和积极主动性去认真参与培训，并将所培训知识与技能消化吸收乃至应用到实际工作中，内化为自身所有，提升整体培训效果。

首先，加强服务型人员的工作责任心与竞争意识去提升其培训意愿。只有让服务型人员端正态度，使其意识到培训是其工作的一部分，只有积极参与培训，才能提高工作所需的知识与技能，进而才能将本职工作做得更好。与此同时，要让生鲜超市的服务型人员意识到，当今时代是个充满激烈竞争的时代，如果不能不断提升自我价值，就难以在竞争中立于不败之地，而培训无疑是最好的提升自我价值的途径。由此，服务型人员的培训意愿将大幅提升。

其次，做好服务型人员的职业生涯发展规划。针对不同类型的生鲜超市的服务型人员做好相应的职业生涯发展规划，帮助他们了解自身的优势所在，也清楚知晓自身的短板，想在自己的职业生涯中不停地攀登高峰，必须充分发挥优势，通过培训弥补缺陷。与此同时，生鲜超市需要辅以激励机制去激励服务型人员在职业生涯中不断发展，尤其是一旦经过培训自身综合能力增强，组织应给予晋升通道与空间，使其在职业生涯发展中更进一步；即使经过培训只是服务型人员的生产效率有所提高，生鲜超市也应该配备相应的物质或精神奖励，如根据每个人不同的情况发奖金、给予带薪休假、评为"工作标兵"或者与公司高管共进晚餐等不同的奖励。经过这些措施，使培训效果显著的服务型人员得到实实在在的物质利益，或者得到他人的认可，或者得以晋升，激发服务型人员的培训意愿，提升整体的培训效果。

二、制定实用有效的培训内容

目前福建省生鲜超市服务型人员的培训内容不实用，对生鲜超市造成不良后果，主要表现为大多培训课程无法落地，不能体现出由于培训对生鲜超市产生的价值，这将导致众多生鲜超市对培训产生不信任甚至排斥，不利于生鲜超市的发展壮大。因此，制定实用有效的培训内容至关重要。

首先，设置实用有效的培训内容必须以生鲜超市服务型人员的需求为导向。必须完全改变以往单方面确定培训内容，命令生鲜超市的服务型人员统一参加培训的方式，该形式容易导致所学内容与所用相分离。必须树立正确的培训观念，以生鲜超市服务型人员的需求为基础，做好培训前的调研工作，真正了解其需要哪些方面的知识和技能，以保证培训内容不但能和当前工作密切挂钩，又能适当超前于当前的工作要求，具有一定的前瞻性。

其次，实现培训内容的实用性，需在培训理念上保障"两个转变"。一方面是需要告知生鲜超市的服务型人员"是什么"转变为启发生鲜超市的服务型人员发现"是什么"，这个过程艰难又漫长，只是一旦完成这个过程的蜕变，将使生鲜超市的服务型人员受益无穷。这一转变需要高度重视从服务型人员身边发生的大事小事中总结出有一定规律性的东西，促进服务型人员之间的沟通与交流及与培训讲师之间的咨询和点拨，引导和开发服务型人员思维方式的改变，自主地去发现问题的本质及寻求解决对策。另一方面是在培训内容的传递方式上要注意从传统的单向讲授为主转变为培训讲师和服务型人员的双向互动交流，尤其要注意提升生鲜超市服务型人员在培训中的学习主体的地位，充分调动起其学习的积极性和主观能动性，如利用案例教学法和角色扮演法等方式进行研讨、交流和实践，真正体现翻转式课堂的作用，保证培训内容的实用有效。

三、保障师资力量和培训环境

福建省生鲜超市服务型人员的培训效果提升，保障高水平的师资力量及构建适宜的培训环境是必不可少的，因为服务型人员的培训能不能取得预期的效果，不仅仅取决于服务型人员的培训学习方式和积极主动性，培训讲师的实力和授课技能等因素也非常重要，此外，生鲜超市是否具备适宜的培训环境也是重要影响因素。

首先，聘请具有深厚专业知识和丰富培训经验的培训讲师。无论是生鲜超市的内部培训师，还是从培训机构或者其他渠道邀请的培训人员，必须是具备生鲜超市行业资深的行业背景，深厚的专业知识及富有授课经验的一些培训讲师或者行业专家。如若聘请外部的培训讲师，务必请培训讲师先将本生鲜超市服务型人员目前的状况了解清楚，再将所要授课内容与实际情况相结合，做到有的放矢。为了不断提升生鲜超市服务型人员的培训效果，保证培训讲师的授课质量，就要进行讲师授课效果的跟踪调查和评估，通过随堂调查、座谈会或者个别谈话等方式了解服务型人员对授课的想法，并将其反馈给培训讲师，以提高培训效果。

其次，打造适宜培训的环境是提升生鲜超市服务型人员培训效果的重要保证。一方面体现在培训过程中利用先进的设备及提供舒适的培训环境。先进的设备如投影仪等多媒体为生鲜超市服务型人员的培训方式提供了无限可能性，不再受白板黑字的局限；舒适的培训环境可以增进服务型人员的愉悦感，提高培训注意力。另一方面体现在构建学习型的企业文化。美国学者彼得·圣吉曾提出，学习型组织能够促使企业全体成员进行不断学习，是具备超强适应力和变革力的组织。21世纪是个充满激烈竞争的时代，生鲜超市想要在竞争中立于不败之地，必须构建学习型的企业文化，为服务型人员的培训提供肥沃的土壤，为其培训成果的转化提供便利条件，提升其培训效果。

四、争取组织高水平的支持度

在福建省生鲜超市服务型人员的培训工作中，生鲜超市及其管理层的支持程度决定该培训工作能否顺利进行及取得何种程度的效果。如果生鲜超市及其管理层对服务型人员的培训及其效果评估持肯定与支持的态度，甚至能够积极参与其中，将会大力推动该项培训工作的进展程度及效果；反之，服务型人员的培训及其效果评估可能终将不了了之。

首先，提高生鲜超市及其管理层对服务型人员培训的重视程度，加大资金投入力度。生鲜超市对服务型人员培训工作本身不重视，认为培训是可有可无的事情，有的生鲜超市管理层甚至认为对服务型人员进行培训只是增加了服务型人员自身的价值，诱发其流动的意向，为他人做嫁衣，这些错误的认识引发对服务型人员的培训重视程度不高、不舍得投入资金支持，最终导致培训效果不甚理想。生鲜超市的管理层必须意识到对服务人员的培训是整个生鲜超市培训系统很重要的一部分，其效果能否达到预期的目标直接影响到生鲜超市的运营好坏。将服务型人员的培训置于生鲜超市战略的高度，将其视为一项重要的投资进行高度重视，必须投入大量的资金支持才能保障福建省生鲜超市服务型人员培训效果的达成。

其次，生鲜超市必须为已经参加培训的服务型人员提供应用的机会。众所周知，历来职业技能强调"熟能生巧"，如果服务型人员已经培训完成，但是生鲜超市根本不提供应用的机会或者合适的岗位供其使用并不断实践其所学的知识与技能，服务型人员终究会将培训内容淡忘。生鲜超市提供合适的岗位或者机会使服务型人员应用其培训知识，是将其所学知识与技能进行培训成果转化的重要前提，而培训成果能否转化直接决定服务型人员培训效果的高低。因此，生鲜超市尽量通过轮岗、代职等方式为受训的服务型人员提供应用的机会，遵循人岗匹配的原则，提高其培训效果。

五、构建科学的培训考核体系

构建科学的培训考核体系对福建省生鲜超市服务型人员培训的效果评估是不可或缺的组成部分，它是服务型人员培训效果得以科学评估的重要保障，它为培训效果的评估提供可供参考的依据和手段。如果培训考核体系设定得不够科学合理，生鲜超市服务型人员培训效果的评估可能无法被正确体现。

首先，生鲜超市服务型人员培训效果评估要采用科学合理的考核方式进行考核。目前福建省大部分生鲜超市基本采用考试的方式进行服务型人员培训的考核，这种方式虽然具有一定有效性，但是它也具有短时间记忆的突击效果，大多数人考试结束就将培训内容基本还给了讲师，并不能保证在以后的工作中能熟练运用培训知识和技能。对于生鲜超市的服务型人员培训效果的评估要结合考试，综合运用成本收益法、现场观察法、定期考评法等多种方法，对其培训效果进行多方位的展现。

其次，要提升考评人员的素质，正确处理考评过程中发生的各种人际关系。考评人员的素质对福建省生鲜超市服务型人员培训效果的评估具有不可忽视的重要影响，只有考评人员具有深厚的专业背景，具备评估设计、制订评估计划与工具及观察的能力，才能从收集到的相关数据中公正客观地评定服务型人员的培训效果。考评人员不能因个人恩怨或者主观偏见对被考评者进行不公正的评价，更要处理好考评过程中涉及的工作利益关系，作出科学全面的评估。

最后，福建省生鲜超市服务型人员培训效果的评估必须重视评估效果对服务型人员的反馈。建立评估效果反馈机制，并对其进行培训效果评估反馈辅导，服务型人员才能清楚知晓自身存在何种问题，也才能更有针对性地去改进和完善。至此，培训效果评估系统形成一个封闭的圆，进行不断循环，福建省生鲜超市服务型人员培训效果才能得以从本质上进一步地提升。

第六节　研究结论和展望

一、主要结论

第一，本研究经过综合分析前人的研究成果及实地考察福建省生鲜超市，历经发问卷调查并进行数据分析等环节，最后形成福建省生鲜超市服务型人员培训效果评估的指标体系。该体系分为 5 个一级指标和 18 个二级指标，其中一级指标包括服务型人员培训意愿、培训内容、培训师资与环境、组织支持和培训考核；二级指标包括工作责任心、职业发展需求、竞争压力、培训难度、培训实用性、培训前瞻性、培训师资水平、设备、环境舒适度、生鲜超市重视培训的程度、培训费用投入力度、培训后应用机会、培训后效率提高获得奖励及培训后能力提高获得晋升、考核方式与工具、考核中的人际关系、考核人员素质及考核后结果反馈。

第二，本研究利用 AHP 进行福建省生鲜超市服务型人员培训效果评估的指标体系的权重赋值，一级指标权重分别为（0.362，0.163，0.043，0.362，0.070），其中，服务型人员培训意愿的权重赋值为（0.083，0.193，0.724）；培训内容的权重赋值为（0.724，0.193，0.083）；培训师资与环境的权重赋值为（0.669，0.243，0.088）；组织支持的权重赋值为（0.503，0.260，0.068，0.134，0.035）；培训考核的权重赋值为（0.558，0.122，0.057，0.263）。然后，利用模糊综合评价法对福建省生鲜超市服务型人员的培训效果进行综合评估，评估结果为属于一般状况，分值在60—74 之间。这说明了福建省目前不少生鲜超市意识到服务型人员培训的重要性，但培训效果却不理想，没有收到预期的效果。

第三，本研究针对福建省生鲜超市服务型人员的培训效果的评估，提出通过激发服务型人员的培训意愿、制定实用有效的培训内容、保障培训师资与环境、争取组织高水平的支持度和构建科学有效的考核体系五种途径来提升福建省生鲜超市服务型人员的培训效果。

二、研究展望

关于福建省生鲜超市服务型人员培训效果评估的研究样本选择方面，后续的研究要尽可能加大研究范围，尽量从研究对象数量和地区上增加样本，福州以外的其他地区都要有一定的涉及，使研究所取的样本数据比较具代表性。与此同时，后续的研究还可以根据不同地域生鲜超市的特点分层取样，展开对比研究，继续探讨不同地域的生鲜超市服务型人员的特征及培训效果状况。此外，在研究方法上，尽量多尝试几种研究方法，以寻求最合适的研究福建省生鲜超市服务型人员培训效果评估的研究方法。

第六章 阿米巴管理模式下
生鲜超市绩效评价研究

第一节 绪论

随着我国经济的快速发展，市场的可变性不断加强，在变幻莫测的市场环境中，企业要谋求生存和发展，就必须适应市场的变化，不断提升自身的综合实力。因此，企业的管理者必须要看到管理的重要意义，从经营理念到财务状态都须与市场需求契合，从而最大可能地提高企业的绩效。要完善企业的管理体制，完善的绩效管理是企业所有管理内容中非常重要的一环，而绩效评价是绩效管理中最为核心的环节，是现代企业经营管理的重要手段，与企业的经营战略相挂钩，有效的绩效评价是企业实现战略目标的重要保障。此外，企业的绩效评价还与企业的管理模式对应，企业的管理模式深深地影响着企业绩效评价工作的每一个程序。纵观我国现有对于绩效评价的研究以及相关实践，更多的是吸收了国外对于绩效评价的先进经验，在评价方式和方法上都吸收了国际先进的因素。但是，在实际的本土化过程中，采用的西方先进的绩效评价方式和方法很难发挥原有的效果，在适应本土化企业和环境过程中还有许多需要改进的部分。因此，依据我国企业所处的实际内外环境，探索出适合中国本土企业的绩效评价体系是需要深入研究的工作。

市场最大的特点是其复杂性和动态性，企业的一切经营管理活动和行为决策都应该在适应市场需求的前提下进行。企业的管理者必须做到时刻关注市场的动态，根据市场的变化调节企业的战略目标以及相关的管理结构。阿米巴模式坚持销售最大化以及成本最低化的原则，将整体的组织细分为不同独立的核算单位。在阿米巴的实际运用过程中，不同的阿米巴绩效都需要相应的负责人，在领导的支持下，阿米巴的负责人会根据市场和企业的条件，制订组织内部的经验管理计划、绩效管理等一系列进行管理计划，然后根据计划实现企业的整体绩效目标。阿米巴模式的最大特色就是单位时间核算制度，是一套独特的绩效评价方法。阿米巴模式有其自身的特点，但是在中国的市场中，企业要采用阿米巴模式还需要一定时间的探讨，最大的突破点是如何形成适应本土特点的阿米巴模式，从而发挥该种模式的积极作用。

绩效评价是企业绩效管理的重要环节和模块，在企业中已经得到广泛的应用，理论界对于绩效评价的成果已经具备一定的基础，但是，我国的众多学者对于阿米巴模式下的企业绩效评价的研究还处于初步探索阶段。本章基于该背景，深入研究生鲜超市阿米巴模式下的企业绩效评价，试图找出适合中国市场中生鲜超市绩效评价的有效管理模式，为我国绩效评价体系的完善奠定基础。

第二节　阿米巴管理模式下生鲜超市绩效评价研究的文献综述

一、生鲜超市的相关研究

（一）生鲜超市的经营业态

目前，我国生鲜超市的经营业态主要有以下两种：

第一，大型综合超市的生鲜区。周树华、张正洋和张艺华（2011）[260]指出，随着城市化的发展以及城市人口的集中度不断提高，大型超市在城市各地遍地开花。大型超市为了吸引消费者，秉持"一站式"购物理念，生鲜农产品经营成为综合大型超市必不可少的部分，几乎所有的大型综合超市都设置了生鲜专区，经营水果、蔬菜、肉蛋等生鲜农产品。李怡芳（2012）[261]指出，随着人们对于食品安全的关注以及对于购物体验的注重，综合超市很大程度上满足了人们对于食品安全以及购物体验的需求，成为生鲜超市的重要组成部分。

第二，小规模生鲜连锁专卖店。李璐、邓永辉和刘宇凡（2017）[262]指出，由于人们生活的繁忙以及零售业的转型升级，小规模生鲜连锁专门店应运而生。小规模生鲜连锁专卖店凭借冷链物流的成熟，以小规模的形式出现于各个社区和道路街边。张明军（2017）[263]指出，小规模生鲜专门连锁店与大型综合超市不同，小规模生鲜专门连锁店更加注重便利和价格因素，设置在小区等接近消费者的地方，以便消费者可以更快更便利地买到想要的产品。小规模生鲜连锁专卖店具有性价比高、消费便利性的优点，但是也存在经营规模有限、产品种类单一的缺点。

（二）生鲜超市的经营特点

（1）经营模式的多样化

康兴涛（2017）[264]指出，生鲜经营在我国已经存在一定的发展历史，生鲜农产品的价格趋向一致性，超市的经营利润有限，因此，生鲜超市要提高市场份额，提高市场竞争力，超市的经营管理模式成为成功的关键。傅黎明（2016）[265]指出，由于我国地大物博，不同的地区对于生鲜产品的供需差异较大，因此，在不同的地区，生鲜超市会根据该地区的饮食文化，确定不同的产品经营。同样，不同的地区由于文化差异，对于经营模式的选择也会存在区域性的特点。

（2）产品供应的专门化

李燕川（2016）[266]指出，随着生鲜行业的发展不断成熟，生鲜超市对于产品的供应逐渐趋向专门化。王继红（2017）[267]指出，大多数连锁超市选择集中采购，构建了较为全面的流通渠道，这有利于降低成本，并加强超市对于供应方的管理。此外，罗玲玲（2015）[268]指出，产品供应技术也不断成熟，尤其是冷链物流的成熟为生鲜农产品的配送提供了更多的可能与方便。许多连锁超市还建立了统一的信息平台，进一步加强了产品供应的专门化。

（3）产品生产的品牌化

高路、刘文杰（2016）[269]指出，品牌化是指生鲜产品在产地、品质以及质量方面的差异，一般情况下生鲜产品通过包装、形象等区分不同的品牌，帮助消费者辨别。随着人们对于品牌概念的认知不断加强，人们更愿意相信产品的品牌也是其质量的象征，也更愿意购买品牌产品。陈军、曹群辉（2011）[270]指出，产品的品牌化一方面有利于消费者购买到想要的产品，另一方面也可以增加农户的收入和持续经营的能力。

二、阿米巴的相关研究

（一）阿米巴模式的定义

阿米巴最早是对单细胞变形虫的称呼，后来学者根据变形虫的特点将阿米巴一词引入企业经营管理领域，用来代表将企业组织划分为多个相对独立的小型经营组织的一种组织形式。稻盛和夫（2011）[271]认为，阿米巴经营模式下，每一个小型的组织都具有一定的独立性，独立完成经营管理、核算财务状况以及内部考核工作。若每一个独立组织保持良好的运营，企业整体的利益也能够得到保障。李志华（2013）[272]指出，阿米巴虽然在理论上简单易懂，但是其具备丰富的哲学内涵，在实际的操作过程中会存在需要的环境和关键点，只有将阿米巴的操作关键都掌握后才能将阿米巴模式有效执行，执行过程并不像想象中简单易行。稻盛和夫很早就看到了阿米巴模式的优点，利用阿米巴模式为京瓷和第二电信两家企业创造了辉煌的业绩，使京瓷跻身世界 500 强企业，并创造了 50 多年不亏损的神话。蔡书军（2016）[273]指出，看待阿米巴模式不能简单化，不能仅仅将其看作是企业快速创造利润，实现经营战略目标的一种管理手段，而要看到其背后的真正意义。丁娟（2016）[274]通过细致地分析阿米巴模式的经验目的，发现阿米巴模式成功的关键要素是围绕"人"，通过激发组织中每一位人员的主观能动性，驱动员工内在的动力，最终实现整体企业经营水平和生产能力的提高。

（二）阿米巴经营的条件

稻盛和夫（2010）[275]指出，企业要想采用阿米巴经营模式，必须提供相应的条件和前提。毛利妃（2016）[276]指出，阿米巴模式的经验条件是国内企业引进该模式时必须关注的要点，要想使阿米巴模式在中国的企业和市场中生根发芽，创造更多的价值，就必须满足其运行所需的条件，创造良好的环境，使得阿米巴模式本土化，防止出现难以落地的局面。阿米巴模式的经营条件主要有以下五点：

第一，企业成员之间的信任度要高。王建坤（2008）[277]指出，不同的阿米巴之间存在一定的竞争关系，但是作为企业的组成部分，更多的是合作和相互依存的关系，企业采用该模式时应该特别注重相互信任的意义。组织成员之间的高信任度可以很好地提高企业不同部门、不同阿米巴之间的协调性，降低协调与沟通成本，减少工作中的摩擦，最大限度地提高企业整体的业务能力。此外，Cooper R（1994）[278]指出，阿米巴的最大特点就是全员参与，这就需要所有的员工对企业、阿米巴的所有相关信息都有一个较为全面的了解。只有充分掌握企业的信息，员工才能了解企业的发展需求，了解自身工作的重点，从而找准发力点，明确目标，为实现目标而努力。阿米巴经营的核心基础是"人"的理念，公司内的众多阿米巴（小集体组织）只有团结一致，才能组成一个强大的公司整体，与市场中的众多竞争对手竞争。

第二，上级领导必须做到公正裁决。胡关子（2011）[279]指出阿米巴之间是通过价格进行交易的。因此，当市场价格波动，尤其是价格大幅下降时，阿米巴的利润空间缩小，上下游之间必然出现损失转移的现象，这就会造成不同阿米巴之间的冲突，导致价格谈不拢的问题，这种时候就需要上级领导的正确裁决。稻盛和夫（2010）[280]认为，要保证阿米巴能够持续地为企业带来利益，企业的领导者必须要有远见卓识，要比一般员工看得更远。不同的阿米巴之间会出现利益冲突，这种时候如果仅仅维护自身利益而不顾其他阿米巴的立场，受损失的只会是企业整体利益和道德标准。阿米巴之间的冲突首先应由阿米巴领导者自行协商解决，当问题解决不了时，更高层的领导应该成为调停者帮助解决冲突。调停的权威程度依赖于上级的公正。上级领导在进行调停的过程中要持有公正的理念，拒绝偏袒任何一方，认真倾听双方的观点，然后做出双方都能接受和服从的裁定。领导要做出公正的裁决，应该坚持不撒谎、不欺骗、正直的原则。不公正的裁定会打击阿米巴的积极性，不利于激发员工的能动性和潜能，不利于企业整体的利益。

第三，阿米巴领导者要具备诚实正直的品格。稻盛和夫（2010）[281]指出，诚实正直是最基本、最朴实的人世伦理。当今商界的各种丑闻事件，其本质是领导者违背了诚实正直造成的问题。他指出企业要想长久地生存与发展，离不开诚实正直的品质，企业的领导者也要秉持这一原则，不要只看眼前的利益而忽视长远的发展。经商必须以品质为支撑，以才华为力量，仅有才华而抛弃做人的基本原则，很容易使企业走向歧路。稻盛和夫强调，要采用阿米巴经营管理模式，企业的领导者必须具备高尚的人格。企业的领导者自身应该注重不断磨砺自己，向高尚人格迈进，不断修炼，磨炼心灵。

第四，严谨的数据收集和反馈。秦山、张赢（2011）[282]指出，要发挥阿米巴模式的真正作用，必须依赖于严谨的数据，并且不同阿米巴之间对于数据的掌握要保持持续性的更新，因此，反馈在阿米巴运营中非常重要。耿德科（2007）[283]指出，要保障数据的严谨，经营管理者必须严肃认真地对待工作，只有踏实严谨地做好经营过程中的每一个工作，才能实现阿米巴经营的目标。除了领导的重视，各阿米巴对于生产经营中的数据也要秉持严谨、追根究底的精神。只有这种严谨的态度，才能激发每一位员工的潜能，从而实现良好地运行阿米巴模式，实现企业的战略目标。总之，要实现阿米巴经营就需要对企业中的全员提出严谨的要求，从而实现长久的运营。

第五，注重员工的培训。稻盛和夫（2011）[284]指出，现场员工在实际的工作中，需要具备发现问题和解决问题的能力，而这种能力依赖于一定的知识储备，因此，要采用阿米巴经营，必须对员工进行有效的培训，保障员工具备相应的工作能力。尤其是员工初期进入企业时，相应的工作培训必不可少。企业的管理者尤其是高层管理者也要具备与阿米巴成员共同承担，一起解决问题的姿态。只有不同的层级之间共同参与阿米巴的运营过程，才能真正实现全员参与式的经营。有效的分享和现场教育是良好的培训方式。

（三）阿米巴经营方式的特点

第一，以人为本。王东民（2010）[285]指出，阿米巴经营最为基本的条件是信任员工，员工作为阿米巴共同体的组成单元，是实现经营目标的关键所在。企业要发掘每一个员工的潜能和优点，充分地相信员工能够为企业所用。企业做到充分信任员工，员工也必然会感受到企业的重视与尊重，将自己看作是企业的一分子，从而为了企业的发展贡献出自己的智慧与力量。李剑海（2015）[286]认为，阿米巴经营方式是一种赋权管理模式，其管理的关键内容是充分授权，将企业的权利下放到不同的阿米巴中，使阿米巴自行管理、自觉创造利益。阿米巴的最终目的是每一个阿米巴的领导带领自己的团队实现团队目标，最终所有阿米巴团队的工作成果合成企业的整体目标和利益。

第二，以理为先。阿米巴经营方式将"做人何谓正确"当作判断一切事物的基准，将"以理为先"作为评判工作经营过程中判断的标准。支博（2014）[287]指出，通常情况下患有大企业病的组织都存在个人只关注自己的工作内容和职责利益，埋头于自己的本职工作，缺乏全局观，忽视合作发展、协调发展、全局发展的重要意义，只要自己的本职工作做好就不顾其他人的利益，常常存在相互践踏他人利益的现象。而阿米巴经营方式会先强调组织的价值观，有一个统一的价值观，强调合作，不同阿米巴做好自身工作的前提下也会关注其他阿米巴的利益，以全局的观点定位自己的位置和角色。

第三，超越家庭的大家庭主义，强调全员参与。稻盛和夫（2009）[288]指出，阿米巴模式将整个企业中的所有人看作一个整体，赋予员工归属感，让员工将组织看作是自己的家。这种经营理念能够激发员工的凝聚力以及工作热情，将企业的整体发展看作自己的发展，将企业的利益与员工的个人利益连接起来，激励员工的工作积极性和潜能。阿米巴经营下员工会将企业看作是自己的家，自觉地为企业作贡献，在整体企业中创造出尊重员工就是尊重企业的文化。

第四，唤醒激情与梦想。阿米巴模式强调"激情"，这样的激情往往来自"尊重、放权、独立思考"。Ralph（2007）[289]指出激发员工的激情最有效的方式就是将阿米巴目标与员工的个人发展目标相连，让员工将阿米巴目标当作自己的事业来做，这有利于激发员工的工作激情，全身心地投入到阿米巴的工作中去，将自己的梦想实现依托于阿米巴目标的实现。阿米巴运用方式中，员工乐于参与竞争，即使在核算的压力下也会有工作的热情和乐趣，虽然短时间内的核算不能看到及时的利益成效，但阿米巴的员工有着当家做主的成就感。面对国内许多大企业官僚主义滋生等问题，阿米巴运营方式能够最大限度地释放员工的工作激情和人生梦想，兼顾规模效益和小组织的优点。

三、绩效管理的相关研究

（一）绩效管理的概念

绩效评价的概念最早出现于 19 世纪的美国，在这个时期的绩效评价更加强调成本，泰勒根据此时对于绩效评价的理解提出了标准成本的概念。这一概念的提出为企业控制成本提供了思路与方向[290]。"二战"之后，企业的经营管理者对于企业管理的理解又有了新的发展，除了成本控制，对于企业其他方面的管理也有所加强。饶征、孙波（2003）[291] 指出，这一时期企业的管理者开始注重财务数据，并利用财务数据进行绩效评价和管理。此时的绩效评价形式主要是依靠财务报表体现的企业效益方面的评价。国际上"绩效"（performance）是作为一个管理学的词汇出现的，最早用于投资项目管理，之后人力资源管理和机构管理纷纷采用了绩效这一概念[292]。学术界对于绩效的概念提出了不同的定义，有些定义是从宏观的角度界定，有些则是较为微观具体。绩效的概念主要分为个人绩效和组织绩效，可以发现，对于绩效的范围界定也根据学者的角度有所不同。吴俊卿（1992）[293] 就辩证地从行为和结果两个方面看待绩效，他指出，学者们在界定绩效过程中逐渐由单一的以行为或者结果界定绩效转变为将行为和结果结合综合界定。汪发现（2016）[294] 指出，界定绩效，从不同的学科视角也会有不同的侧重，且不同学科对于绩效的界定差异较大，这与某一界定的应用范围和所处的学科领域息息相关，并且与学科领域的层次也有关联。

（二）绩效管理的特点

（1）以目标为导向

曹艳婷（2010）[295] 指出，企业实现战略目标的过程是先制定战略总目标，然后将该目标层层分解为不同层次的子目标，保证企业的员工都知道自身的工作目标与任务，然后朝着目标努力，发挥个人的潜能与热情，最终实现自我目标的同时也帮助企业实现战略目标，而组织的绩效管理就是以目标实现为基础。绩效管理就是依赖于企业的战略目标，在工作目标的基础上制定绩效目标，从而将不同的部门和不同的员工整合在一起，共同为实现绩效目标而努力。

（2）处于变化发展中

胡树红（2008）[296]指出，绩效管理是一个持续性的过程，在这个过程中会不断地调整和改进。企业处于市场之中，市场是不断发展和变化的，因此企业会根据市场的需求不断调整自身的战略和工作方式，相应地，企业的绩效管理也会根据企业的战略工作而不断地调整和改善，更多的企业处于不断摸索调整中，阶段性地对绩效目标、绩效原则进行调整，使其更加契合市场的需求，帮助企业获取更高的效益。所以，绩效管理是一个持续变化的过程，停滞不前、不懂改进的绩效管理只会导致企业与市场脱节，不利于企业的生存与发展。

（3）绩效管理需要持续的沟通

海尔·G. 瑞斯（2002）[297]指出，著名组织管理学家巴纳德认为沟通是将组织中的成员凝聚在一起的重要手段，可以实现 $1+1>2$ 的作用。在绩效管理过程中，要发挥绩效的作用离不开持续性的良性沟通，只有保持这种持续性的沟通与交流才能最大限度地调动员工的工作积极性，最大限度地激发员工的潜能，从而形成一个团结而强大的组织，使企业在巨大的市场竞争中立足，实现企业的战略目标。郑佳、曾国平（2007）[298]指出，绩效管理的每一个阶段都离不开持续的沟通，尤其是在绩效计划的制订阶段，在这一阶段中应该让所有员工都参与到计划的制订中来，通过协商来制定企业的目标、绩效计划以及相应的标准。这有利于全体员工达成共识，也有利于绩效管理中考核动员、培训、后期反馈活动等工作的顺利完成。王叶叶（2016）[299]指出，绩效反馈阶段的持续沟通同样不可或缺，只有保证持续的沟通，才能实现绩效反馈，企业的管理者才能了解前一阶段绩效完成情况以及员工的需求，从而为下一周期的绩效目标实现奠定基础，做出相应的调整和准备。

（4）人是绩效管理的关键因素

康建桥（2016）[300]在研究中列举的许多案例证明，企业的绩效管理，人是最为关键的因素，只有围绕"人"这一因素展开绩效管理才能实现绩效目标，因此，企业的战略以及相关的目标绩效都是由人完成实现的。李业昆、宋英碟、王妍辰（2014）[301]指出，企业要实现战略目标，提高企业的效益，最为基础的就是重视员工自身的发展与利益，提高员工的工作满意度，激励员工，激发员工的工作热情，使其自觉地为工作而努力，提高员工的个人价值的同时也增加了企业的整体效益。马进（2015）[302]认为，提高员工对于企业的忠诚度，首先应该保证员工在企业中自身能够得到发展，满足员工的自身需求时让他们为企业的绩效工作努力，这有利于增强企业的凝聚力，实现不断成长壮大的目标。

（三）绩效评价的方法

Carry Dessler（2000）[303]指出，绩效考核是对员工的工作能力、工作态度、实际的业绩进行考核，在实际的考核工作过程中，考核者必须采用那些合适的考核方法，既要体现能够定量、明确的考核内容，又要考核那些难以量化，具有模糊性的内容，两种类型的考核指标都要有，才能尽可能正确地把握员工的绩效。因此，Walter（1993）[304]认为考核者要想在考核的过程中将所有的考核因素都考虑周全，选择合适的绩效考核方法最为关键，并且最终的考核结果是否客观公正也要依赖于考核方法的科学性。在人力资源理论研究领域中，对于绩效考核方法的研究已经较为成熟，常用的绩效考核方法主要有四种：

（1）360度绩效考核法

李素莹（2016）[305]指出，360度绩效考核法也称为全视角考核法，该种绩效考核方法是指在考核的过程中，扩大绩效考核者的范围，让被考核者同时接受上级、下级、同事以及外部相关人员的共同考核，从不同的视角综合评价被考核者的绩效成绩，这种考核方法将所有的考核者的意见都纳入考核依据中，避免单一考核者不客观问题的存在。韩瑞国（2016）[306]

指出，360 度绩效考核法相比于传统的考核方法更加全面和科学，它克服了绩效考核主体的限制，从多视角多层次进行绩效评价，该种方法提高了绩效考核结果的客观性和公正性，考核结果更加接近事实。但是，高超跃（2017）[307]指出，360 度绩效考核方法也同样有其难以克服的缺陷，即考核的工作量较大，适用该方法需要企业具备相应的实力，否则难以真实地发挥该种方法的效用。

（2）目标管理法（MBO）

李舒丹（2015）[308]指出，目标管理法是指在实际工作开展的前期，根据企业的战略目标以及员工个人的实际能力情况，在一定工作预期的基础上提前制定好绩效目标，绩效目标明确后，员工的所有行为都围绕实现绩效目标为中心，最终考核是检验员工完成绩效目标的程度的一种以目标为导向的绩效考核方法。王光（2005）[309]认为，目标管理法让员工时刻处于实现目标的压力下，并为了实现绩效目标而自觉地努力工作，无形中激励员工的工作潜能。并且目标管理法有目标时刻引导员工的工作行为，更具有针对性。韩志兴和杨群辉（2015）[310]指出，企业要采取目标管理考核法时应该注重员工的参与性，让员工参与到目标的制定过程中来，有利于员工对于个人目标和企业目标的理解，也让员工明确了自身的工作方向，并且提高员工的自觉程度，减少管理者的工作量。

（3）关键绩效指标法（KPI）

卓越（2006）[311]指出，关键绩效指标（Key Performance Indicators）是指以企业的战略目标为基础，将指标集中在有限的几项工作上，设置出关键指标，将这些关键指标在绩效考核中占据相对更高的权重，考核员工绩效时要以完成关键绩效指标为核心。周景坤（2016）[312]指出，运用关键绩效指标法必须坚持 SMART 原则，即所定指标必须具体、可衡量、能实现、有限。

（4）平衡计分卡（BSC）

孙海琴（2017）[313]认为，平衡计分卡是指在绩效考核过程中，主要以财务、客户、运营、学习与成长四个视角作为绩效考核指标的主要因素，然后不同的组织部门和员工要有差异地进行考核的一种方法。杨悦（2017）[314]指出，现实市场中平衡计分卡的绩效考核方法得到了广泛的认同与运用，因为平衡计分卡更加注重战略在企业中的地位，突破了传统绩效考核方法中以财务为主要衡量指标的局限，该种方法的运用有利于提高企业资源的利用效率，也为实现企业战略目标提供了更可靠的支持。

第三节　阿米巴管理模式下生鲜超市绩效评价指标构建

一、阿米巴管理模式下生鲜超市绩效评价因素识别

笔者在此次的研究过程中，走访了多家采用阿米巴管理模式的生鲜超市，然后了解这些超市的绩效评价体系，根据实际的情况发现，采用阿米巴管理模式的生鲜超市大多数绩效评价指标是从内部运营、学习与成长、财务状况、客户服务四个维度进行评价。据此，本章进一步通过了解各个生鲜超市的绩效评价，分析在内部运营、学习与成长、财务状况、客户服务四个维度之下细分的绩效评价指标，具体的指标因素如下。

（一）内部运营

内部运营是企业运作的重要基础，也是最能体现阿米巴管理模式的重要内容，也是提高财务指标、满足客户需求的关键所在。采用阿米巴管理模式，将生鲜超市企业分为不同的阿米巴单元，而每一个单元要做好运营管理工作，基础的内部运营的各个环节都要准确到位，为实现绩效目标提供基础保障。本章初步认为内部运营维度主要包括供应商评价、基础设施配备、物流效率、人员配备和商品开发五个指标。

（1）供应商评价

生鲜超市向消费者提供多种产品，因此会面对不同的供应商。与供应商搞好关系是生鲜超市非常重要的工作内容，这关系到商品的供应是否及时，售后服务以及物流运输等环节是否得到保障。供应商对于生鲜超市绩效的评价主要是从非准时交货比率、非正确交货比率、商品损坏率、退货服务等方面考虑。非准时交货比率反映交货延迟频度，非正确交货比率反映交货错误频度，商品损坏率反映商品的质量，退货服务反映了退货服务

的周到程度。

（2）基础设施配备

生鲜超市的运营，需要特殊的基础设施配备，除了基本的场地、柜台、收银等设施的配备，生鲜超市的特殊性要求基础设施中还应包括完善的冷藏设备、冷冻设备、保险设备、相关的信息技术设施等。有效的基础设施配备保证了超市商品的品质以及消费者的购物体现，也反映了每一个阿米巴单元对于超市运营知识的专业程度以及对工作态度的认真程度。在绩效评价的过程中，生鲜超市的基础设施配备情况是非常重要的指标，最能直接地反映超市员工的工作态度。

（3）物流效率

物流效率是指生鲜超市在配送商品过程中的配送频率、时间的把握程度、商品的损坏率、库存成本、运输成本以及成交率等。现如今消费者非常看重购物过程的便利性以及购物体验的感受，良好的购物效率可以为消费者带来便利，也有利于提升消费者的购物体验，从而提高消费者对于生鲜超市的信赖和好感，为今后的进一步消费奠定基础。检验物流效率也能够体现超市员工对于消费者的态度、对于工作的责任心，也是未来生鲜超市发展的重要方面。

（4）人员配备情况

人员配备是生鲜超市运作的基础，也是阿米巴管理模式运行的重要条件。阿米巴管理模式是将整个企业分为不同的阿米巴单元，以员工合伙制的形式运营超市。该种运营模式依赖于人，以人为本，依赖人获取企业的利益。因此，在考核生鲜超市的绩效时，人员配备是非常重要的指标，岗位人员配备是否合理、人才储备是否充足，是否出现人手不足的现象等都是非常重要的考量点。人员配备还反映了生鲜超市的人力资源管理水平，直接关系到超市绩效的水准。

（5）商品开发

商品是超市的生命线，是其赖以生存的基础。生鲜超市只有源源不断地开发新的产品，并保持采购能够供应消费者的需求，让消费者购买到称心的产品，才能保持生鲜超市的活力。阿米巴管理模式下每一个生鲜超市在商品开发过程中都要了解商品的性能、可能的获利、供货渠道，并且采取一定的调查手段了解商品在消费者心中的评价。并且，在现有的商品基础上要不断地了解消费者的需求和偏好，开发出更加迎合消费者需求的产品，保持产品更新的速度。

（二）学习与成长

学习与成长是指企业能够不断地学习新技能、新的方式方法以及不断地改善企业内部的问题，从而使企业更加适应市场的需求，进一步为实现企业的长期目标奠定基础。阿米巴管理模式强调企业运营以小单元运作，更加灵活，从局部开始不断优化调整，从而更加适应市场的竞争，保持企业的活力。本章认为学习与成长维度主要包括员工培训、品牌影响力、员工业务熟练程度和员工满意度四个指标。

（1）员工培训

阿米巴管理模式下，生鲜超市的运营更多地依赖于小团体的员工之间的配合和他们的工作贡献，因此，采用阿米巴管理模式需要更加注重员工技能的培养，自然离不开有效的员工培训。在绩效考核过程中，考核员工培训指标主要是看员工培训的频率、效果、培训结果的反馈以及员工培训对于员工的激励程度和最终成长情况。有效的员工培训可以提高员工的工作能力，激发员工的工作热情，最终提高阿米巴单元的工作绩效，为最终实现企业的绩效目标奠定人力资源基础。

（2）品牌影响力

品牌影响力对于企业的发展至关重要，是企业重要的无形资产，品牌的影响力反映了企业未来的发展潜能和价值。品牌影响力是最能反映企业学习与成长的指标内容，品牌影响力不断提高也是企业不断成长的过程，影响力的提高也是企业成长的重要目的。因此，阿米巴管理模式下生鲜超市更加注重企业品牌的影响力，力求通过该种经营管理模式提高企业的市场影响力，达到扩大市场份额、增加企业的收益的目的。

（3）员工业务熟练度

企业要不断成长和发展，生鲜超市要实现绩效目标，离不开员工的工作贡献。因此，员工对于业务的熟练程度直接反映了员工的工作能力，间接地支撑着生鲜超市的绩效完成能力。生鲜超市企业在阿米巴管理模式下，要不断成长和发展，就要依赖于更多业务熟练的员工，新员工进入企业通过培训不断掌握业务技巧，业务熟练程度提高后生鲜超市的经营业绩也自然会有所提升。因此，在考核生鲜超市的绩效时，离不开对员工熟练程度指标的考核。

（4）员工满意度

企业的学习和成长主体主要是员工，通过员工不断学习，发展自己的工作能力，为企业的进一步发展作出贡献。阿米巴管理模式是一种以人为本的经营管理模式，非常看重人的作用和态度，因此，阿米巴管理模式下生鲜超市的发展离不开员工的工作贡献。员工的满意度直接关系到员工对于生鲜超市企业的忠诚度和工作态度，提高员工的满意度有利于激发员工的工作潜能，以及提升员工对于企业的忠诚度，为生鲜超市的生存与发展提供人力资源保障。员工的满意度主要是从员工对企业经营管理模式的认同、对企业文化的归属感、对薪酬福利的满意度以及对工作内容和工作环境的满意程度等几方面来体现的。

（三）财务状况

企业处于市场之中其最终目的是获得利润，采用阿米巴管理模式的生鲜超市也是希望可以通过这种模式的有效管理促进生鲜超市的绩效，从而获得更高的利润。因此，生鲜超市企业采用阿米巴管理模式这一手段达成的绩效成果，很大程度上需要通过财务指标来实现。根据采取阿米巴管理模式生鲜超市的实际情况，本章初步认为阿米巴管理模式下生鲜超市绩效评价中的财务指标主要有销售增长率、费用控制率、成本降低率、单位时间附加值和投资回报率。

（1）销售增长率

考核企业的主营业务收入一般都会看重销售增长率这一指标，该指标最能直接反映企业的盈利能力和发展速度，可以通过销售增长率核算过去一个财务周期内生鲜超市的经营状况，并可以通过该指标预测企业未来发展的趋势。

（2）费用控制率

企业要获得最大的利润，就要最大程度地增加销售额和降低企业的生产经营成本。阿米巴管理模式强调对于费用的有效控制，这关系到生鲜超市的实际经营效益。采用阿米巴管理模式，使员工认为自己是企业的主人，因此，会最大限度降低企业的成本。考核生鲜超市绩效时，关注生鲜超市对于费用的降低率，并将此作为考核的指标，有利于监督生鲜超市对于成本的控制，增强超市成本控制的意识。

（3）成本降低率

企业要增加利润率，可以通过增加销售额以及降低成本来实现。大多数企业会选择二者兼顾，最大限度地提高销售额的同时降低生产经营成本。因此，在评价阿米巴管理模式下生鲜超市绩效时，降低成本率是非常重要的指标。降低成本可以采取多种方式，方式的选择需要企业的管理者根据市场以及企业内部的各方面条件做出合理的判断。

（4）单位时间附加值

单位时间附加值是衡量一个阿米巴单元效率的重要指标，一般公式表现为：单位时间附加值＝收益/工时＝（收入－成本－费用）/工时。单位时间附加值是企业财务状况中最为重要的指标因素，反映了企业追求效益最大化和费用最小化的目标。企业采用阿米巴管理模式就是要通过该种运营模式实现效益最大化和最大限度降低费用的目标，因此，在评价生鲜超市绩效时要注重这一指标的考量。

（5）投资回报率

投资回报率是指企业从某项投资中获得的经济回报，是生鲜超市总利润与总投资之比。生鲜超市的运营需要付出较大的投资，而投资回报率越高说明该项投资获得的经济回报越多，也就越值得投资，该指标更多地受到超市股东的关注。生鲜超市采用阿米巴管理模式，员工成为超市的合伙人，因此会开始关注投资回报率，这直接关系到其最终的获利情况。

（四）客户服务

顾客是生鲜超市实现企业目标的直接动力，阿米巴管理模式下，将企业分为不同的小组，不同的阿米巴单位要实现绩效目标，最为重要的就是从顾客下手，提高顾客的满意度，增加顾客的回购率，卖出更多的产品，提高整个生鲜超市的市场认知度。本章初步认为客户服务指标维度主要包括客户满意度、重复购买率、客户投诉率和市场认知度四个维度。

（1）客户满意度

客户满意度是生鲜超市客户服务维度最为重要的指标，客户的满意度直接关系到客户对于生鲜超市的购物体验。满意度越高说明消费者的购物体验越好，有利于消费者的下次消费，从而提高生鲜超市的销售额；而客户满意度低则不利于生鲜超市的经营与发展，也间接地反映出超市的经营和管理不到位，需要进一步作出调整才能实现超市的绩效目标。有利于督促生鲜超市不断改善自身的生产经营，提高企业的市场竞争力。

（2）重复购买率

重复购买率是消费者重复在某一超市购物或者重复购买某一产品的频率。重复购买率越高说明消费者的忠诚度越高，有利于超市对维护客户关系工作的判断。生鲜超市应尽可能采取有效的手段提高消费者的购物体验满意度，从而为其重复购买奠定基础。

（3）客户投诉率

客户投诉主要是来自对于生鲜超市或者超市员工服务的不满，客户投诉率越高说明超市的产品品质越差或者超市员工的服务质量不佳。因此，生鲜超市将客户投诉率作为绩效考核的指标，有利于激发阿米巴单元和员工的工作积极性，形成规范，激励员工提升自己的服务质量，提高生鲜超市产品的品质，进而提高消费者的满意度，最终为提升生鲜超市的市场竞争力提供保障，也有利于提高财务利润。

（4）市场认知度

市场认知度是指企业的品牌在市场中被认知的广泛程度，企业要占领市场份额就必须采取有效手段提高品牌的市场认知度，这也是品牌影响力的来源。将市场认知度作为生鲜超市绩效评价的指标，可以反映出阿米巴管理模式下超市对于品牌推广的力度和效果，也是生鲜超市企业实力的象征。

二、阿米巴管理模式下生鲜超市绩效评价指标体系构建

（一）指标体系初建

根据上述对于阿米巴管理模式下生鲜超市绩效评价指标因素的识别分析，本章初步构建阿米巴管理模式下生鲜超市绩效评价一级指标体系，主要包括内部运营、学习与成长、财务状况、客户服务 4 个指标维度。其中内部运营包括供应商评价、基础设施配备、物流效率、人员配备情况、商品开发 5 个指标；学习与成长包括员工培训、品牌影响力、员工业务熟练度、员工满意度 4 个指标；财务状况包括销售增长率、费用控制率、成本降低率、单位时间附加值、投资回报率、现金周转率 6 个指标；客户服务包括客户满意度、重复购买率、客户投诉率、市场认知度 4 个指标。这个指标体系共计 19 个指标，具体如表 6-1 所示。

（二）指标体系优化

为了进一步检验阿米巴管理模式下生鲜超市绩效评价指标体系是否能够真实反映采用阿米巴管理模式的生鲜超市的实际绩效情况，本章将上述初步构建的 19 个指标设计成问卷，然后以匿名的形式向各个生鲜超市的相关人员开展问卷调查，然后将收回的问卷进行信度效度分析，以此进一步检验各个评价指标因素是否可靠。此次问卷主要由两个模块组成，第一模块是问卷的介绍导语，向读者阐述此次问卷的调查目的以及填写注意事项，让被访者了解到此次问卷主要是为了研究阿米巴管理模式下生鲜超市的绩效评价，以及告诉被访者此次问卷的匿名信和学术研究用途，减少被访者填写过程中的顾虑。之后是问卷的第二模块，主要是采用了 Likert 5 点量表法，每个指标有 5 个选项，分别为"非常不重要""比较不重要""一般""比较重要""非常重要"。

表6-1 阿米巴管理模式下生鲜超市绩效评价指标体系

一级指标	二级指标
内部运营	供应商评价
	基础设施配备
	物流效率
	人员配备情况
	商品开发
学习与成长	员工培训
	品牌影响力
	员工业务熟练度
	员工满意度
财务状况	销售增长率
	费用控制率
	成本降低率
	单位时间附加值
	投资回报率
	现金周转率
客户服务	客户满意度
	重复购买率
	客户投诉率
	市场认知度

此次调查问卷共发放了 100 份，回收 94 份，有效问卷 90 份，问卷的有效率为 90%。本章使用的数据分析工具为 SPSS19.0。量表的信度效度分析过程和结果在接下来会详细介绍。

第一，问卷的效度检验

检验问卷的效度一般采用内容效度检验和构建效度检验两种方法。从内容上看，本章的问卷是在大量的理论梳理以及实际的走访调查的基础上设计出来的，符合采用阿米巴管理模式下的生鲜超市的实际情况，并且在问卷设计出后，经过相关的人力资源管理专家和具有阿米巴管理模式下生鲜超市人力资源管理经验的专家的指导，对问卷进行修改，完善问卷，保证了问卷的内容效度。

之后是检验问卷的构建效度，本章采用项目 - 总体相关系数（CITC）

分析法纠正条目，如表 6-2 所示。

表 6-2　项总计统计量

题项	校正的项总计相关性	项已删除的 Cronbach's α 值
N1 供应商评价	0.613	0.951
N2 基础设施配备	0.663	0.951
N3 物流效率	0.598	0.951
N4 人员配备情况	0.650	0.953
N5 商品开发	0.584	0.954
N6 员工培训	0.695	0.951
N7 品牌影响力	0.685	0.952
N8 员工业务熟练度	0.661	0.661
N9 员工满意度	0.521	0.951
N10 销售增长率	0.693	0.953
N11 费用控制率	0.663	0.951
N12 成本降低率	0.577	0.953
N13 单位时间附加值	0.633	0.951
N14 投资回报率	0.568	0.953
N15 现金周转率	0.311	0.951
N16 客户满意度	0.613	0.951
N17 重复购买率	0.675	0.952
N18 客户投诉率	0.633	0.951
N19 市场认知度	0.568	0.953

根据表 6-2 可以发现，各个题项的相关系数值都处于 0.5 之上，除了 N15 现金周转率（0.311）这一个题项处于 0.4 之下，但是考虑到 N15 未达到显著性水平，且删除后，可使 Cronbach's α 值增加或不变，综合考虑，给予删除。而其他的题项都达到显著性水平。最终，经过项目 - 总体相关系数条目净化，最终保留 18 个指标项。

之后，对四个一级指标的累计方差贡献率进行进一步检验，检验各个因素的累计方差是否达到 50% 的标准，若达到，说明量表的构建效度满足要求。检验的最终结果如表 6 – 3 所示。

表 6 – 3　指标因子的方差贡献率

指标因子	初始特征值			提取平方和载入			旋转平方和载入		
	合计	方差的%	累计%	合计	方差的%	累计%	合计	方差的%	累计%
1	13.968	45.112	45.112	13.968	45.112	45.112	6.011	24.102	24.102
2	4.105	9.847	54.959	4.105	9.847	54.959	4.015	18.955	43.057
3	3.384	8.428	63.387	3.384	8.428	63.387	3.681	15.162	58.219
4	2.319	6.471	69.858	2.319	6.471	69.858	2.994	8.719	66.938

根据表 6 – 3 可以发现，阿米巴管理模式下生鲜超市绩效评价指标的因素累计方差贡献率为 66.938%，符合量表的效度要求标准。

第二，问卷的效度检验

由于此次研究采用的量表为 Likert 5 点量表的测量方法，并且问卷的各个指标题项主要是关于被访者对于阿米巴管理模式下生鲜超市绩效评价指标重要程度的态度，因此，本章决定采用 Cronbach's α 系数法来检验阿米巴管理模式下生鲜超市绩效评价指标调查问卷的内在一致性。具体的检验过程及结果如表 6 –4 所示。

根据 Cronbach's α 信度系数法检验原理可知，若问卷的 Cronbach's α 系数大于 0.5 说明问卷可信。由表 6 – 4 可知，阿米巴管理模式下生鲜超市绩效评价指标调查问卷的各个题项的项总计相关系数都达到了 0.5 标准之上，整个量表的各级指标的 Cronbach's α 系数大于 0.75，这说明可信度高，研究结果是问卷可信度较高。

（三）指标体系的确立

通过阿米巴管理模式下生鲜超市绩效评价指标体系初建，然后发放问卷，通过可行方法进行信度和效度检验后，进一步优化了指标体系，最终本章确立了阿米巴管理模式下生鲜超市绩效指标体系构成包含 4 个一级指标和 18 个二级指标，具体如表 6 – 5 所示。

表 6 – 4　阿米巴管理模式下生鲜超市绩效评价指标项总计相关性及 Cronbach's α

指标因子	题项	校正的项总计相关性	Cronbach's α 值	Cronbach's α 值
内部运营	N1 供应商评价	0.613	0.876	0.935
	N2 基础设施配备	0.663		
	N3 物流效率	0.598		
	N4 人员配备情况	0.650		
	N5 商品开发	0.584		
学习与成长	N6 员工培训	0.695	0.799	
	N7 品牌影响力	0.685		
	N8 员工业务熟练度	0.661		
	N9 员工满意度	0.521		
财务状况	N10 销售增长率	0.693	0.843	
	N11 费用控制率	0.663		
	N12 成本降低率	0.577		
	N13 单位时间附加值	0.633		
	N14 投资回报率	0.568		
客户服务	N16 客户满意度	0.613	0.881	
	N17 重复购买率	0.675		
	N18 客户投诉率	0.633		
	N19 市场认知度	0.568		

表 6 – 5　阿米巴管理模式下生鲜超市绩效评价指标体系

一级指标	二级指标
内部运营	供应商评价
	基础设施配备
	物流效率
	人员配备情况
	商品开发
学习与成长	员工培训
	品牌影响力
	员工业务熟练度
	员工满意度

表6-5　阿米巴管理模式下生鲜超市绩效评价指标体系（续表）

一级指标	二级指标
财务状况	销售增长率
	费用控制率
	成本降低率
	单位时间附加值
	投资回报率
客户服务	客户满意度
	重复购买率
	客户投诉率
	市场认知度

第四节　阿米巴管理模式下生鲜超市自身的绩效评估——以 Y 超市为例

一、Y 超市的基本概况

（一）Y 超市简介

Y 超市成立于 2001 年，十年创业，飞跃发展，是中国企业 500 强之一，是国家级"流通"及"农业产业化"双龙头企业，获"中国驰名商标"。国务院授予"全国就业先进企业"，获"全国五一劳动奖状"等荣誉称号。

Y 超市是中国首批将生鲜农产品引进现代超市的流通企业之一，被国家七部委誉为中国"农改超"推广的典范。Y 超市已发展成为以零售业为龙头，以现代物流为支撑，以现代农业和食品工业为两翼，以实业开发为基础的大型集团企业。Y 超市坚持"融合共享""竞合发展"的理念开创蓝海，与境内外零售企业共同繁荣中国零售市场，目前在福建、浙江、广东、重庆、贵州、四川、北京、上海、天津、河北、安徽、江苏、河南、陕西、黑龙江、吉林、辽宁、云南 18 个省市已发展超 580 家连锁超市，经营面积超过 500 万平方米，位居 2015 年中国连锁百强企业前 10 强、中国快速消费品连锁百强行列之内。

Y 超市采用阿米巴管理模式，把整个企业再细化为多个独立整体，按照小企业、小商店的方式进行独立经营，并传递给员工，实现全员参与的一种经营模式。

（二）Y 超市采用阿米巴管理模式的目的

第一，实现全员参与的经营（小店以小店利润为目标、店长\后勤\收银人员以全店利润为目标）。

第二，以核算作为衡量员工贡献的重要指标，培养员工的目标意识，实现销售最大化、经费最小化。

第三，实行高度透明的经营。

第四，自上而下和自下而上的整合，提高整个企业的资源利用率，从而实现企业的利润最大化和成本最低化的目标。

第五，培养领导人。Y 超市采用阿米巴管理模式，以每一个小店作为一个阿米巴单元，每一个阿米巴单元都有一个领导者对该阿米巴负责，采用阿米巴管理模式下每一个阿米巴单元独立经营，这需要领导人具备很高的管理能力和领导能力，对店长或者阿米巴单元的负责人是非常大的考验，也是非常重要的锻炼，有利于为整个 Y 超市企业培养出大量优秀的领导人才，提高 Y 超市的市场竞争力。

（三）Y 超市阿米巴管理模式下一体化报表小店组成

表 6-6　阿米巴一体化报表小店组成

事业部组成	生鲜事业部	干货课，水果课，蔬菜课，家禽课，猪肉课，冰鲜课，贝类课，活鲜课
	食用用品事业部	烟酒饮料课，休闲食品课，干性杂货课，日配课，清洁用品课，家庭用品课，文体用品课，家电课，纺织用品课
	食品事业部	烟酒饮料课，休闲食品课，干性杂货课，日配课
	用品事业部	清洁用品课，家庭用品课，文体用品课，家电课，纺织用品课
	服装事业部	男正装课，男休闲课，鞋课，皮具课，女正装课，女休闲课，童装课，内衣课
	加工事业部	熟食课，包点课，烘焙课，餐饮课，果吧课，鲑鱼课
	门店	食品用品本部，生鲜本部，服装本部，加工本部，微店课，招商课，香烟课

表6-6   阿米巴一体化报表小店组成（续表）

小店组成	干活小店	干货课
	果蔬小店	水果课，蔬菜课，
	5课小店	家禽课，猪肉课，冰鲜课，贝类课，活鲜课
	烟酒饮料小店	烟酒饮料课
	休闲食品小店	休闲食品课
	干杂日配小店	干性杂货课，日配课
	清洁用品小店	清洁用品课
	家用文体家电小店	家庭用品课，文体用品课，家电课
	家居生活馆小店	纺织用品课
	服装小店	男正装课，男休闲课，鞋课，皮具课，女正装课，女休闲课，童装课，内衣课
	加工小店	熟食课，包点课，烘焙课，餐饮课，果吧课，鲑鱼课
	微店小店	微店课
	招商小店	招商课
	香烟小店	香烟课

（四）阿米巴管理模式下生鲜超市一体化报表流程

综合所有项目，列图如下：

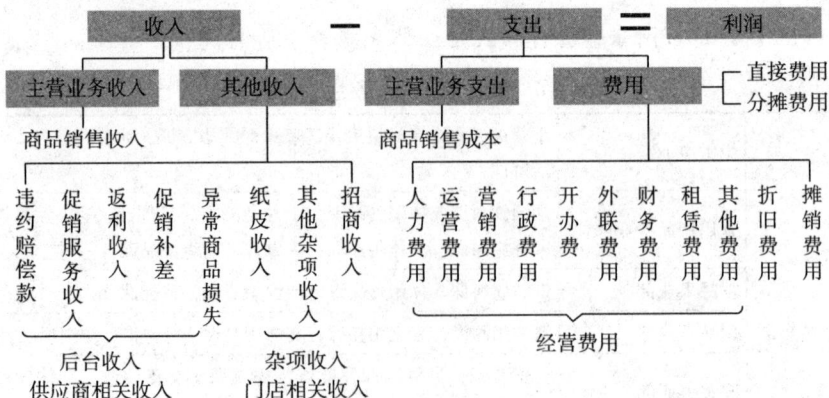

图6-1   阿米巴管理模式下生鲜超市一体化报表流程

二、评估方法——模糊综合评价法

祁生文、伍法权（2011）[254]认为，模糊综合评价法能够有效评估存在大量不确定因素的事件。模糊综合评价法的基本原理是模糊关系基本合成原理，这种分析方法强调综合性，并且会站在不同的视角、综合考量不同的影响因素来对被评估对象进行一个综合性的评价。模糊综合评价法具有很强的适用性，尤其是评估那些影响因素较多，且各个影响因素的不确定性又很强的事物具有很强的优势。本章研究阿米巴管理模式下生鲜超市绩效评价，根据前文的绩效评价指标分析可以发现，阿米巴管理模式下生鲜超市的绩效评价指标因素较多，且不同的指标因素具有很强的不确定性和模糊性，因此，此次研究的绩效评价特征刚好符合模糊综合评价法的适用条件。

三、阿米巴管理模式下生鲜超市自身绩效评估过程

（一）建立评估因素及其分层

阿米巴管理模式下生鲜超市绩效评价的指标因素有很多，且各个指标维度还存在多个从属子指标因素，根据前文构建的绩效评价指标体系，阿米巴管理模式下生鲜超市绩效评价指标体系包括四个一级指标维度，分别是内部运营、学习与成长、财务状况以及客户服务，这四个一级指标维度组成了第一层评价因素集：即 $U = \{U_1, U_2, U_3, U_4\}=$ ｛内部运营，学习与成长，财务状况，客户服务｝，第一层的每一个评价因素又由多个子评价因素组成，具体如下：

$U_1 = \{u_{11}, u_{12}, u_{13}, u_{14}, u_{15}\}=$ ｛供应商评价，基础设施配备，物流效率，人员配备情况，商品开发｝＝内部运营；

$U_2 = \{u_{21}, u_{22}, u_{23}, u_{24}\}=$ ｛员工培训，品牌影响力，员工业务熟练程度，员工满意度｝＝学习与成长；

$U_3 = \{u_{31}, u_{32}, u_{33}, u_{34}, u_{35}\}=$ ｛销售增长率，费用控制率，成本降低率，单位时间附加值，投资回报率｝＝财务状况；

$U_4 = \{u_{41}, u_{42}, u_{43}, u_{44}\}=$ ｛客户满意度，重复购买率，客户投诉率，市场认知度｝＝客户服务。

阿米巴管理模式下生鲜超市绩效评价指标及其分层如表 6-7 所示。

表6-7 阿米巴管理模式下生鲜超市绩效评价最终指标体系

一级指标	二级指标
内部运营 U_1	供应商评价 u_{11}
	基础设施配备 u_{12}
	物流效率 u_{13}
	人员配备情况 u_{14}
	商品开发 u_{15}
学习与成长 U_2	员工培训 u_{21}
	品牌影响力 u_{22}
	员工业务熟练度 u_{23}
	员工满意度 u_{24}
财务状况 U_3	销售增长率 u_{31}
	费用控制率 u_{32}
	成本降低率 u_{33}
	单位时间附加值 u_{34}
	投资回报率 u_{35}
客户服务 U_4	客户满意度 u_{41}
	重复购买率 u_{42}
	客户投诉率 u_{43}
	市场认知度 u_{44}

(二) 建立绩效评价集

本章将阿米巴管理模式下生鲜超市绩效水平划分为"优秀""良好""一般""较差"和"很差"五个等级，相应的百分制为"90—100""80—89""70—80""50—69"和"50以下"。因此，阿米巴管理模式下生鲜超市绩效评价的评语集合如下：

$V = \{V_1, V_2, V_3, V_4, V_5\} = \{优秀，良好，一般，较差，很差\}$

阿米巴管理模式下 Y 生鲜超市绩效评价等级如表6-8所示。

表6-8 阿米巴管理模式下生鲜超市绩效评价等级

效果等级	优秀	良好	一般	较差	很差
分数	100—90	89—75	74—60	59—50	50以下

(三) 建立单因素评价矩阵

阿米巴管理模式下生鲜超市绩效评价所涉及的管理人员、超市基础员工、超市职能部门人员、超市的高层领导以及人力资源管理的相关专家共同组成了评估小组，之后根据表6-8对Y超市绩效评价的各个指标因素进行打分。

假设评价小组的组员有 k 人，k 个组员对 u_i 被评为 v_j 的评分分别为 c_{ij1}，c_{ij2}，$\cdots$，c_{ijk}，其中 $0 \leq c_{ijp} \leq 100$，（$p=1$，2，$\cdots$，k；$i=1$，2，$\cdots$，n；$j=1$，2，$\cdots$，m），求其平均值，则 $r'_{ij} = \dfrac{c_{ij1} + c_{ij2} + \cdots + c_{ijk}}{k}$ (6-1)

对每一因素进行归一化处理为：$r_{ij} = \dfrac{r'_{ij}}{r'_{i1} + r'_{i2} + \cdots + r'_{im}}$ (6-2)

即可获得阿米巴管理模式下Y生鲜超市绩效评价的一个单因素评价的结果。此次打分小组共15人，这些相关的专家以及利益群体对评价指标体系中的每一个指标因素进行打分，求出平均值和归一化处理后可以得出指标体系中每一个指标因素的评价结果，具体如表6-9所示。

表6-9 绩效评价指标及单因素评价结果表

	一级指标	二级指标	单因素评价结果				
			优秀	良好	一般	较差	差
阿米巴管理模式下Y生鲜超市绩效评价指标 U	内部运营 U_1	供应商评价 u_{11}	0.1	0.4	0.2	0.1	0.1
		基础设施配备 u_{12}	0.1	0.3	0.2	0.3	0.1
		物流效率 u_{13}	0.4	0.2	0.1	0.3	0.1
		人员配备情况 u_{14}	0.3	0.2	0.1	0.3	0.1
		商品开发 u_{15}	0.4	0.2	0.1	0.2	0.1
	学习与成长 U_2	员工培训 u_{21}	0.3	0.2	0.2	0.2	0.1
		品牌影响力 u_{22}	0.3	0.2	0.2	0.2	0.1
		员工业务熟练度 u_{23}	0.2	0.4	0.1	0.2	0.1
		员工满意度 u_{24}	0.3	0.2	0.2	0.2	0.1
	财务状况 U_3	销售增长率 u_{31}	0.4	0.3	0.2	0.1	0.0
		费用控制率 u_{32}	0.3	0.2	0.2	0.1	0.1
		成本降低率 u_{33}	0.3	0.2	0.3	0.1	0.1
		单位时间附加值 u_{34}	0.3	0.3	0.1	0.2	0.1
		投资回报率 u_{35}	0.4	0.2	0.1	0.1	0.1
	客户服务 U_4	客户满意度 u_{41}	0.3	0.4	0.1	0.1	0.1
		重复购买率 u_{42}	0.3	0.2	0.1	0.1	0.2
		客户投诉率 u_{43}	0.2	0.3	0.1	0.1	0.3
		市场认知度 u_{44}	0.3	0.3	0.2	0.1	0.1

根据表 6 - 9 可知，各单因素的评价矩阵分别是：

$$F_1 = \begin{bmatrix} 0.1 & 0.4 & 0.2 & 0.1 & 0.1 \\ 0.1 & 0.3 & 0.2 & 0.3 & 0.1 \\ 0.4 & 0.2 & 0.1 & 0.3 & 0.1 \\ 0.3 & 0.2 & 0.1 & 0.3 & 0.1 \\ 0.4 & 0.2 & 0.1 & 0.2 & 0.1 \end{bmatrix} \quad F_2 = \begin{bmatrix} 0.3 & 0.2 & 0.2 & 0.2 & 0.1 \\ 0.3 & 0.2 & 0.2 & 0.2 & 0.1 \\ 0.2 & 0.4 & 0.1 & 0.2 & 0.1 \\ 0.3 & 0.2 & 0.2 & 0.2 & 0.1 \end{bmatrix}$$

$$F_3 = \begin{bmatrix} 0.4 & 0.3 & 0.2 & 0.1 & 0.0 \\ 0.3 & 0.4 & 0.1 & 0.1 & 0.1 \\ 0.3 & 0.2 & 0.3 & 0.1 & 0.1 \\ 0.3 & 0.4 & 0.1 & 0.1 & 0.1 \\ 0.4 & 0.2 & 0.1 & 0.2 & 0.1 \end{bmatrix} \quad F_4 = \begin{bmatrix} 0.3 & 0.4 & 0.1 & 0.1 & 0.1 \\ 0.3 & 0.3 & 0.1 & 0.1 & 0.2 \\ 0.2 & 0.3 & 0.1 & 0.1 & 0.3 \\ 0.3 & 0.3 & 0.2 & 0.1 & 0.1 \end{bmatrix}$$

（四）设置评价指标权重

根据上述得出的阿米巴管理模式下生鲜超市绩效评价指标体系，让绩效评价小组的相关专家和成员对各个绩效评价指标给出的量化打分结果，然后以这些结果为中心的绩效评价小组成员共同协商讨论，对相应的数值作出调整，最后根据小组成员的一致意见和共同的意愿构建相应的判断矩阵。为了保证各个指标两两比较获得量化值的 a_{ij}（a_{ij} 是要素 i 与要素 j 相比的重要性标度），给出 a_{ij} 的量化标度值。

（1）一级指标权重的设定

构建"U—U_1，U_2，U_3，U_4，U_5"判断矩阵计算一级指标权重，并进行相容性分析，详见表 6 - 10。

表 6 - 10   一级绩效评价指标权重

U	U_1	U_2	U_3	U_4	W_i^0	λ_{max}
U_1	1	2	1/3	1/2	0.160	
U_2	1/2	1	1/4	1/3	0.095	4.032
U_3	3	4	1	3	0.467	
U_4	2	3	1/2	1	0.278	

由表计算出 CI = 0.012，CR = 0.012 < 0.1，满足一次性检验。

（2）二级指标权重的设定

表 6-11　二级指标内部运营权重表

U_1	u_{11}	u_{12}	u_{13}	u_{14}	u_{15}	W_i^0	λ_{max}
u_{11}	1	3	7	1	5	0.362	
u_{12}	1/3	1	5	1/3	3	0.163	
u_{13}	1/7	1/5	1	1/7	1/2	0.043	5.129
u_{14}	1	3	7	1	5	0.362	
u_{15}	1/5	1/3	2	1/5	1	0.071	

由表计算出 CI = 0.032，CR = 0.029 < 0.1，满足一次性检验。

表 6-12　二级指标学习与成长权重表

U_2	u_{21}	u_{22}	u_{23}	u_{24}	W_i^0	λ_{max}
u_{21}	1	2	1/3	1/2	0.160	
u_{22}	1/2	1	1/4	1/3	0.095	
u_{23}	3	4	1	3	0.467	4.032
u_{24}	2	3	1/2	1	0.278	

由表计算出 CI = 0.011，CR = 0.012 < 0.1，满足一次性检验。

表 6-13　二级指标财务状况权重表

U_3	u_{31}	u_{32}	u_{33}	u_{34}	u_{35}	W_i^0	λ_{max}
u_{31}	1	3	2	1/3	2	0.217	
u_{32}	1/3	1	1/3	1/5	1/3	0.067	
u_{33}	1/2	2	1	1/4	1/2	0.109	5.125
u_{34}	3	5	4	1	2	0.429	
u_{35}	1/2	3	2	1/2	1	0.178	

由表计算出 CI = 0.03，CR = 0.028 < 0.1，满足一次性检验。

表 6-14　二级指标客户服务权重表

U_4	u_{41}	u_{42}	u_{43}	u_{44}	W_i^0	λ_{max}
u_{41}	1	5	7	3	0.558	
u_{22}	1/5	1	3	1/3	0.122	
u_{42}	1/7	1/3	1	1/5	0.057	4.177
u_{44}	1/3	3	5	1	0.263	

由表计算出 CI = 0.059，CR = 0.066 < 0.1，满足一次性检验。

（3）综合指标权重

基于上文的分析计算得出阿米巴管理模式下 Y 生鲜超市绩效评价指标体系的权重如下：

各子集权重（一级权重）＝（a_1，a_2，a_3，a_4）＝（0.160，0.095，0.467，0.278）

各子集 U_i（$i=1$，2，3，4，5）中诸要素的权重（二级权重）分别为：

A_1 ＝（a_{11}，a_{12}，a_{13}，a_{14}，a_{15}）＝（0.362，0.163，0.043，0.362，0.070）

A_2 ＝（a_{21}，a_{22}，a_{23}，a_{24}）＝（0.160，0.095，0.467，0.278）

A_3 ＝（a_{31}，a_{32}，a_{33}，a_{34}，a_{35}）＝（0.217，0.067，0.109，0.429，0.178）

A_4 ＝（a_{41}，a_{42}，a_{43}，a_{44}）＝（0.558，0.122，0.057，0.263）

（五）模糊综合评价

基于前文的分析运算，运用多因素多级模糊综合评价方法，对阿米巴管理模式下 Y 生鲜超市的绩效进行综合评价：

$$B_1 = A_1 \circ F_1 = (0.362, 0.163, 0.043, 0.362, 0.070) \circ \begin{bmatrix} 0.1 & 0.4 & 0.2 & 0.1 & 0.1 \\ 0.1 & 0.3 & 0.2 & 0.3 & 0.1 \\ 0.4 & 0.2 & 0.1 & 0.3 & 0.1 \\ 0.3 & 0.2 & 0.1 & 0.3 & 0.1 \\ 0.4 & 0.2 & 0.1 & 0.2 & 0.1 \end{bmatrix}$$

$$B_1 = (0.117, 0.212, 0.332, 0.180, 0.100)$$

$$B_2 = A_2 \circ F_2 = (0.160, 0.095, 0.467, 0.278) \circ \begin{bmatrix} 0.3 & 0.2 & 0.2 & 0.2 & 0.1 \\ 0.3 & 0.2 & 0.2 & 0.2 & 0.1 \\ 0.2 & 0.4 & 0.1 & 0.2 & 0.1 \\ 0.3 & 0.2 & 0.2 & 0.2 & 0.1 \end{bmatrix}$$

$$B_2 = (0.185, 0.249, 0.300, 0.191, 0.100)$$

$$B_3 = A_3 \circ F_3 = (0.217, 0.067, 0.109, 0.429, 0.178) \circ \begin{bmatrix} 0.4 & 0.3 & 0.2 & 0.1 & 0.0 \\ 0.3 & 0.4 & 0.1 & 0.1 & 0.1 \\ 0.3 & 0.2 & 0.3 & 0.1 & 0.1 \\ 0.3 & 0.4 & 0.1 & 0.1 & 0.1 \\ 0.4 & 0.2 & 0.1 & 0.2 & 0.1 \end{bmatrix}$$

$$B_3 = (0.189, 0.311, 0.372, 0.119, 0.088)$$

$$B_4 = A_4 \circ F4 = (0.558, 0.122, 0.057, 0.263) \circ \begin{bmatrix} 0.3 & 0.4 & 0.1 & 0.1 & 0.1 \\ 0.3 & 0.3 & 0.1 & 0.1 & 0.2 \\ 0.2 & 0.3 & 0.1 & 0.1 & 0.3 \\ 0.3 & 0.3 & 0.2 & 0.1 & 0.1 \end{bmatrix}$$

$$B_4 = (0.214, 0.125, 0.283, 0.139, 0.272)$$

本研究的算子采用（·，+）算子，因为该算子不但综合考虑所有因素的影响，而且还能够保留单因素评价的全部信息。

由 B_1，B_2，B_3，B_4 构成阿米巴管理模式下 Y 生鲜超市绩效评价的总的模糊评估矩阵：

$$R = (B_1, B_2, B_3, B_4)^T = \begin{bmatrix} 0.117 & 0.212 & 0.332 & 0.180 & 0.100 \\ 0.185 & 0.249 & 0.300 & 0.191 & 0.100 \\ 0.189 & 0.311 & 0.372 & 0.119 & 0.088 \\ 0.214 & 0.125 & 0.283 & 0.139 & 0.272 \end{bmatrix}$$

根据上文可知一级指标权重：

$(a_1, a_2, a_3, a_4) = (0.160, 0.095, 0.467, 0.278)$ 则总因素的模糊评价结果为：

$$C = A \circ R = (0.160, 0.095, 0.467, 0.278) \circ \begin{bmatrix} 0.117 & 0.212 & 0.332 & 0.180 & 0.100 \\ 0.185 & 0.249 & 0.300 & 0.191 & 0.100 \\ 0.189 & 0.311 & 0.372 & 0.119 & 0.088 \\ 0.214 & 0.125 & 0.283 & 0.139 & 0.272 \end{bmatrix}$$

$$C = (0.247 \quad 0.262 \quad 0.187 \quad 0.185 \quad 0.067)$$

按最大隶属度原则，可以判断在阿米巴管理模式下 Y 超市绩效评价结果良好，处于 89—75 分数段之间。说明阿米巴管理模式下能够给生鲜超市带来较好的绩效，但是生鲜超市要想取得更好的绩效，还需要在实际的操作过程中进一步完善管理模式以及绩效管理体系。

第五节 阿米巴管理模式下生鲜超市绩效水平提升对策

一、完善内部运营

内部运营是生鲜超市绩效评价的重要指标维度，生鲜超市在阿米巴管理模式下要提高绩效水平，应从以下方面入手，不断完善超市的内部运营基础。

第一，完善基础设施配备。基础设施配备是生鲜超市运营的基础，也是阿米巴管理模式下生鲜超市绩效评价的重要指标之一。生鲜超市要提高绩效水平，就必须重视基础设施的配备情况。首先，在生鲜超市的日常经营过程中，要对超市的基础设施需求有一个全面的评估，并进行科学的预算。然后——填充超市运转所需的各种基础设施，例如货架的配备、冷藏设施的配备、冷冻设备、保险设备、相关的信息技术设施等，保障生鲜产品以及其他商品能够得到有效的保存与摆放，方便消费者选购。其次，生鲜超市应配备基础设施的专门维护人员，定期对超市内的相关基础设施进行检查，出现损坏等要及时维修，防止因基础设施无法使用阻碍超市商品的销售与保存。最后，要定期对超市内基础设施的配备情况进行检查和重新预估，一段时间内根据超市的经营情况，判断超市基础设施配备是否充分，欠缺的部分及时添加新设备，多余的设备也要及时淘汰，保证生鲜超市内基础设施配备的科学性以及效用最大化。

第二，完善人员配备。人是阿米巴管理模式运营的基础，生鲜超市要实现正常的经营，也同样离不开超市每一个员工的努力。因此，生鲜超市要提高绩效水平，完善人员配备是必要的工作内容。首先，生鲜超市要对整个超市乃至整个企业的人员需求进行一个全面的分析，了解超市的运营需要哪些部门，各个部门需要哪些岗位，每一个岗位需要的人数都应该清楚，然后再根据人员的需求配备相应的员工。其次，生鲜超市应开展科学有效的职位分析和胜任力素质分析，分析每一个岗位的工作内容、相应的权利和责任以及胜任该岗位应该具备什么样的能力。然后根据职位说明书和胜任力素质指标招聘和选拔相应的员工。在进行职位分析时应遵循客观实际，保证岗位说明与实际的工作内容相符合，这有利于减少日后人岗不匹配问题。最后，依据人岗匹配原则配备各个岗位所需要的员工。选择合适的人员出任相关的岗位，并定期进行考核，激励员工的工作积极性，提高员工与岗位的契合度。此外，还要定期对超市的人员配备情况进行考察，发现有人员配备不足的情况要及时补充合适的员工。

第三，注重商品开发。产品开发是阿米巴管理模式下生鲜超市绩效评价的重要指标之一，只有保持源源不断的商品供应才能保证生鲜超市的生命力。首先，对每一个阿米巴单元进行培训，让每一个阿米巴单元的领导者和相关的员工了解商品开发的流程、了解商品的性能、可能的获利、供货渠道等，让阿米巴单元小店具备基础的商品开发能力，从而为做好商品开发工作奠定基础，也让下级阿米巴小店看到商品开发的重要性。其次，定期开展市场调研以及生鲜超市内容销售数据的分析，了解消费者对现有产品的满意度以及偏好，从而为开发新的商品提供依据。并且当新的商品推出后，也要对该商品的销售情况以及消费者的满意度偏好进行持续的跟进，确保所开发的商品能够适应市场的需求。

第四，完善物流体系。物流体系的完善一方面关系到生鲜产品在配送以及运输过程中的损坏率，这是生鲜超市成本控制的重要环节所在，因此，要提高生鲜超市的绩效水平，完善物流体系是必要的工作之一；另一方面，快速高效的物流配送过程是消费者购买生鲜超市商品的重要环节，关系到消费者购物体验的感受，是消费者评判生鲜超市销售服务态度的重要环节，完善物流体系，有利于提高消费者的满意度，进一步影响生鲜超市品牌在市场中的影响力。首先，生鲜超市应加大物流基础的投入，尤其是冷链物流基础设施的完善，这能够使得生鲜产品在物流配送的过程中得到良好的保险或者冷藏，降低商品在运输过程中的损坏率。其次，建立消费者配送服务评价机制，让消费者在接受配送服务后对该次配送服务进行打分，并将打分的结果与配送员的绩效挂钩，这有利于提高配送工作人员的责任意识和工作态度，减少配送过程中因配送人员服务不到位导致的商品损坏或者消费者的不满。

二、注重学习与成长

学习与成长是阿米巴管理模式下生鲜超市提高绩效评价水平的重要内容，只有不断地学习不断地成长，才能不断激发阿米巴管理模式的积极作用，进一步提高生鲜超市品牌在市场中的影响力，提高市场竞争力，取得更高的绩效结果。阿米巴管理模式下生鲜超市要提升绩效，注重学习与成长应从以下方面入手：

第一，加强员工培训。员工培训是提高员工的业务能力、提高生鲜超市绩效水平的重要基础，因此，在阿米巴管理模式下生鲜超市要加强员工的培训，提升员工的认知。一方面生鲜超市应注重对员工业务能力的培训，新员工入职后要对其开展入职培训，使其了解自身工作的基本操作和技巧，相关的知识储备要具备。此外还可以通过入职培训让新人对企业的整体文化以及经营管理模式有一个较为清楚的了解，从而更快地融入到工作中去。当员工入职后，要定期对员工进行培训与指导，不断更新员工的知识，并强调超市的服务理念，强化员工的工作责任意识，并及时地为员工解决工作中的难题，从而提高员工的业务能力。企业的领导要注重员工培训，经常参与员工的定期培训，督促员工进步，掌握员工的思想动态，从而提升企业培训的效果。另一方面，采用阿米巴管理模式需要提高员工对于该模式的认知。阿米巴模式强调每一个员工都是企业的主人，是企业的合伙人、经营者，因此强调员工以主人公的姿态工作，对企业负责。并且，采用阿米巴管理模式需要采用特有的会计核算制度，例如单位时间附加值等计算概念。加强员工的培训，让员工意识到自己在企业中的地位和作用，强化员工的归属感和责任意识，从而更好地为生鲜超市的经营发展做出努力；此外，在培训的过程中还要将相关的会计核算知识进行培训，让员工了解超市的核算方式，从而明白自身的潜力和价值，进一步激发员工的工作积极性。

第二，提高员工满意度。员工的满意度直接关系到他们的工作态度和积极性，因此，生鲜超市通过采取一定的手段激励员工，提高工作满意度，可以激发员工的工作热情和潜能，也有利于提高整个阿米巴管理模式的运转。首先，超市要定期进行满意度调查，了解员工的满意度情况，了解他们不满的部分以及工作中的需求和困难，从而为采取有效措施提供可靠的依据。其次，根据员工满意度调查的结果有针对性地开展员工激励，根据员工的需求尽可能满足其需求，员工不满的地方如果合理要及时地改进，员工工作中遇到困难企业要给予相应的帮助。最后，建立良好的工作环境，坚持以人为本的管理理念。工作环境的好坏直接关系到员工的工作态度，因此，超市应坚持以人为本的管理理念，为员工提供良好的工作环境。一方面经常开展员工之间的团队活动，加强员工之间的沟通与理解，超市的领导者也要经常与下属进行沟通交流，了解他们的职业生涯规划，并给予相应的引导和帮助。管理者在管理的过程中也要以人为本，尽可能民主，激发员工的工作主动性，适当授权，为员工提供良好的工作软环境。另一方面，生鲜超市应为员工提供干净整洁的工作环境，完善硬件基础设施配备，提高员工的满意度。

第三，完善绩效考核制度。要提高企业的绩效水平，一方面要从自身的经营管理入手，完善企业的经验流程，不断提升企业的实力；另一方面还应该建立科学的绩效考核制度，保障绩效考核结果的科学性和公正性，并合理利用绩效考核结果，激励员工更加努力地工作，提升员工的绩效，从而间接地为企业的绩效提升作出努力。首先，企业的领导要加强对绩效考核工作的重视程度，并对员工进行相应的绩效考核培训，让员工了解绩效考核的内容、目标、与自己利益相关的重点以及企业绩效的关键指标。让员工在充分了解企业的绩效考核制度之上参与到企业的绩效考核工作中，也有利于绩效考核工作的开展，提高各个部门之间的配合度。其次，科学制定绩效考核的指标内容，绩效考核的指标内容应与企业的实际需求相吻合，防止出现指标设置大而全或者不全面的问题。且各个指标的权重要设置清楚，强调企业的关键绩效指标，可以引进岗位难度系数和定量工作贡献率等指标，促进绩效指标与企业的战略目标相吻合，从而激励员工为企业的战略目标作出努力。再次，绩效考核的方法选择要合理，要根据企业的实际情况选择合适的绩效考核方法。最后，绩效考核的结果要充分利用，加强绩效考核沟通。在绩效考核工作开展之前，要做好通知与培训工作，让员工了解绩效考核的内容；考核中期要加强沟通，促进绩效考核工作的顺利开展；考核后期的绩效考核结果要及时反馈给员工，有出现问题的部分要及时反馈，提高考核结果的公正性。生鲜超市领导也要根据绩效考核的结果及时与超市的员工进行沟通，有针对性地做出相应的指导，并利用考核结果对员工进行相应的激励。

三、建立科学的核算制度

第一，完善单位时间核算制度。单位时间附加值是衡量员工绩效成绩的重要指标。首先，在阿米巴管理模式下，要提高生鲜超市的绩效水平，应该秉持公平、公开、公正的原则，向全体员工公开单位时间附加值的核算程度，以及相应的数据来源都应该保证其真实性和可靠性，核算的相关指标也应该更加合理科学，这有利于让员工认可企业的核算方式，并相应地配合该核算方式开展自己的工作。其次，生鲜超市企业应建立完善的单位时间附加值核算系统，针对不同的岗位、不同的阿米巴单元要采用相同的核算标准，从而使最终的结果具有横向可比性与纵向的可比性，从而充分地将阿米巴管理模式与管理特点融合为一体，形成具有企业特色的阿米巴管理模式绩效评价体系，从而发挥绩效评价的积极作用。

第二，注重成本控制。阿米巴管理模式下生鲜超市要控制成本，降低费用。首先，制定企业的费用标准。科学的标准可以在企业内形成一种无形的管理，员工在开展工作的过程中都会依照这个标准形式，这就避免了因无标准而造成的不必要的浪费。阿米巴管理过程中的每一个环节都制定一定的标准，也一定程度上限制了员工的工作行为，防止出现私人占有公司财物的现象。其次，规定成本费用预算制度。生鲜超市运营过程中所需要的投入费用都应该走预算流程，提前制定预算，之后对预算进行审查，审查通过后再拨款，这会减少许多不必要的浪费，并提高企业资金使用的透明度、降低企业的投资风险。最后，在整个生鲜超市内鼓励控制成本和环保节约的文化氛围，让员工自觉地为降低企业成本作出努力，并相互监督。采用阿米巴管理模式，员工以主人翁的态度开展工作，生鲜超市应强化这种意识，加强培训和宣传阿米巴管理模式，提高员工对阿米巴管理模式以及自身地位的认知，提高主人翁意识，这可以激发员工自觉地为提高超市的经营水平以及降低超市的经营成本做出努力。

四、强化客户服务

第一，重视客户满意度。客户满意度是生鲜超市服务管理水平的直接体现，要提高客户满意度，生鲜超市首先应做好自己的经营管理工作。向消费者提供优质的商品，提高员工的服务意识，从而改变员工对消费者的态度，注重消费者的购物体验，从而提高消费者的满意度。其次，管理者要重视客户的满意度，秉持以消费者为中心的服务理念，并将这种理念传达给员工，定期进行宣传与培训，形成以消费者为中心的企业文化。从而让员工自觉地为客户提供优质的服务，提高消费者的满意度。最后，加强与客户之间的沟通。生鲜超市可以建立网络信息服务平台，例如微信公众号，让消费者成为超市的粉丝，一方面超市可以定期向客户推送相关的产品介绍以及活动信息，让消费者不断了解超市的动态，感受到超市的服务热情。另一方面可以通过微信公众服务平台定期对消费者进行调查，通过该平台方便快捷地为消费者提供意见反馈渠道，了解消费者的需求和不满，并及时调整超市的管理和经营不足，并通过平台及时反馈给消费者，让客户看到超市的诚意和服务理念，从而提高消费者的满意度。

第二，完善客户投诉机制。客户投诉率反映了消费者对于生鲜超市的不满程度，以及生鲜超市经营过程中的不足之处。完善客户投诉机制一方面有利于提高客户的满意度；另一方面可以通过客户投诉了解到生鲜超市工作开展中的不足，从而改进超市的运营缺陷，提高生鲜超市在市场中的竞争实力。要完善客户投诉机制，首先，应建立科学的客户投诉管理流程，客户投诉后，要有相应的客服人员去解决客户的疑问和不满，问题解决后也要进行相应的反馈，一方面让消费者看到超市对自身问题的重视，看到超市的诚意；另一方面也让超市的管理者看到超市运营中的不足，并及时修正，防止出现危机。其次，要选拔和培养有能力的客服人员。客服人员是直接面对消费者的群体，他们的专业程度和工作态度直接关系到消费者投诉率以及投诉者对超市问题反馈的满意程度。因此，超市可以招聘专业能力强、服务态度好的客服人员，内部对于现有的客服人员也可以加强培训，提高其专业素养和对待客户的态度，提高超市对客户投诉的整体处理能力。最后，建立客户投诉反馈机制，一定时间对一定阶段的客户投诉材料进行整理，反馈给上级的管理者，管理者对这些材料进行分析，设计超市的投诉问题预案，减轻客服人员的工作量的同时也提高超市应对投诉的能力。

第六节　研究结论与展望

一、结论

本章研究阿米巴管理模式下生鲜超市绩效评价，主要得出如下结论：

第一，在文献梳理的基础上，结合福建省采用阿米巴管理模式的生鲜超市的实际情况，通过发放问卷和调查访谈的形式收集所需的数据，利用数据分析工具对相关数据进行分析，最终得出阿米巴管理模式下生鲜超市绩效评价指标主要有内部运营、学习与成长、财务状况和客户服务四个维度，且在这四个维度之下还包括十八个二级子指标因素，其中内部运营维度包括供应商评价、基础设施配备、物流效率、人员配备情况和商品开发；学习与成长维度包含员工培训、品牌影响力、员工业务熟练程度和员工满意度四个指标因素；财务状况包括销售增长率、费用控制率、成本降低率、单位时间附加值和投资回报率五个子因素；客户服务维度包括客户满意度、重复购买率、客户投诉率和市场认知度四个指标因素。

第二，此次研究以 Y 超市为例，利用模糊综合评价法对阿米巴管理模式下生鲜超市绩效进行评价，首先利用 AHP 方法对阿米巴管理模式下生鲜超市绩效评价的各个指标进行权重赋值，以及指标权重分别是（0.160，0.095，0.467，0.278）；其中内部运营各个指标因素的权重赋值为（0.362，0.163，0.043，0.362，0.070）；学习与成长各个因素指标的权重赋值为（0.160，0.095，0.467，0.278）；财务状况的各个指标因素权重赋值为（0.217，0.067，0.109，0.429，0.178）；客户服务维度的各个二级指标因素权重赋值为（0.558，0.122，0.057，0.263）。之后，在模糊综合评价法的分析之下得出 Y 超市在阿米巴管理模式下绩效评价的结果分值在89—75 分数段之间。说明阿米巴管理模式下能够给生鲜超市带来较好的绩效，但是生鲜超市要想取得更好的绩效成果，还需要在实际的操作过程中进一步完善管理模式以及绩效管理体系。

第三，经过对阿米巴管理模式下生鲜超市绩效评价的研究，得出阿米巴管理模式下生鲜超市的绩效评价指标主要有内部运营、学习与成长、财务状况、客户服务四个维度，针对这四个维度，提出阿米巴管理模式下生鲜超市提升绩效水平的对策措施，分别是完善内部运营、注重学习与成长、建立科学的核算制度以及强化客户服务，这些措施建议的提出为阿米巴管理模式下生鲜超市提升绩效水平提供了应对的思路。

二、研究展望

对于阿米巴管理模式下生鲜超市绩效评价的研究，在接下来的进一步研究中做出如下展望：第一，在研究样本上要尽可能增加样本范围和样本规模，尽可能全面地包含研究对象所涉及的利益群体，增加对其他地区采用阿米巴管理模式的生鲜超市的研究，提高样本的代表性。第二，可以尝试采用其他多种研究方法，提高对阿米巴管理模式下生鲜超市绩效评价的准确性。第三，进一步找寻其他可能的绩效评价指标因素，提高研究的准确性。

第七章　福建省生鲜超市店长薪酬满意度研究

第一节　绪论

改革开放以来，我国生产力得到了极大的解放，经济的迅猛发展在带动产业发展，提高农业生产能力的同时，也直线带动人民生活水平的提高，甚至改变了人们的消费观念和消费行为。"民以食为天，食以鲜为先"，在温饱型社会奔向小康社会的转型过程中，人们不再满足于温饱，转而开始追求生活品质，进而对食品安全、绿色食品、购物环境等方面提出了新的要求，农产品零售方式遭遇了深刻变革。以农贸市场为主的传统生鲜零售方式已无法跟上生产和消费的变化节奏，生鲜超市面世势不可当[2]。随着我国"菜篮子""农改超"项目的推进，农产品连锁超市和社区菜市场的销售比重逐渐上升，挤占早市、农贸市场的销售比重。各零售企业也逐渐意识到生鲜经营的战略意义，紧锣密鼓地推出开店计划，企图抢占先机。

纵观生鲜产品流通模式的发展之旅，主要有三个阶段：国营菜场、农贸市场和生鲜超市[315]。而生鲜超市这一业态是由超级市场衍生而来，仍隶属于零售业，同样面临着零售业的常态问题：人力成本及租金节节攀升，跨区发展水土不服现象屡现，人才储备缺口持续发酵，电商强烈冲击等，可谓挑战多多，苦难重重，其不仅要靠薄利多销所获得的微薄利润保证企业的正常运营，甚至要腾手支持规模的扩大，因此，对于成本的把控甚为苛刻，特别是人力成本。

福建省生鲜超市经过多年的发展，涌现出一大批优秀的生鲜企业，如永辉超市、新华都等。在这些企业一路高歌、大步前进的过程中，与其高速发展不相匹配的是生鲜超市店长层级的管理人才匮乏、人才培养步伐无法跟上行业企业的发展，从而陷入供不应求的困境。留住人才不仅能有效节约福建生鲜超市企业的人力成本，为捉襟见肘的成本管控带来福音，更有利于企业长期稳定发展，而且店长作为连锁店的管理者，企业的中流砥柱，留住店长，稳定店长队伍更具有积极意义。

面对零售业员工流动率高、人才偏紧等问题，生鲜超市企业有必要关注员工薪酬满意度，优化薪酬模式，重视提升员工的满意指数。为此，本章将通过对生鲜超市店长薪酬满意度情况的调研，客观了解该群体的薪酬满意度状况，并基于生鲜超市店长薪酬满意度现状、主要影响因素，提出提升其薪酬满意度的对策。

第二节　福建省生鲜超市店长薪酬满意度研究相关概念的界定

一、薪酬的概念

员工通过为组织劳动，并根据所提供的劳动或劳务而获取相应的回报，这种回报在不同时期、不同领域被冠以不同的名称，有工资、报酬和薪酬等，但其实质都表达了一种公平的交易或交换关系，是员工在向单位让渡其劳动或劳务使用权后获得的补偿。随着研究的深入，人们对薪酬的认识逐渐加深，薪酬的内涵也得以不断发展，从狭义薪酬发展到广义薪酬，从单一薪酬发展到全面薪酬，实现了由单一到全面的进化。

关于薪酬的定义最初是从狭义薪酬的概念出发，认为薪酬即通过货币或其他可以转化为货币形式的方式支付给雇员的报酬，也就是工资。但随着人力资源理论的不断发展和完善，越来越多的学者认为薪酬不能简单地与货币报酬画等号，其通过不断的研究，丰富和发展了薪酬的概念，使得薪酬概念的外延得以拓展，广义薪酬概念也随之应运而生。

针对狭义薪酬概念，美国学者 Milkovich 和 Newman （1987）认为薪酬除雇员凭借劳动所获得的各种直接货币形式的货币收入外，还包括非直接货币形式的福利收入，是货币收入和福利收入的总和。其中直接货币形式包括基本工资、绩效工资、激励奖金等，非直接货币形式包括各种保障、带薪假期等福利[316]。美国薪酬管理专家 Martocchio（2002）认为薪酬除货币奖励和非货币奖励的外在薪酬外，还包括雇员所获得的心理回报，即内在薪酬[317]。Robbins（2000）将薪酬定义为员工在履行工作职责后获得的内在薪酬和外在薪酬的统称，其中，员工借助内在薪酬获得精神满足，而通过外在薪酬获取有形回报，实现物质满足[318]。

随着研究的深入，广义薪酬的概念得以完善，即包括经济性报酬和非经济性报酬，二者分类是基于报酬是否以金钱形式表现或衡量。其中经济性报酬主要由两部分组成：直接的经济薪酬，即货币收入，包括工资、奖金、津贴、股权等；间接的经济薪酬，包括福利、保险、培训、住房、带薪休假等其他福利。而非经济性的薪酬，主要是个人对工作或环境在心理上或物质上获得的满足感，即在工作上，获得感兴趣的、具有挑战性的工作，享有责任感及成就感，工作条件便利等；在社会上，实现个人成长、个人价值等。

如今，广义薪酬的概念普遍得到国内外学者的认可，因此，本章的薪酬主要根据广义薪酬的概念，在综合各位学者研究的基础上，将薪酬分为三类：薪资，主要指直接的经济报酬，包括基本工资、绩效工资、变动工资等；福利，主要指间接的经济报酬、福利和服务，包括工作及环境而伴生附带的各种条件，如社会保险、员工服务、带薪休假、旅行等；非经济报酬，主要指个人对工作或环境在心理上获得的满足感，主要表现为工作氛围、工作条件、工作权限、个人发展、升值空间等。

二、薪酬满意度的界定

顾名思义，薪酬满意度是雇员从组织获得薪酬的满意程度，专业角度上讲是雇员对组织所给予的薪酬进行评价后产生的主观心理感受。

薪酬满意度最初是作为工作满意度的一个考察维度而进入人们的视野的。由于劳动成本是组织花费中的主要部分，故而有学者建议对其进行独立研究。最初的研究始于美国学者 Adams。Adams 于 1965 年提出的公平模式得到广泛认可，认为人们对于满意的判定受到参照比较的影响，员工会相互比较彼此之间的投入/报酬比例，并根据比值产生不同的情绪，若比值相等或大于他人，则会对自己的薪酬感到满意；若比值小于他人，则会对自己的薪酬感到不满意[319]。1971 年，Lawler 提出差距理论，即薪酬满意度是劳动者期望薪酬与实际薪酬的差异感知，若两种知觉契合度高，则薪酬满意度高；反之则或因薪酬过低产生不满足，或因实际薪酬过高涌现罪恶、不安的感觉[320]。1991 年，Miceli & Lane 把薪酬满意度具体化为一种情感状态，提出薪酬满意度是个体对获得薪酬所产生的正向或负向的情感总和[321]。

国内研究方面，于海波、郑晓明（2009）也认为薪酬满意度是雇员对所获薪酬总和所持有的积极或消极情感[322]。冉斌（2002）[323]、王玮（2004）[324]认为，薪酬满意度是一个相对的概念，取决于员工自己所获经济性报酬和非经济性报酬的总和与自身期望值的比较结果，二者契合度越高，呈现的满意状态越理想。

由此可见，虽然关于薪酬满意度的定义目前尚未统一，但不同定义均不失其特定的合理性。总之，薪酬满意度是一个相对的概念，是员工对自己所获得的薪酬进行比较后而产生的正向或负向情感，而员工对所获薪酬的评价比较基本不脱离公平理论、差异理论及个体情感理论。

第三节　薪酬满意度研究综述

一、薪酬满意度的维度

从单一维度到多维度，薪酬满意度维度研究走过了三四十年的发展。早期，薪酬满意度作为一个整体的单维度概念贯穿运用在工作满意度模型、薪酬满意度概念及其理论本身等研究中，在比较具有代表性的明尼苏达满意度问卷（MSQ，Minnesota Satisfaction Questionnaire）[325]和工作描述指数

（JDI，Job Descriptive Index）[326]中，薪酬满意度仅作为工作满意度中的一个维度。即使到1976年，Locke就假设薪酬满意度是一个多维度概念[327]，但直到1979年，美国心理行为学家Heneman和Schwab才清楚阐述薪酬满意度的多维度本质[328]，并于1985年进行验证[329]，开发出薪酬满意度调查表（PSQ，Pay Satisfaction Questionnaire），而在这之前，则侧重于单一维度的薪酬水平满意度研究。

1985年，Heneman和Schwab假设薪酬满意度为多维度，把薪酬满意度分解为5个维度：薪酬水平满意度、薪酬增加满意度、福利满意度、薪酬结构满意度、薪酬管理满意度。并依此设计了20项薪酬满意度调查量表（PSQ）。其中，薪酬水平指员工目前的直接收入；薪酬增加指员工薪酬水平的变化情况；福利指非工作日工资、保险、养老金等非直接报酬；薪酬结构指薪酬等级划分；薪酬管理指薪酬制定、执行等各方面的管理工作。Heneman和Schwab经过探索性因子分析，将薪酬结构与薪酬管理合并为一个维度，建立四维度模型：薪酬水平、薪酬增加、福利、薪酬结构和管理，并将PSQ量表修订为18个题项[329]。

尽管Heneman的四维度模型得到许多研究者的支持和认可，PSQ也成为新的薪酬满意度测量工具，但在维度数量和结构上，学术界仍无统一意见，因为许多研究者在借用PSQ量表对薪酬满意度维度进行验证时，发现结果并不稳定，样本不同，结果也就不同。有论证结果显示薪酬满意度仍是单维度结构的，如王玮（2004）提出薪酬满意度是薪酬水平的单一维度满意[324]；Liu，Tang& Zhu（2008）以中国西部一家大型企业的员工为研究样本，发现单一维度的薪酬满意度评价更适合中国大陆的样本[330]；同样的结论还出现在刘帮成、王慧、杨文圣（2008）对上海徐汇区政府雇员薪酬满意度的研究中[331]。而论证结果为两个维度的则有香港大学的Law（1998）教授，其通过对香港本地企业171名一线工人进行实证研究，发现在中国香港地区薪酬满意度更适宜从薪酬水平和福利两个方面来评价[332]。

同样，也有不少研究者的论证结果显示薪酬满意度为多维度结构，但关于维度数量则未形成一致结论，三维度、四维度、五维度、六维度各有论证结论得出。美国Ash（1987）在以法官为研究样本的实证研究中所建构的薪酬满意度模型为三维度模型，包括薪酬水平、薪酬结构和管理、福利水平[333]；De Gieter（2006）通过对4个不同行业的样本（营利性组织的雇员、非营利组织的护士、文化中心雇员和非营利组织的老师）进行分析，发现PSQ的维度结构并不稳定，前三个样本支持四维度模型，但在教师样本中，则只有三维度：薪酬水平、薪酬结构和管理、薪酬增加[334]。Mulvey，Miceli和Near（1992）通过对薪酬满意度三维度、四维度和五维度模型进行分别验证，结果发现四维度和五维度模型拟合效果不错[335]；Judge和Welbourne（1994）采用时间序列研究方法，对两组样本进行四维度模型效度检验[336]，结果再次印证Heneman et al.提出的四维结构，同样的论证结果还出现在于海波、李永瑞和郑晓明（2009）[322]的研究中；金燕和乔杰（2008）通过对西部地区民营企业员工的实证研究，得出薪酬满意度的四维度模型，即薪酬水平、薪酬制度、薪酬结构、薪酬外部竞争性[337]；Stuman和Short（2000）在对医疗机构的实证研究中，建立了薪酬满意度的五维度模型，除PSQ的四维度外，奖金维度也纳入薪酬满意度维度之中[338]，同样的验证结果还出现在伍晓弈、汪纯孝、谢礼珊（2006）[339]的研究中；谢宣正、薛声家（2009）以企业人力资源管理人员为研究对象，构建五维量表，即薪资水平、福利、薪资晋升、薪资政策与管理、非经济报酬，其中非经济报酬是企业人力资源管理人员薪酬满意度的重要构成维度[340]；张英奎、陈方（2012）以基层电网员工为研究样本，进一步论证谢宣正、薛声家的五维量表，并提出其中薪酬水平满意度和福利满意度仍是基层电网企业员工薪酬满意度的重要构成维度[341]；郭海昕（2007）以酒店员工为研究样本，验证了薪酬满意度的六维度模型，包括薪酬内部的公平性、薪酬个人的公平性、薪酬管理的依据性、薪酬信息的沟通性、薪酬制度的激励性和公共福利[342]。

　　薪酬满意度研究已从先前总体的单一维度构思发展到近来的多维度构思，而多维度本质也在诸多研究中得到验证。但对于薪酬满意度的维度结构，国内外学界尚未形成共识。相对而言，Heneman和Schwab的四维度模型在过去的30年里经历了大量的实证验证，获得了高度好评。但在不同的文化背景和样本下，薪酬满意度的具体维度结构仍有所差异。

二、薪酬满意度的测量

薪酬满意度的测量与薪酬满意度维度结构密切相关，主要方法有临时测量和标准测量。早期以临时测量为主，研究者根据需要设定一个题目测量薪酬满意度，这种方法虽然方便使用，但题目设计的随意性也限制了研究者对其有效性的判断。标准测量则是采用薪酬满意度标准量化表，便于研究者判断量表的有效性，主要有：1967 年 Weiss，Dawis England 和 Lofquist 编写的明尼苏达满意度问卷（MSQ，Minnesota Satisfaction Question-naire）[325]；1969 年 Smith，Kendall 和 Hullin 提出的工作描述指数（JDI，Job Descriptive Index）[326]；1985 年 Heneman，Schwab 编写的 PSQ[327]。前两者侧重于薪酬水平满意度一个维度，而 PSQ 则是 Heneman et al. 在尝试薪酬满意度多维度探索验证后所设计的薪酬满意度量表，共 18 个题目，紧紧围绕薪酬水平、薪酬增加、薪酬结构与管理、福利四个维度进行设计。此量表开创了薪酬满意度多维度评价的先河，并在后续的经验型研究中得到证实，在学术界获得了广大认可。

国内相关研究者在进行薪酬满意度测量时也多借鉴 PSQ 量表：2009 年赵芬芬[343]、2013 年陈晓静、贾琛珉[344]直接套用 PSQ 量表对薪酬满意度和工作绩效关系进行研究；2008 年刘帮成、王慧、杨文圣在对 PSQ 进行中国背景下的结构检验时，虽然有对 PSQ 进行本土化改良，但侧重点是放在 Likert 量表技术上，在量表题目上仍直接引用；2009 年谢宣正、薛声家在借鉴 PSQ 量表过程中，根据企业人力资源管理人员的工作职责和对薪酬有全面、深刻的认识及具有较强的工作成就动机等特点，在 PSQ 量表中引入了非经济性报酬的维度，取得了重大突破[345]，并直接被张英奎、陈方（2012）所采用，直接用以研究基层电网公司员工的薪酬满意度[341]，被邵建平、苏小敏（2012）借鉴设计 8 个维度量表[345]。

PSQ 作为一个成熟量表，得到了广大学者的一致认可，但此量表是基于西方特定环境开发的，在中国难免会发生水土不服情况。因此，如果在中国本土化研究中全盘采用此量表进行研究并非科学，改良必不可免。同时，针对不同的研究样本，在设计量表过程中充分考虑研究对象的特征，有针对性地设计量表也是必须的。本研究中的研究样本有别于已有的相关研究，直接运用已用量表开展研究有失科学性和合理性，因此，本研究将借鉴相关成果，结合福建省生鲜超市店长人员的基本特征，重新设计薪酬满意度的测量问卷。

三、薪酬满意度影响因素

（一）人口统计

在人口统计学特征方面，主要从年龄、性别、教育水平、婚姻状况等方面入手研究。在国外研究中，针对年龄因素的研究虽然不多，但结论却颇具争议。一般认为，年龄大小与薪酬满意度呈负相关关系，Schwab 和 Wallace（1974）[346] 和 Dreher，Ash，Bretz（1988）[347] 均对此进行了论证，但 Heneman 等（1988）[348] 和 Watson 等（1988）[349] 却发现完全相反的正相关关系。针对性别因素，Major（1984）实证研究发现虽然女性工资不及男性，但对于薪酬的满意感知，她们的满意指数却比男性高，对此，Major 称为"女性员工悖论"[350]。针对教育水平因素，Klein 和 Mather（1966）以一家电器制造企业的生产线管理者为样本进行研究，发现受过高等教育的生产线管理者对薪酬的满意度低于未受过高等教育的生产线管理者。Lawler 也曾对教育水平和薪酬满意度的关系开展 5 次研究，其中 4 次研究结果显示二者之间呈现负相关，同样的结论还出现在 Dreher（1981）[351] 的研究中；Judge（1993）的调查研究则显示二者具有较强的相关性[352]。针对职业层级因素，Judge 和 Locke（1998）研究发现人的职业层级与薪酬满意度呈正相关关系[353]；Williams 等（2006）研究发现，婚姻状况、性别、年龄、民族 4 个非工作相关因素和经验、教育、工龄、组织层级 4 个工作相关因素与薪酬满意度均无相关（<0.1），仅除工作职位层级这个工作相关因素与薪酬满意度相关[354]，但注意的是其研究对象仅是薪酬水平满意度一个维度。总之，就如 Heneman 等（1985）、Lawler 等（1971）[355] 所得结论，工作相关因素投入的增加，将提高员工对薪酬的期望值，从而导致薪酬满意度的下降。

而在国内对薪酬满意度的研究中，人口统计特征更倾向被当作控制变量进行分析，不同人口统计特征的员工得出的结果不尽相同。虽然人口统计特征影响着样本对薪酬满意度的感知，但样本不同，感知需求也就各异，进而也得出了一些相矛盾的研究结论，如伍晓弈、汪纯孝、张秀娟（2006）[339]；李志、裴琳（2006）[356]；童艳婷（2007）[357]；郭海昕（2007）[342]；顾远东、陈同扬（2010）[358]；万华、梁金成、孔梅英（2010）[359]；邵建平、苏小敏（2012）[345]；辛颖、田立启、杨美玲、李江峰、黑静友（2013）[360]等的研究。

（二）人格特征

薪酬满意作为一种主观感受，不可避免地受到个体人格特征的影响。Shaw 等（1999）研究表明，积极的情感与薪酬满意度呈显著相关，而消极的情感则与薪酬满意度不相关[361]，相同的研究结论还出现在赵勇等（2006）对家电制造企业管理人员的研究[362]及谢宣正、薛声家（2009）对企业人力资源管理人员的研究中；Judge（2003）研究发现情绪的稳定性与薪酬满意度具有显著的正相关性，情绪智力反映个体感受和控制自身及他人情绪的能力，而情感倾向左右着个体情感体验的方向，这无疑会影响员工对薪酬满意的感知。Cable 等（1994）发现崇尚物质主义的人更青睐于高薪酬水平；利己主义者和自我效能高的人更倾向于个体而不是团队薪酬；内控力高的人要求更灵活的福利计划；风险规避者讨厌权变薪酬体系，对稳定薪酬有着更高的满意度；同时，相较岗位薪酬，自我效能高的人更青睐技能薪酬[363]。Lane（2004）研究显示在结果导向的薪酬体系下，风险偏好者的薪酬满意度指数更高；陈雨田、陈景秋、唐宁玉、陶玥（2011）通过对 139 个员工进行多元回归分析，发现金钱偏好对薪酬水平满意度和薪酬增长满意度有显著的负向消极影响，并通过进一步分析，发现金钱偏好对薪酬和薪酬满意度之间的关系具有调节效应[364]；杨同卫、陈晓阳（2011）基于儒家"义利观"的分析，发现物质主义价值观对于薪酬满意度有着消极影响[365]；陈晓静、平原（2011）探讨认知复杂性对薪酬满意度的影响，发现个体认知复杂性的差异与所感知到的薪酬满意度的有关维度具有高度的相关性[366]。

（三）薪酬体系

关于薪酬体系方面影响因素的研究，主要从薪酬制定、薪酬制度和薪酬管理三个方面入手。

在薪酬制定方面，主要体现在薪酬制定的合理性，包括薪酬水平、薪酬结构等。传统研究认为，实际工资会直接影响薪酬满意度，"薪酬水平与薪酬满意度关系的一致性很可能是有关薪酬满意度原因中最具影响力的"[367]（Heneman，1985），薪酬水平与薪酬满意度是一种线性关系，Miceli 和 Lane 认为薪酬水平与薪酬水平满意度强相关；Huber，Seybolt 和 Venemon（1992）[368]及 Danehower 和 Lust（1992）[369]认为实际收入水平是影响员工薪酬满意度的主要变量；但是，后期的研究显示，薪酬水平与薪酬满意度是非线性关系。1990 年，Porter，Greenberge 和 Heneman 研究了薪酬水平与薪酬满意度的非线性关系，发现薪酬水平对薪酬满意度的边际效应存在递减规律，薪酬满意度的增加率会随着薪酬水平的提高而递减[370]；Williams 等（2006）研究表明，实际工资（0.29）与工资增长比例（0.08）均与薪酬满意度呈微弱相关；顾远东、陈同扬（2010）在以高校教师为样本的研究中也发现，高校教师的薪酬满意度与实际收入的关系呈抛物线状态，其会随着实际收入水平上升而增加，但当实际收入水平达到一定值后，薪酬满意度反而会降低[358]；贺伟、龙立荣（2011）通过对 14 家企业 331 名员工的客观薪酬数据和主观薪酬满意度的调研，发现员工的实际工资水平与薪酬满意度无显著相关[371]；张英奎、陈方（2012）在以基层电网员工为样本的研究中，发现薪酬水平满意是影响员工薪酬满意度的关键因素，其次是福利水平。薪酬结构设计的合理性也直接影响着员工对薪酬满意度的判断。Barber，Dunham 和 Formisano（1992）发现导入弹性福利制度后，员工的薪酬满意度增加[372]；Judge（1993）研究发现绩效薪酬感知与薪酬满意度相关；Lust（1986）[373]，George（1981）[374]采用不同的研究方法，均证明福利与薪酬满意度显著相关；祖伟、龙立荣、赵海霞、贺伟（2010）发现绩效工资强度与薪酬满意度之间呈倒 U 形关系，绩效工资强度并非越高越好[375]。

薪酬管理和薪酬制度对薪酬满意度的影响则主要体现在员工对其感知

程度和公平感知上。Dyer 和 Theriault (1976) 在模型设计中，将员工对薪酬体系的感知作为决定薪酬满意度的另一方面，认为理解薪酬体系的人越多，对薪酬结构和薪酬制度的满意度就越高[376]；Lee 和 Roland (1976) 发现员工对企业薪酬管理制度和管理方式的知觉会影响其薪酬满意度；Heneman，Greenberger 和 Strasse (1988) 发现绩效薪酬感知对薪酬增加和薪酬满意度有显著影响；Williams (2007) 发现员工对绩效评价的感知、绩效评价的方法对薪酬满意度有很大的影响。公平感知则主要体现在制度和管理执行过程中的结果公平和过程公平。公平性是企业构建薪酬体系应该遵循的一个主要原则。结果公平指对分配结果的公平感知，聚焦于资源分配数量的公平性；过程公平指在达到最终结果过程中所采取措施的公正性，聚焦于决策执行过程中规则和过程的公平性。自 1965 年 Adams 提出公平理论以来，公平议题在薪酬研究中必不可少。许多欧美研究者的研究表明，薪酬管理的公平性是员工薪酬满意度的重要影响因素。Oldham et al. (1986) 研究发现分配公平和薪酬满意度之间具有显著相关性[377]；Sweeney (1990)[378]，Summers 和 DeNisi (1990)[379] 等多名学者经过研究也得出了相同的结果。McFarlin 和 Sweeney (1992) 研究发现，相比程序公平，分配公平更能有效预测满意度[380]。然而，另一些研究结果，如 Mossholder，Bennet 和 Martin，Mesolowski 和 Mossholder 却显示程序公平与满意度高度相关。Leventhal (1980)[381]，Lind 和 Tyler (1988)[382] 认为，员工对制度设计和决策过程的感知和参与，能够产生强烈的过程公平知觉，树立对结果或组织更为正面的态度；Folger 和 Knovsky (1989) 研究发现，分配公平与薪酬满意度相关，程序公平与组织承诺相关，但二者也存在交互作用，当二者都低时，薪酬满意度最低，但如果程序公平认为较高，即使分配较低，也不会造成薪酬满意度低[383]；Masterson 和 Lewis (2001) 研究发现，互动公平和程序公平均能显著预测薪酬满意度，二者的独立作用也甚为明显，但较之互动公平，程序公平的作用更明显[384]；DeConinck 等 (2004) 研究发现，分配公平通过薪酬满意度影响组织承诺，但程序公平对薪酬满意度则没有直接影响，而是通过上级满意度影响组织承诺[385]。关于薪酬公平感与薪酬满意的关系，国内学者经过理论探讨和实证研究，发现不同类型的公平感知对薪酬满意各个维度的作用途径和程度各不相同。伍晓弈、汪纯孝、谢礼珊（2006）发现薪酬管理公平性是影响员工薪酬满意度的重要因素；郑蕊、鲁郁陶（2008）研究发现组织公平性与薪酬满意度强相关，组织内部越公平，薪酬满意度越高，分配公平比过程公平对薪酬满意度的影响更大[386]；郭起宏、万迪昉（2008）实证发现，结果公平和过程公平都对员工满意产生显著的积极效应[387]；陈晶瑛（2010）对制造业员工的实证研究发现，薪酬分配结果公平性与薪酬满意度的结果维度和过程维度呈显著相关[388]，研究结果还证实了 McFarlin & Sweeney（1992），Folger & Konovsky（1989）提出的分配程序公平性对薪酬满意度的影响。

（四）薪酬比较

根据参照物的不同，薪酬比较可分为外部比较、内部比较和个人比较。Oldham，Kulik，Stepina 和 Amborse（1986）以组织为界，将参照对象分为组织内部和组织外部，形成内部公平和外部公平的比较[389]。Gerhart 和 Milkovich[390]，Dyer 和 Theriault 等人的研究都指出组织外部相似工作的薪酬水平对员工薪酬满意度有很强的影响。Brown 等（2008）研究认为，相对于他们的绝对工资水平，员工更关注个体工资水平在集体中的排序位置。Cappelli 和 Sherer（1988）发现薪酬满意度与市场薪酬负相关，与处于劣势地位的相关收入负相关[391]；伍晓弈、汪纯孝、谢礼珊（2006）研究发现员工的薪酬比较结果对他们的薪酬满意度有显著的影响。刘金伟、张荆、李君甫、赵卫华（2012）对北京 18 所高校教师的薪酬满意度进行抽样调查，发现部门内部的工资比较对薪酬满意度有正向影响[392]。

（五）工作特征

不同的工作具有不同的社会属性和价值属性，工作特征包括岗位要求、工作量、工作难度、工作环境、工作压力、工作责任等内容。Hackman et al. 于 1971 年建构了工作特征模型，并指出模型中的因素弥补了薪酬局限性造成的不足，而与薪酬满意度呈正相关性；Judge 和 Locke（1998）研究发现工作性质与薪酬满意度存在显著相关性；Kinicki 等

（2002）发现工作特征与薪酬满意度的 P 值介于 0.14 与 0.23 之间，二者无显著相关[393]；Williams（2006）研究发现任务反馈（0.24）、工作自由（0.24）、工作范围（0.23）技能多样性（0.18）、任务意义（0.14）、任务同一性（0.11）、与薪酬满意度呈中等程度的正相关，其中影响力最强的当属相关系数最高的任务反馈和工作自由，其在于任务反馈多使员工的薪酬期望更贴近现实，更容易接受现实，高自由度的任务更容易满足员工的成长需要；Dornstein 以以色列为研究样本，发现蓝领阶层比白领阶层具有更高的薪酬满意度；叶勤、戴大双、王海波（2008）通过对国内某移动通信运营企业进行薪酬满意度问卷调查，分析证实环境因素与薪酬满意度之间具有显著相关性，应注重创造公平、和谐、合理的薪酬环境和组织环境[394]。

纵观来看，薪酬满意度影响因素主要体现在两个方面：一方面是获得薪酬的主体因素，包括从人口统计学出发的各项特征，如年龄、性别、教育水平、婚姻状况等，及主体因素上所展现的人格特征和由此引发的薪酬比较；另一方面是薪酬客体因素，对薪酬本身的评判，如薪酬体系，细化为薪酬水平、薪酬结构、薪酬提升、薪酬管理和薪酬制度等方面。

第四节　福建省生鲜超市店长薪酬满意度研究问卷概况

2014 年 6 月，笔者针对调查对象开展正式调查。本次问卷共发放 150 份，回收 136 份，回收率达 90.7%，其中有 22 份问卷因存在漏答现象，考虑剔除，最后剩余有效问卷 114 份，有效率为 83.8%。有效问卷的被调查者全部是已婚人士，其中，男性被调查者为 96 人，占总数的 84.2%，女性被调查者 18 人，占总数的 15.8%；详细统计结果见表 7 - 1。

表 7 - 1 研究样本情况表

		频率（次）	百分比（%）	有效百分比（%）	累计百分比（%）
门店营业面积	1000 平方米及以下	14	12.3	12.3	12.3
	1001—2000 平方米	20	17.5	17.5	29.8
	2001—3000 平方米	20	17.5	17.5	47.4
	3001—5000 平方米	14	12.3	12.3	59.6
	5001—8000 平方米	30	26.3	26.3	86.0
	8001—10000 平方米	10	8.8	8.8	94.7
	10001 平方米及以上	6	5.3	5.3	100.0
门店2013年营收水平	1000 万元以内	4	3.5	3.5	3.5
	1000 万—2000 万元	26	22.8	22.8	26.3
	2000 万—3000 万元	16	14.0	14.0	40.4
	3000 万—4000 万元	22	19.3	19.3	59.6
	4000 万—5000 万元	10	8.8	8.8	68.4
	5000 万—6000 万元	8	7.0	7.0	75.4
	6000 万—7000 万元	12	10.5	10.5	86.0
	7000 万—8000 万元	6	5.3	5.3	91.2
	10000 万—15000 万元	4	3.5	3.5	94.7
	15000 万元以上	6	5.3	5.3	100.0
性别	男	96	84.2	84.2	84.2
	女	18	15.8	15.8	100.0
婚姻状况	已婚	114	100.0	100.0	100.0
年龄	30 岁以下	8	7.0	7.0	7.0
	31—40 岁	82	71.9	71.9	78.9
	41—50 岁	20	17.5	17.5	96.5
	51 岁以上	4	3.5	3.5	100.0
零售业累计工作年限	6—10 年	56	49.1	49.1	49.1
	11—15 年	50	43.9	43.9	93.0
	15—20 年	6	5.3	5.3	98.2
	20 年以上	2	1.8	1.8	100.0
店长岗位时间	5 年以下	32	28.1	28.1	28.1
	6—10 年	44	38.6	38.6	66.7
	11—15 年	24	21.1	21.1	87.7
	15—20 年	10	8.8	8.8	96.5
	20 年以上	4	3.5	3.5	100.0

表 7 - 1 研究样本情况表（续表）

		频率（次）	百分比（%）	有效百分比（%）	累计百分比（%）
最高学历	初中及以下	2	1.8	1.8	1.8
	高中（中专）	56	49.1	49.1	50.9
	大专	40	35.1	35.1	86.0
	本科	16	14.0	14.0	100.0
2013 年年薪	5 万元以下	10	8.8	8.8	8.8
	5—6 万元	26	22.8	22.8	31.6
	6—7 万元	12	10.5	10.5	42.1
	7—8 万元	16	14.0	14.0	56.1
	8—9 万元	22	19.3	19.3	75.4
	9—10 万元	12	10.5	10.5	86.0
	10—11 万元	8	7.0	7.0	93.0
	11—12 万元	4	3.5	3.5	96.5
	12—13 万元	2	1.8	1.8	98.2
	15—20 万元	2	1.8	1.8	100.0

第五节 福建省生鲜超市店长薪酬满意度研究调查结果分析

笔者运用 SPSS 19.0 软件对回收的有效问卷进行统计分析，通过描述性统计分析，评测问卷样本信息；通过效度分析和信度分析判断问卷数据是否具有统计意义；通过因子分析、相关分析、回归分析验证量表的维度结构；通过独立样本 T 检验和单因素方差分析探讨不同自变量下因变量的变化，以确保薪酬满意度的影响因素研究的准确性。

一、问卷效度检验

问卷效度（Validity）即有效性，指测量工具或手段能够准确测出所需测量事物的程度，主要有准则效度（Criterion Validity）、内容效度（Face Validity）和建构效度（Construct Validity）。本章主要探讨问卷的内容效度和建构效度。

内容效度方面，本研究问卷的确定过程由三个阶段组成：理论研究确定问卷初稿—专家意见修正问卷—预调查检验问卷。在设计问卷初稿阶段，通过认真研究大量国内外研究成果，结合福建省生鲜超市店长人员的基本特征设计问卷初稿；在问卷初稿修正阶段，在分别与人力资源理论和生鲜超市实践专家（人力资源管理教授2名，福建省生鲜超市人力资源负责人2名）进行准备充分的访谈后，对收集来的意见和建议进行认真推敲，有选择性地修正问卷初稿；在预调查检验问卷阶段，通过发送邮件和面对面采集的方式对25名福建省生鲜超市店长进行薪酬满意预调查，并对回收的有效问卷进行信度检验，在得到良好的信度后确定调查问卷。整个问卷设计过程，从头到尾始终秉承认真严谨、细致周到的原则，做到程序有序，分析到位，并得到了相关理论专家和实践专家的认可，内容效度良好。

建构效度方面，由于本研究主要在于探索福建省生鲜超市薪酬满意度水平及主要影响因素，因此采用因子分析法统计分析问卷建构效度，即通过主成分分析方法和最大方差旋转法对38道题的数据进行因子分析。

首先，在对薪酬满意度进行因子分析之前，本章将先采用项目－总体相关系数（CITC）分析法纠正条目，结果如表7－2所示。

表7－2　项总计统计量

	项已删除的刻度均值	项已删除的刻度方差 x	校正的项总计相关性	项已删除的Cronbach's α 值
A1 您对您最终拿到手的实际工资感到	121.84	249.231	0.542	0.952
A4 与当地消费水平相比，您对您目前的薪资水平感到	121.79	244.203	0.663	0.951
A6 与同行业其他企业相同职位的管理者相比，您对您目前的薪酬感到	122.16	243.639	0.653	0.951
A7 与同企业相同或类似职务的同事相比，您对您的收入感到	121.81	244.299	0.586	0.952
A10 您对自己努力付出与回报间的公平性感到	121.53	247.685	0.650	0.951
A18 与同学历的同龄人相比，您对您的收入感到	120.89	250.608	0.548	0.952
A15 对于您所在岗位原有员工与新引进员工薪资差距的大小，您感到	121.65	245.398	0.651	0.951
A2 对于您最近一次的调薪幅度，您感到	121.51	248.004	0.538	0.952

表 7－2　项总计统计量（续表 1）

	项已删除的刻度均值	项已删除的刻度方差 γ	校正的项总计相关性	项已删除的Cronbach's α 值
A5 对于企业的调薪程序，您感到	121.58	244.635	0.692	0.951
A8 对于企业调薪的依据，您感到	121.68	247.156	0.639	0.951
A9 对于企业的调薪政策，您感到	121.60	248.880	0.666	0.951
A17 对于上级对您调薪的影响，您感到	121.26	251.488	0.577	0.952
A19 对于企业薪酬政策的科学性，您感到	121.51	244.854	0.633	0.951
A20 对于企业薪酬政策的公开程度，您感到	121.30	244.955	0.707	0.951
A22 对于企业薪酬制度执行的公正性，您感到	121.28	245.832	0.690	0.951
A24 对于企业薪酬政策的连续性，您感到	121.35	248.371	0.665	0.951
A25 您对企业薪酬结构的构成，您感到	121.37	248.129	0.684	0.951
A28 对于企业薪酬结构对员工的激励作用，您感到	121.51	246.341	0.610	0.951
A29 您对公司奖金、股权激励等变动薪酬的决定方法感到	121.68	238.625	0.680	0.951
A31 对自己薪资体现工作绩效的程度，您感到	121.30	252.211	0.506	0.952
A32 您对与您薪酬挂钩的绩效指标的实现难度感到	121.67	249.499	0.519	0.952
A21 您对企业为您提供的整套福利感到	121.47	247.685	0.602	0.951
A23 您对企业所提供福利的金钱价值感到	121.58	251.042	0.566	0.952
A26 您对您所享有的福利待遇项目的构成感到	121.44	246.478	0.670	0.951
A27 您对您所享有的福利待遇项目的数量感到	121.42	247.326	0.625	0.951
A33 您对企业所提供福利的自由选择程度感到	121.56	247.859	0.584	0.951
A34 您对企业所提供的可供选择的福利种类感到	121.51	246.270	0.613	0.951
A3 您对这份工作所体现的个人价值感到	120.98	257.823	0.178	0.954
A11 您对这份工作经历对您职业生涯发展的影响感到	120.98	255.876	0.267	0.953
A13 您对这份工作赋予您的社会地位感到	121.14	248.688	0.664	0.951
A14 您对这份工作与家庭生活的平衡度感到	121.21	249.088	0.515	0.952
A16 对于您从这份工作中获得的成就感，您感到	121.02	253.858	0.382	0.953
A12 您对同事对您工作的赏识和认可度感到	121.54	247.755	0.561	0.952

表7-2　项总计统计量（续表2）

	项已删除的刻度均值	项已删除的刻度方差γ	校正的项总计相关性	项已删除的Cronbach's α值
A30 您对您从这份工作中获得的学习机会、发展机会感到	121.00	250.372	0.546	0.952
A35 对于您的工作条件（办公场所、办公设备、交通工具等），您感到	121.11	249.051	0.542	0.952
A36 对于您工作氛围的愉快程度，您感到	121.04	255.857	0.247	0.954
A37 对于工作时间的设置及其灵活性，您感到	121.25	250.806	0.440	0.952
A38 您对您总体薪酬水平的满意程度	121.46	243.790	0.776	0.950

首先，各个测量题项项相关系数基本大于删除标准0.5，除了A3（0.178）、A11（0.267）、A16（0.382）、A36（0.247）、A37（0.440）四个题项小于0.4。考虑到A3、A11、A16、A36未达到显著水平，且项删除后，可使Cronbach's α值增加或不变，综合考虑，给予删除；A37（0.440）虽小于0.5，但若删除，将导致Cronbach's α下降，故给予保留。最终，经项目-总体相关系数（CITC）条目净化，最终保留34个题项。

其次，通过对样本数据进行KMO和Bartlett球体检验，以判定是否适合进行因子分析。结果如表7-3所示。

表7-3　KMO和Bartlett的检验

取样足够度的Kaiser-Meyer-Olkin度量		0.764
Bartlett的球形度检验	近似卡方	3460.633
	df	528
	Sig.	0.000

KMO数值越大，表示变量间的共同因素越多，量表越适合做因子分析。1974年，统计学家Kaiser给出常用KMO度量标准：KMO > 0.9，表示非常适合；0.8—0.9之间，表示很适合；0.7—0.8之间，表示适合；0.6—0.7之间，表示一般；0.5—0.6之间，表示很差；0.5以下，表示应当放弃。此外，Bartlett球体检验的值较大，且其对应的相伴概率为0.000，概率值小于指定的显著水平时，适合做因子分析。

本研究样本分析结果显示，KMO值为0.764，Bartlett球体检验的P =

0.000，小于指定显著性水平0.05，达到显著水平，表明各题项之间存在关联性，具备提取公因子的条件，样本数据适合进行因子分析。

再次，对量表34个题项进行因子分析，通过主成分分析法提取因子，并对其进行最大正交旋转，最后抽取特征值大于1的因子。特征值大于1的方差贡献率及累计方差贡献率如表7-4所示。

表7-4　特征值大于1的因子及方差贡献率

成分	初始特征值			提取平方和载入			旋转平方和载入		
	合计	方差的%	累计%	合计	方差的%	累计%	合计	方差的%	累计%
1	13.560	41.092	41.092	13.560	41.092	41.092	3.980	12.059	12.059
2	2.474	7.497	48.590	2.474	7.497	48.590	3.931	11.914	23.973
3	2.301	6.974	55.564	2.301	6.974	55.564	3.755	11.380	35.353
4	1.741	5.276	60.840	1.741	5.276	60.840	3.331	10.093	45.446
5	1.504	4.556	65.396	1.504	4.556	65.396	3.024	9.165	54.610
6	1.205	3.653	69.049	1.205	3.653	69.049	2.784	8.435	63.046
7	1.138	3.448	72.497	1.138	3.448	72.497	2.112	6.400	69.445
8	1.051	3.184	75.681	1.051	3.184	75.681	2.058	6.236	75.681

一般而言，各因子累计方差达50%以上，则表明量表建构效度达到可接受水平。本研究中特征值大于1的累计方差贡献率为75.681%，在共同度方面，所有题项的公因子方差都大于0.5，表明量表具有一定的建构效度。

最后，对量表各因素旋转后的结果进行因子负荷，分析转轴后各项目的因子负荷系数，并进行多次因子分析。首先，根据因子负荷系数的大小，先后依次删除负荷度相对较小的A15、A37，A18、A21，A19；其次，对所得因子题项数少于3个的，考虑删除该因子所含全部题项数，如A31、A32，A35、A17；最后，鉴于A26、A24在因子1和因子3上都具有较高且比较接近的负荷度，说明这两个题项区别两个因子的能力不强，决定删除这两个题项，最终再次进行因子分析，生成5个因子，如表7-5所示。

表 7 - 5　旋转成分矩阵ᵃ（删除题项后）

	成分				
	1	2	3	4	5
A7 与同企业相同或类似职务的同事相比，您对您的收入感到	0.805				
A4 与当地消费水平相比，您对您目前的薪资水平感到	0.772				
A6 与同行业其他企业相同职位的管理者相比，您对您目前的薪酬感到	0.771				
A1 您对您最终拿到手的实际工资感到	0.708				
A10 您对自己努力付出与回报间的公平性感到	0.693				
A20 对于企业薪酬政策的公开程度，您感到		0.792			
A29 您对公司奖金、股权激励等变动薪酬的决定方法感到		0.774			
A28 对于企业薪酬结构对员工的激励作用，您感到		0.754			
A22 对于企业薪酬制度执行的公正性，您感到		0.706			
A5 对于企业的调薪程序，您感到			0.758		
A8 对于企业调薪的依据，您感到			0.717		
A9 对于企业的调薪政策，您感到			0.698		
A25 您对企业薪酬结构的构成，您感到			0.663		
A2 对于您最近一次的调薪幅度，您感到			0.614		
A33 您对企业所提供福利的自由选择程度感到				0.832	
A34 您对企业所提供的可供选择的福利种类感到				0.771	
A23 您对企业所提供福利的金钱价值感到				0.670	
A21 您对企业为您提供的整套福利感到				0.565	

表7-5 旋转成分矩阵ᵃ（删除题项后）（续表）

	成分				
	1	2	3	4	5
A30 您对您从这份工作中获得的学习机会、发展机会感到					0.802
A14 您对这份工作与家庭生活的平衡度感到					0.720
A13 您对这份工作赋予您的社会地位感到					0.691
A12 您对同事对您工作的赏识和认可度感到					0.630

提取方法：主成分。

旋转法：具有 Kaiser 标准化的正交旋转法。

a. 旋转在 8 次迭代后收敛。

在对相关矩阵进行检验后，5 个因子共解释了 72.939% 的方差，在可接受水平范围内。根据各个因子所包含题项的内涵，笔者将因子 1 命名为薪酬水平满意度，其包含题项 A7、A4、A6、A1、A10；因子 2 命名为薪酬制度与结构满意度，包含题项 A20、A29、A28、A22；因子 3 命名为薪酬变动满意度，包含题项 A5、A8、A9、A25、A2；因子 4 命名为薪酬福利满意度，包含题项 A33、A34、A23、A21；因子 5 命名为非经济性报酬满意度，包含题项 A30、A14、A13、A12。各题项在其所在的因子上都有较高且无接近的负荷，说明公因子有效解释了原变量，具有较高的解释性。

二、问卷信度检验

问卷信度（Reliability）即可靠性，主要指测量结果的可靠性、一致性和稳定性。其分析方法主要有：重测信度法、复本信度法、折半信度法和 Cronbach's α 信度系数法。鉴于本问卷采用 Likert 5 点量表的测量方法，且问卷题项包含被访者单位及个人基本概况等事实性题目和薪酬满意度等态度测量，而重测信度法特别适用于事实式问卷，复本信度法在实际操作中难以实现，折半信度法和 Cronbach's α 虽然同适用于态度、意见式问卷的信度分析，但考虑 Cronbach's α 使用更广，目前最为常用，因而本章采用最常用的 Cronbach's α 系数法检查量表的内在一致性。结果如表 7-6 所示。

表格7-6　薪酬满意度项总计相关性及 Cronbach's α

维度	题项	校正的项总计相关性	Cronbach's α 值	Cronbach's α 值
薪酬水平满意度	A1 您对您最终拿到手的实际工资感到	0.686	0.873	0.936
	A4 与当地消费水平相比，您对您目前的薪资水平感到	0.788		
	A6 与同行业其他企业相同职位的管理者相比，您对您目前的薪酬感到	0.792		
	A7 与同企业相同或类似职务的同事相比，您对您的收入感到	0.751		
	A10 您对自己努力付出与回报间的公平性感到	0.648		
薪酬制度与结构满意度	A20 对于企业薪酬政策的公开程度，您感到	0.808	0.806	
	A22 对于企业薪酬制度执行的公正性，您感到	0.714		
	A28 对于企业薪酬结构对员工的激励作用，您感到	0.683		
	A29 您对公司奖金、股权激励等变动薪酬的决定方法感到	0.760		
薪酬变动满意度	A2 对于您最近一次的调薪幅度，您感到	0.549	0.877	
	A5 对于企业的调薪程序，您感到	0.789		
	A8 对于企业调薪的依据，您感到	0.746		
	A9 对于企业的调薪政策，您感到	0.752		
	A25 您对企业薪酬结构的构成，您感到	0.650		
薪酬福利满意度	A33 您对企业所提供福利的自由选择程度感到	0.809	0.750	
	A34 您对企业所提供的可供选择的福利种类感到	0.729		
	A21 您对企业为您提供的整套福利感到	0.603		
	A23 您对企业所提供福利的金钱价值感到	0.629		
非经济性报酬满意度	A13 您对这份工作赋予您的社会地位感到	0.666	0.757	
	A14 您对这份工作与家庭生活的平衡度感到	0.586		
	A12 您对同事对您工作的赏识和认可度感到	0.631		
	A30 您对您从这份工作中获得的学习机会、发展机会感到	0.678		

　　通常情况下，Cronbach's α 系数在 0.6 以上，则被认为可信度较高。从上表可知，各维度题项的项总计相关系数均达到 0.5 以上，整个量表及各维度的 Cronbach's α 系数都在 0.75 以上，表明整份量表具有较高的可信度，研究结果可取。

三、薪酬满意度构成维度分析

（一）薪酬满意度因子分析

在本研究中，通过主成分因子分析法和最大方差正旋转对量表进行因子分析，抽取特征值大于1的5个因子，并根据各因子包含题项的含义，分别命名为薪酬水平满意度、薪酬制度与结构满意度、薪酬变动满意度、薪酬福利满意度、非经济性报酬满意度。5个因子共解释了72.939%的方差，其中方差解释量最大的为16.668%，其后依次为15.256%、14.313%、13.975%、12.727%。由此可知，萃取后保留的因素具有良好的效度，证明福建省生鲜超市店长薪酬满意度由5个维度构成，分别为薪酬水平、薪酬制度与结构、薪酬变动、薪酬福利和非经济性报酬。如表7-7所示。

表7-7　薪酬满意度因子分析与因子命名

因子	特征值	方差贡献率%	累计方差贡献率%	因子命名
1	3.667	16.668	16.668	薪酬水平满意度
2	3.356	15.256	31.924	薪酬制度与结构满意度
3	3.149	14.313	46.237	薪酬变动满意度
4	3.075	13.975	60.212	薪酬福利满意度
5	2.800	12.727	72.939	非经济性报酬满意度

此维度的确定与已论证的PSQ量表中的四个维度（薪酬水平满意度、薪酬提升满意度、薪酬结构/管理满意度、福利满意度）及谢宣正和薛声家企业人力资源管理人员薪酬满意度量表中的五个维度（薪酬水平满意度、福利水平满意度、非经济报酬满意度、薪资晋升满意度和薪资政策与管理）等研究具有高度的一致性。

（二）薪酬满意度构成维度与总体薪酬满意度水平相关分析

为进一步了解薪酬满意度构成维度与总体薪酬满意度水平的关系，本章将采用皮尔逊（Pearson）对各变量进行相关性分析，以确定五个构成维度与薪酬满意度的相关程度。一般而言，Pearson相关系数绝对值越接近1，因变量与自变量间的线性相关程度就越大，其中Pearson相关系数绝对值<0.3，称为微弱相关；0.3—0.5之间，称为低度相关；0.5—0.8之间，称为显著（中度）相关；0.8—1之间，称为高度相关；而正负值则体现二者的

变化方向是否一致。表7-8给出了薪酬满意度构成维度与总体薪酬满意度水平之间的相关系数及显著性指标。

表7-8　各维度满意度与总体薪酬满意度水平相关分析

各维度满意度与总体薪酬满意度水平	Pearson 相关性	显著性
薪酬水平满意度——总体薪酬满意度水平	0.478＊＊	0.000
薪酬制度与结构满意度——总体薪酬满意度水平	0.437＊＊	0.000
薪酬变动满意度——总体薪酬满意度水平	0.290＊＊	0.002
薪酬福利满意度——总体薪酬满意度水平	0.182＊	0.026
非经济性报酬满意度——总体薪酬满意度水平	0.343＊＊	0.000

＊＊. 在0.01水平（双侧）上显著相关。

从表7-8变量之间的相关关系可以看出，薪酬水平满意度、薪酬制度与结构满意度、薪酬变动满意度、非经济性报酬满意度、薪酬福利满意度与总体薪酬满意度水平呈显著的正相关，根据其相关系数可知，与总体薪酬满意度水平相关性最强的是薪酬水平满意度，说明薪酬水平满意度对总体薪酬满意度水平影响最大。

（三）薪酬满意度构成维度与总体薪酬满意度水平回归分析

相关分析的研究结果在一定程度上检验了薪酬满意度构成维度与总体薪酬满意度水平存在显著相关关系，但为了进一步验证各个构成维度对总体薪酬满意度水平的影响强度，有必要借助回归分析作进一步探讨。对此，本章将以总体薪酬满意度水平为因变量，以薪酬满意度各个构成维度为自变量，采用逐步回归方法，进行多元线性回归分析，运用最小二乘法进行模型估计。其中，以t值达到0.05的显著的标准筛选后进入回归方程。

1. 线性回归前提假设检验

在进行回归分析之前，有必要对回归模型的基本假设进行检验，以观察是否满足线性回归的条件，即检验因变量与自变量的线性趋势、因变量和自变量的独立性、因变量的正态性、方差齐性是否满足要求。

因变量与自变量之间的线性关系是线性回归分析的前提条件，对此，可通过绘制散点图来加以判断是否满足此要求。根据图7-1可知，因变量总体薪酬满意度水平与自变量五个维度之间存在线性关系，符合回归分析要求。

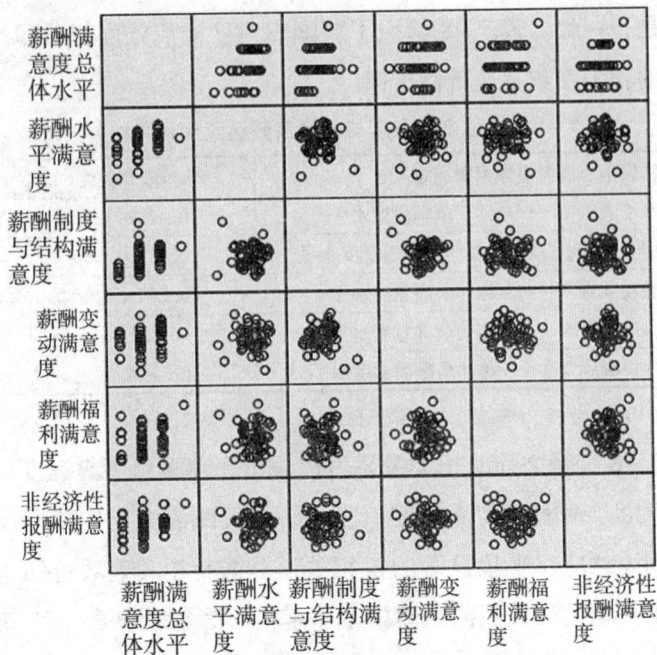

图 7 - 1　因变量与自变量线性关系散点图

因变量的独立性主要指因变量残差间相互独立，不存在自相关，否则应当采用自回归模型，对此，可采用 DW 检验，一般认为当 DW 值接近 2 时，残差项间愈无相关；当 DW 值接近 0 时，残差项间正相关愈强；DW 值接近 4 时，残差项间负相关愈强。统计可得，DW 值为 2.017，残差项间愈无相关，因变量具有独立性。关于自变量的独立性，可根据多重共线性检验判断。多重共线性指解释变量之间的彼此相关性，可由容忍度、方差膨胀因子两个指标判断，其中，容忍度值介于 0—1 间，数值越小，表示此自变量间与其他自变量存在共线性问题；方差膨胀因子（VIF）是容忍度的倒数，其值越大，表示自变量间愈有共线性问题，一般认为，VIF 小于 10 则自变量间不存在多重共线性。表 7 - 9 显示，自变量间不存在多重共线性。

正态性即自变量的任何一个线性组合，因变量 Y 均服从正态分布，即要求残差服从正态。对此，可用直方图进行检验。如图 7 - 2 所示，因变量回归标准化残差呈正态分布。

表7-9 薪酬满意度各维度共线性检验结果[a]

模型	共线性统计量	
	容差	VIF
（常量）		
薪酬水平满意度	1.000	1.000
薪酬制度与结构满意度	1.000	1.000
薪酬变动满意度	1.000	1.000
薪酬福利满意度	1.000	1.000
非经济性报酬满意度	1.000	1.000

a. 因变量：总体薪酬满意度水平

直方图
因变量：生鲜超市管理人员流失

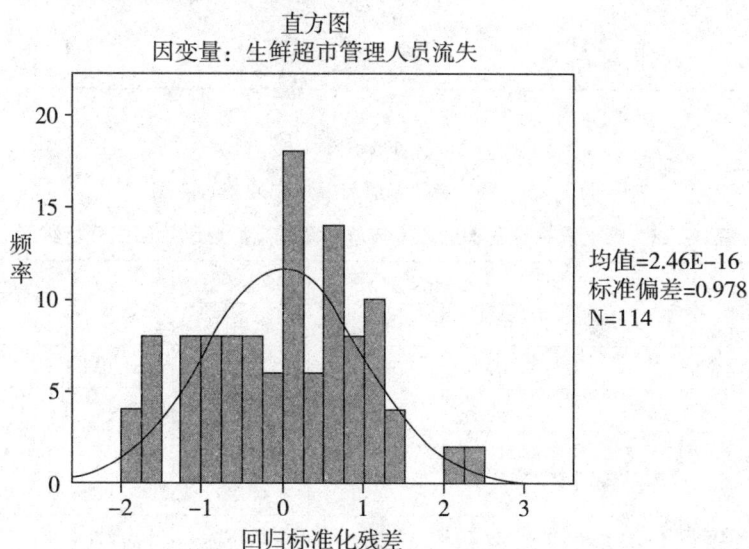

均值=2.46E-16
标准偏差=0.978
N=114

图7-2 因变量标准化残差直方图

方差齐性检验即检验残差是否方差齐，通常是通过绘制因变量的预测值和残差之间的散点图进行检验。如图7-3所示，绝大部分观测量散落在0点水平线两侧，预测值与残差之间无明显相关，回归方程满足方差齐性假设。

2. 回归模型分析

通过对多元线性回归前提假设的验证，证明因变量总体薪酬满意度水平与薪酬水平满意度、薪酬制度与结构满意度、非经济性报酬满意度、薪酬变动满意度维度和薪酬福利满意度五个自变量可进行多元线性回归，分析结果如表 7 - 10 所示。

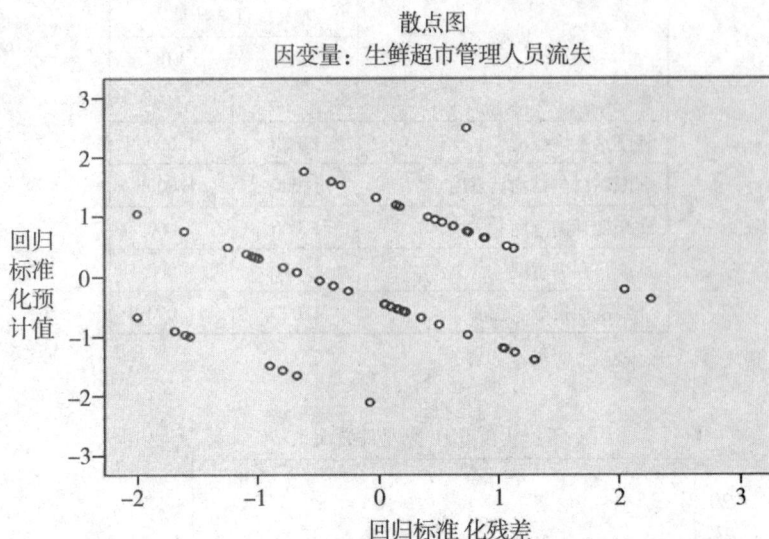

散点图
因变量：生鲜超市管理人员流失

图 7 - 3　因变量预测值与标准化残差散点图

表 7 - 10　薪酬满意度各构成维度与总体薪酬满意度水平回归分析结果

变量	非标准化系数		标准系数	t	Sig.
	B	标准误差	试用版		
（常量）	3.246	0.040		81.013	0.000
薪酬水平满意度	0.340	0.040	0.478	8.437	0.000
薪酬制度与结构满意度	0.311	0.040	0.437	7.723	0.000
薪酬变动满意度	0.206	0.040	0.290	5.127	0.000
薪酬福利满意度	0.129	0.040	0.182	3.211	0.002
非经济性报酬满意度	0.244	0.040	0.343	6.062	0.000
R^2	0.654				
调整的 R^2	0.638				
F 值	40.838				
Sig.	0.000				

关于回归方程拟合度，从表 7 - 10 可知，判定系数 $R^2 = 0.654$，修正的 $R^2 = 0.638$，显示方程拟合效果不错；F 统计量为 40.838，系统自动检验的显著性水平为 0.000，小于给定的显著性水平 0.05，$F_{(5, 108)0.001} = 4.452 < 40.838$，说明回归方程极显著，通过了方差显著性检验；薪酬水平满意度、薪酬制度与结构满意度、非经济性报酬满意度、薪酬变动满意度维度

和薪酬福利满意度的回归系数 P 值均小于 0.05,存在显著性。总体来看,回归模型各项检验指标均表现良好,回归方程模型在统计上具有意义。

根据回归分析数据可以发现,5 个维度的标准化回归系数均具有显著性,5 个维度均纳入回归方程,其中薪酬水平满意度标准化回归系数最高,说明其对总体薪酬满意度水平影响最大。

四、总体薪酬满意度水平分析

通过对总体薪酬满意度进行描述性分析,发现福建省生鲜超市店长总体薪酬满意度的均值为 3.25,结合问卷 Likert 5 点量表的测量方法,即 1 代表"非常不满意"、2 代表"基本不满意"、3 代表"一般"、4 代表"基本满意"、5 代表"非常满意",可知福建省生鲜超市店长薪酬满意度整体略高于一般满意水平。其中,薪酬满意度 5 个维度的满意度排序依次为"非经济性报酬满意度""薪酬制度与结构满意度""薪酬福利满意度""薪酬变动满意度""薪酬水平满意度",其均值分别为 3.48、3.26、3.17、3.15、2.88。"非经济性报酬满意度""薪酬制度与结构满意度""薪酬福利满意度""薪酬变动满意度"均达到了一般满意水平,而"薪酬水平满意度"的均值小于 3,低于一般满意水平,属于基本不满意范畴。其中,非经济性报酬满意度最高,可能因为生鲜超市店长大都由资深低学历和年轻高学历人员构成。资深低学历店长通过经验的积累逐步走上店长岗位,领导和员工对其能力的认可度和工作所带来的成就感都有效提高了他们的非经济性报酬满意度,而对于年轻的高学历店长来说,店长岗位不仅是其未来职业生涯的良好开端,更是锻炼自己、提高能力的有效平台,作为门店的一把手,店长工作仍具有一定挑战性,对其存在吸引力,故而带来较高的非经济性报酬满意度。而具体到 28 个题项,满意度最高的是"从工作中获得的学习机会、发展机会",接近"基本满意"程度,而"与同行业其他企业相同职位管理者的薪酬比较"则有点不尽如人意,均值最低,仅为 2.54,低于一般满意水平。同样尚未达到一般满意水平的还有"与当地消费水平的薪酬比较""与同企业相同或类似职务的同事的薪酬比较""最终拿到手的实际工资",分别为 2.91、2.89、2.86,具体如表 7-11 所示。

表 7 - 11　描述统计量

薪酬满意度	题项	均值		标准差	方差	排名	
非经济性报酬满意度	A30 您对您从这份工作中获得的学习机会、发展机会感到	3.70	3.48	0.623	0.388	1	1
	A13 您对这份工作赋予您的社会地位感到	3.56		0.595	0.355	2	
	A14 您对这份工作与家庭生活的平衡度感到	3.49		0.732	0.535	3	
	A12 您对同事对您工作的赏识和认可度感到	3.16		0.748	0.559	13	
薪酬制度与结构满意度	A22 对于企业薪酬制度执行的公正性，您感到	3.42	3.26	0.703	0.494	4	2
	A20 对于企业薪酬政策的公开程度，您感到	3.40		0.725	0.526	5	
	A28 对于企业薪酬结构对员工的激励作用，您感到	3.19		0.763	0.582	11	
	A29 您对公司奖金、股权激励等变动薪酬的决定方法感到	3.02		1.039	1.079	18	
薪酬福利满意度	A21 您对企业为您提供的整套福利感到	3.23	3.17	0.704	0.496	8	3
	A34 您对企业所提供的可供选择的福利种类感到	3.19		0.763	0.582	9	
	A33 您对企业所提供福利的自由选择程度感到	3.14		0.715	0.511	14	
	A23 您对企业所提供福利的金钱价值感到	3.12		0.567	0.321	15	
薪酬变动满意度	A25 您对企业薪酬结构的构成，您感到	3.33	3.15	0.605	0.366	6	4
	A2 对于您最近一次的调薪幅度，您感到	3.19		0.763	0.582	10	
	A5 对于企业的调薪程序，您感到	3.12		0.754	0.569	16	
	A9 对于企业的调薪政策，您感到	3.11		0.585	0.343	17	
	A8 对于企业调薪的依据，您感到	3.02		0.691	0.478	19	
薪酬水平满意度	A10 您对自己努力付出与回报间的公平性感到	3.18	2.88	0.655	0.429	12	5
	A4 与当地消费水平相比，您对您目前的薪资水平感到	2.91		0.804	0.647	20	
	A7 与同企业相同或类似职务的同事相比，您对您的收入感到	2.89		0.896	0.803	21	
	A1 您对您最终拿到手的实际工资感到	2.86		0.690	0.476	22	
	A6 与同行业其他企业相同职位的管理者相比，您对您目前的薪酬感到	2.54		0.843	0.710	23	
	A38 总体薪酬满意度水平	3.25		0.711	0.506	7	

五、不同特征对福建省生鲜超市店长薪酬满意度的影响

通过独立样本 T 检验（Independent sample T - test）、单因素方差分析（One - Way ANOVA）等方法对店长的个体特征和生鲜超市的门店特征对各维度（薪酬水平满意度、薪酬制度与结构满意度、非经济性报酬满意度、薪酬变动满意度维度和薪酬福利满意度）和总体薪酬满意度水平的影响进行研究，其中个体特征有性别、年龄、零售业累计工作年限、最高学历；门店特征则主要从门店规模着手研究。

（一）性别对福建省生鲜超市店长薪酬满意度的影响

男女性别的不同将导致双方承担不同的社会责任，由此造成双方对薪酬的认知和期望值存在差异性，这可能导致不同性别店长的总体薪酬满意度水平和各维度的薪酬满意度有所差异，对此，将通过均值比较检验不同性别对总体薪酬满意度水平和不同维度薪酬满意度的影响。

表 7 - 12　分组基本描述统计量（按性别分组）

	性别	N	均值	标准差	均值的标准误
总体薪酬满意度水平	男	96.000	3.188	0.701	0.072
	女	18.000	3.556	0.705	0.166
薪酬水平满意度	男	96.000	-0.041	0.910	0.093
	女	18.000	0.219	1.399	0.330
薪酬制度与结构满意度	男	96.000	0.002	1.017	0.104
	女	18.000	-0.012	0.934	0.220
薪酬变动满意度	男	96.000	-0.003	1.040	0.106
	女	18.000	0.015	0.774	0.182
薪酬福利满意度	男	96.000	0.005	0.997	0.102
	女	18.000	-0.026	1.045	0.246
非经济性报酬满意度	男	96.000	-0.068	1.018	0.104
	女	18.000	0.365	0.827	0.195

从表 7 - 12 可以看出，不同性别的店长在总体薪酬满意度水平和薪酬满意度各个维度上均有差异，但这种差异是否具有统计意义尚需经过检验，本章将通过独立样本 T 检验对此进行检验。

表 7 – 13　独立样本检验（按性别分组）

		方差方程的 Levene 检验		均值方程的 T 检验		
		F	Sig.	T	df	Sig.（双侧）
总体薪酬满意度水平	假设方差相等	0.160	0.690	– 2.044	112	0.043
	假设方差不相等			– 2.035	23.736	0.053
薪酬水平满意度	假设方差相等	0.864	0.355	– 1.014	112	0.313
	假设方差不相等			– 0.760	19.785	0.456
薪酬制度与结构满意度	假设方差相等	0.112	0.739	0.055	112	0.956
	假设方差不相等			0.058	25.166	0.954
薪酬变动满意度	假设方差相等	2.114	0.149	– 0.070	112	0.945
	假设方差不相等			– 0.085	29.860	0.933
薪酬福利满意度	假设方差相等	0.528	0.469	0.119	112	0.906
	假设方差不相等			0.115	23.173	0.909
非经济性报酬满意度	假设方差相等	1.625	0.205	– 1.702	112	0.092
	假设方差不相等			– 1.963	27.653	0.060

从表 7 – 13 数据可知，薪酬满意度各维度和总体薪酬满意度水平方差齐性检验显著性均 > 0.05，可直接读取方差相等栏目数据。薪酬满意度五个维度的 T 值统计量对应的概率值皆大于 0.05，说明不同性别的店长在薪酬满意度的五个维度上无显著差异；而总体薪酬满意度水平 T 值统计量对应的概率值为 0.043，小于 0.05，说明总体薪酬满意度水平在不同性别上有显著差异，女性显著高于男性。

总之，不同性别的店长在薪酬满意度的不同维度和总体满意度水平上差别不一，其中在总体薪酬满意度水平上，女性店长满意度显著高于男性店长；薪酬水平满意度、薪酬制度与结构满意度、非经济性报酬满意度、薪酬变动满意度和薪酬福利满意度五维度上，可以认为不同性别对此无显著影响。

（二）年龄对福建省生鲜超市店长薪酬满意度的影响

在不同的年龄段，店长的生活阅历和价值观各有所不同，这必然造成薪酬上的认知差异，导致不同年龄段店长的总体薪酬满意度水平和各维度的薪酬满意度有所不同，对此，将通过均值比较检验不同年龄段对总体薪酬满意度水平和不同维度薪酬满意度的影响。

表 7-14　分组基本描述统计（按年龄分组）

		N	均值	标准差	标准误
总体薪酬满意度水平	30 岁以下	8.000	3.000	0.756	0.267
	31—40 岁	82.000	3.195	0.710	0.078
	41—50 岁	20.000	3.500	0.688	0.154
	51 岁以上	4.000	3.500	0.577	0.289
	总数	114.000	3.246	0.711	0.067
薪酬水平满意度	30 岁以下	8.000	-0.773	1.648	0.582
	31—40 岁	82.000	0.017	0.795	0.088
	41—50 岁	20.000	0.336	1.340	0.300
	51 岁以上	4.000	-0.482	0.469	0.235
	总数	114.000	0.000	1.000	0.094
薪酬制度与结构满意度	30 岁以下	8.000	0.845	1.623	0.574
	31—40 岁	82.000	-0.065	0.952	0.105
	41—50 岁	20.000	-0.001	0.860	0.192
	51 岁以上	4.000	-0.352	0.436	0.218
	总数	114.000	0.000	1.000	0.094
薪酬变动满意度	30 岁以下	8.000	0.123	1.376	0.486
	31—40 岁	82.000	-0.026	0.996	0.110
	41—50 岁	20.000	0.249	0.807	0.180
	51 岁以上	4.000	-0.957	0.812	0.406
	总数	114.000	0.000	1.000	0.094
薪酬福利满意度	30 岁以下	8.000	0.113	1.304	0.461
	31—40 岁	82.000	0.018	1.019	0.112
	41—50 岁	20.000	-0.065	0.894	0.200
	51 岁以上	4.000	-0.260	0.681	0.341
	总数	114.000	0.000	1.000	0.094
非经济性报酬满意度	30 岁以下	8.000	-0.970	0.912	0.322
	31—40 岁	82.000	0.015	1.008	0.111
	41—50 岁	20.000	0.231	0.559	0.125
	51 岁以上	4.000	0.466	1.771	0.885
	总数	114.000	0.000	1.000	0.094

从表 7-14 可以看出，不同年龄段的店长在总体薪酬满意度水平和薪酬

满意度各个维度上均有差异，但这种差异是否具有统计意义尚需经过检验，本章将通过单因素方差分析对此进行检验。

表7-15 单因素方差分析结果（按年龄分组）

		平方和	df	均方	F	显著性
总体薪酬满意度水平	组间	2.245	3	0.748	1.500	0.219
	组内	54.878	110	0.499		
	总数	57.123	113			
薪酬水平满意度	组间	7.992	3	2.664	2.791	0.044
	组内	105.008	110	0.955		
	总数	113.000	113			
薪酬制度与结构满意度	组间	6.555	3	2.185	2.258	0.086
	组内	106.445	110	0.968		
	总数	113.000	113			
薪酬变动满意度	组间	5.073	3	1.691	1.724	0.166
	组内	107.927	110	0.981		
	总数	113.000	113			
薪酬福利满意度	组间	0.483	3	0.161	0.157	0.925
	组内	112.517	110	1.023		
	总数	113.000	113			
非经济性报酬满意度	组间	9.481	3	3.160	3.358	0.021
	组内	103.519	110	0.941		
	总数	113.000	113			

从表7-15可以看出，不同年龄的生鲜超市店长在薪酬水平满意度和非经济性报酬满意度的P值分别为0.044、0.021，小于0.05，存在显著差异；其他三个维度和总体薪酬满意度水平在不同年龄阶段没有显著差异，对此，将通过LSD多重分组和Tamhane's T2多重分组比较分析组间差异。

表7-16 方差齐性检验（按年龄分组）

	Levene 统计量	df1	df2	显著性
总体薪酬满意度水平	0.145	3	110	0.933
薪酬水平满意度	3.533	3	110	0.017
薪酬制度与结构满意度	3.624	3	110	0.015
薪酬变动满意度	0.904	3	110	0.442
薪酬福利满意度	1.947	3	110	0.126
非经济性报酬满意度	5.238	3	110	0.002

从方差齐性检验结果看，薪酬水平满意度和非经济性报酬满意度均不满足方差齐性假设，选择 Tamhane's T2 多重分组检验方法检验各均值间是否有显著差异，检验结果见表 7 - 17。

表 7 - 17　多重分组比较（按年龄分组）

因变量		(I) 年龄	(J) 年龄	均值差 (I - J)	标准误	显著性	95% 置信区间	
							下限	上限
薪酬水平满意度	Tamhane	30 岁以下	31—40 岁	- 0.790	0.589	0.775	- 2.889	1.310
			41—50 岁	- 1.109	0.655	0.532	- 3.206	0.988
			51 岁以上	- 0.291	0.628	0.998	- 2.401	1.819
		31—40 岁	30 岁以下	0.790	0.589	0.775	- 1.310	2.889
			41—50 岁	- 0.319	0.312	0.899	- 1.220	0.581
			51 岁以上	0.499	0.250	0.533	- 0.732	1.730
		41—50 岁	30 岁以下	1.109	0.655	0.532	- 0.988	3.206
			31—40 岁	0.319	0.312	0.899	- 0.581	1.220
			51 岁以上	0.818	0.380	0.259	- 0.337	1.974
		51 岁以上	30 岁以下	0.291	0.628	0.998	- 1.819	2.401
			31—40 岁	- 0.499	0.250	0.533	- 1.730	0.732
			41—50 岁	- 0.818	0.380	0.259	- 1.974	0.337
非经济性报酬满意度	Tamhane	30 岁以下	31—40 岁	- 0.985	0.341	0.106	- 2.136	0.167
			41—50 岁	- 1.20100672 *	0.346	0.040	- 2.354	- 0.048
			51 岁以上	- 1.436	0.942	0.749	- 6.136	3.265
		31 - 40 岁	30 岁以下	0.985	0.341	0.106	- 0.167	2.136
			41—50 岁	- 0.216	0.167	0.742	- 0.673	0.241
			51 岁以上	- 0.451	0.892	0.998	- 5.797	4.895
		41 - 50 岁	30 岁以下	1.20100672 *	0.346	0.040	0.048	2.354
			31—40 岁	0.216	0.167	0.742	- 0.241	0.673
			51 岁以上	- 0.235	0.894	1.000	- 5.549	5.080
		51 岁以上	30 岁以下	1.436	0.942	0.749	- 3.265	6.136
			31—40 岁	0.451	0.892	0.998	- 4.895	5.797
			41—50 岁	0.235	0.894	1.000	- 5.080	5.549

从表 7 - 17 可知，在薪酬水平满意度方面，各年龄段生鲜超市店长均无显著差别；在非经济性报酬满意度方面，除了 30 岁以下生鲜超市店长的非

经济性报酬显著低于 41—50 岁生鲜超市店长的非经济性报酬满意度外，其他各年龄段之间无显著差别。

（三）最高学历对福建省生鲜超市店长薪酬满意度的影响

首先对不同学历层次生鲜超市店长薪酬满意度各构成维度和总体薪酬满意度水平分别进行基本描述统计，结果如表 7-18 所示。

表 7-18　分组基本描述统计（按学历分组）

		N	均值	标准差
总体薪酬满意度水平	初中及以下	2.000	4.000	0.000
	高中（中专）	56.000	3.321	0.664
	大专	40.000	3.100	0.709
	本科	16.000	3.250	0.856
	总数	114.000	3.246	0.711
薪酬水平满意度	初中及以下	2.000	0.831	0.000
	高中（中专）	56.000	0.131	1.073
	大专	40.000	-0.268	1.015
	本科	16.000	0.108	0.522
	总数	114.000	0.000	1.000
薪酬制度与结构满意度	初中及以下	2.000	0.847	0.000
	高中（中专）	56.000	0.016	0.969
	大专	40.000	0.118	1.083
	本科	16.000	-0.456	0.826
	总数	114.000	0.000	1.000
薪酬变动满意度	初中及以下	2.000	0.405	0.000
	高中（中专）	56.000	-0.236	0.943
	大专	40.000	0.013	1.034
	本科	16.000	0.743	0.818
	总数	114.000	0.000	1.000
薪酬福利满意度	初中及以下	2.000	-0.153	0.000
	高中（中专）	56.000	0.273	1.137
	大专	40.000	-0.329	0.697
	本科	16.000	-0.115	0.971
	总数	114.000	0.000	1.000

表7-18　分组基本描述统计（按学历分组）（续表）

		N	均值	标准差
非经济性报酬满意度	初中及以下	2.000	0.283	0.000
	高中（中专）	56.000	0.208	1.017
	大专	40.000	-0.187	0.918
	本科	16.000	-0.296	1.090
	总数	114.000	0.000	1.000

从表7-18可以看出，不同学历的店长在总体薪酬满意度水平和薪酬满意度各个维度上均有差异，但这种差异是否具有统计意义尚需经过检验，本章将通过单因素方差分析对此进行检验。

表7-19　单因素方差分析结果（按学历分组）

		平方和	df	均方	F	显著性
总体薪酬满意度水平	组间	2.309	3	0.770	1.544	0.207
	组内	54.814	110	0.498		
	总数	57.123	113			
薪酬水平满意度	组间	5.403	3	1.801	1.841	0.144
	组内	107.597	110	0.978		
	总数	113.000	113			
薪酬制度与结构满意度	组间	5.342	3	1.781	1.819	0.148
	组内	107.658	110	0.979		
	总数	113.000	113			
薪酬变动满意度	组间	12.295	3	4.098	4.477	0.005
	组内	100.705	110	0.915		
	总数	113.000	113			
薪酬福利满意度	组间	8.760	3	2.920	3.081	0.030
	组内	104.240	110	0.948		
	总数	113.000	113			
非经济性报酬满意度	组间	5.380	3	1.793	1.833	0.145
	组内	107.620	110	0.978		
	总数	113.000	113			

从表7-19可以看出，不同学历的生鲜超市店长在薪酬变动满意度和薪酬福利满意度的P值分别为0.005、0.030，小于0.05，存在显著差异；其他三个维度和总体薪酬满意度水平在不同年龄阶段没有显著差异，对此，

将通过 LSD 多重分组和 Tamhane'sT2 多重分组比较分析组间差异。

表 7 – 20 方差齐性检验（按学历分组）

	Levene 统计量	df1	df2	显著性
总体薪酬满意度水平	2.646	3	110	0.053
薪酬水平满意度	2.498	3	110	0.063
薪酬制度与结构满意度	1.693	3	110	0.173
薪酬变动满意度	1.004	3	110	0.394
薪酬福利满意度	5.764	3	110	0.001
非经济性报酬满意度	1.570	3	110	0.201

从方差齐性检验结果看，薪酬变动满意度通过了方差齐性检验，采用 LSD 多重分组检验方法；而薪酬福利满意度不满足方差齐性假设，选择 Tamhane'sT2 多重分组检验方法检验各均值间是否有显著差异，检验结果见表 7 – 21。

表 7 – 21 薪酬变动满意度多重比较（按学历分组）

因变量		(I) 最高学历	(J) 最高学历	均值差 (I–J)	标准误	显著性	95% 置信区间 下限	上限
薪酬变动满意度	LSD	初中及以下	高中（中专）	0.641	0.689	0.354	−0.724	2.006
			大专	0.392	0.693	0.573	−0.982	1.766
			本科	−0.338	0.718	0.638	−1.761	1.084
		高中（中专）	初中及以下	−0.641	0.689	0.354	−2.006	0.724
			大专	−0.249	0.198	0.212	−0.641	0.144
			本科	−0.97936758 *	0.271	0.000	−1.517	−0.442
		大专	初中及以下	−0.392	0.693	0.573	−1.766	0.982
			高中（中专）	0.249	0.198	0.212	−0.144	0.641
			本科	−0.73047070 *	0.283	0.011	−1.291	−0.170
		本科	初中及以下	0.338	0.718	0.638	−1.084	1.761
			高中（中专）	0.97936758 *	0.271	0.000	0.442	1.517
			大专	0.73047070 *	0.283	0.011	0.170	1.291

从表 7 – 21 可知，初中及以下学历生鲜超市店长的薪酬变动满意度与其他学历的无显著差别；高中学历生鲜超市店长的薪酬变动满意度和大专学历生鲜超市店长的薪酬变动满意度均与本科学历的存在显著差别，二者都显著低于本科学历店长的薪酬变动满意度。

表 7 - 22　薪酬福利满意度多重比较（按学历分组）

因变量	(I) 最高学历	(J) 最高学历	均值差 (I-J)	标准误	显著性	95% 置信区间	
						下限	上限
薪酬水平满意度 Tamhane	初中及以下	高中（中专）	-.42579696 *	0.152	0.041	-0.841	-0.011
		大专	0.176	0.110	0.530	-0.129	0.482
		本科	-0.038	0.243	1.000	-0.772	0.697
	高中（中专）	初中及以下	.42579696 *	0.152	0.041	0.011	0.841
		大专	.60194347 *	0.188	0.011	0.097	1.107
		本科	0.388	0.286	0.710	-0.423	1.199
	大专	初中及以下	-0.176	0.110	0.530	-0.482	0.129
		高中（中专）	-.60194347 *	0.188	0.011	-1.107	-0.097
		本科	-0.214	0.267	0.966	-0.986	0.558
	本科	初中及以下	0.038	0.243	1.000	-0.697	0.772
		高中（中专）	-0.388	0.286	0.710	-1.199	0.423
		大专	0.214	0.267	0.966	-0.558	0.986

从表 7 - 22 可知，本科学历生鲜超市店长的薪酬福利满意度与其他学历的无显著差别；初中及以下学历生鲜超市店长的薪酬福利满意度和大专学历生鲜超市店长的薪酬福利满意度均与高中（中专）学历的薪酬福利满意度存在显著差别，考虑到初中及以下学历样本数只有 2 个，可能存在较大的误差，故初中及以下学历生鲜超市店长的薪酬福利满意度与高中（中专）学历的薪酬福利满意度存在显著差别的结论不予考虑，仅得出其中大专学历生鲜超市店长的薪酬福利满意度显著低于高中（中专）学历店长的薪酬福利满意度。

（四）零售业累计工作年限对福建省生鲜超市店长薪酬满意度的影响

按零售业累计工作年限进行分组，对生鲜超市店长薪酬满意度各构成维度和总体薪酬满意水平分别进行基本描述统计，结果如表 7 - 23 所示。

从表 7 - 23 可以看出，零售业累计工作年限不同，店长在总体薪酬满意度水平和薪酬满意度各个维度上均有差异，但这种差异是否具有统计意义尚需经过检验，本章将通过单因素方差分析对此进行检验。

表7-23 分组基本描述统计量（按零售业累计工作年限分组）

		N	均值	标准差	标准误
总体薪酬满意度水平	6—10 年	56.000	3.179	0.664	0.089
	11—15 年	50.000	3.280	0.784	0.111
	15—20 年	6.000	3.667	0.516	0.211
	20 年以上	2.000	3.000	0.000	0.000
	总数	114.000	3.246	0.711	0.067
薪酬水平满意度	6—10 年	56.000	-0.167	1.097	0.147
	11—15 年	50.000	0.139	0.929	0.131
	15—20 年	6.000	0.415	0.434	0.177
	20 年以上	2.000	-0.036	0.000	0.000
	总数	114.000	0.000	1.000	0.094
薪酬制度与结构满意度	6—10 年	56.000	0.366	0.968	0.129
	11—15 年	50.000	-0.401	0.929	0.131
	15—20 年	6.000	-0.240	0.746	0.305
	20 年以上	2.000	0.502	0.000	0.000
	总数	114.000	0.000	1.000	0.094
薪酬变动满意度	6—10 年	56.000	-0.055	1.193	0.159
	11—15 年	50.000	-0.004	0.753	0.107
	15—20 年	6.000	0.584	0.961	0.392
	20 年以上	2.000	-0.127	0.000	0.000
	总数	114.000	0.000	1.000	0.094
薪酬福利满意度	6—10 年	56.000	-0.256	0.861	0.115
	11—15 年	50.000	0.263	1.093	0.155
	15—20 年	6.000	0.509	0.807	0.330
	20 年以上	2.000	-0.922	0.000	0.000
	总数	114.000	0.000	1.000	0.094
非经济性报酬满意度	6—10 年	56.000	-0.108	1.041	0.139
	11—15 年	50.000	0.125	1.002	0.142
	15—20 年	6.000	-0.090	0.725	0.296
	20 年以上	2.000	0.186	0.000	0.000
	总数	114.000	0.000	1.000	0.094

表7-24　单因素方差分析结果（按零售业累计工作年限分组）

		平方和	df	均方	F	显著性
总体薪酬满意度水平	组间	1.495	3.000	0.498	0.986	0.402
	组内	55.628	110.000	0.506		
	总数	57.123	113.000			
薪酬水平满意度	组间	3.563	3.000	1.188	1.194	0.316
	组内	109.437	110.000	0.995		
	总数	113.000	113.000			
薪酬制度与结构满意度	组间	16.405	3.000	5.468	6.227	0.001
	组内	96.595	110.000	0.878		
	总数	113.000	113.000			
薪酬变动满意度	组间	2.246	3.000	0.749	0.743	0.528
	组内	110.754	110.000	1.007		
	总数	113.000	113.000			
薪酬福利满意度	组间	10.377	3.000	3.459	3.708	0.014
	组内	102.623	110.000	0.933		
	总数	113.000	113.000			
非经济性报酬满意度	组间	1.549	3.000	0.516	0.510	0.676
	组内	111.451	110.000	1.013		
	总数	113.000	113.000			

从表7-24可以看出，零售业累计工作年限不同的生鲜超市店长在薪酬制度与结构满意度和薪酬福利满意度上的P值分别为0.001、0.014，小于0.05，存在显著差异，其他三个维度和总体薪酬满意度水平在零售业累计工作年限上没有显著差异，对此，将通过LSD多重分组和Tamhane's T2多重分组比较分析组间差异。

表7-25　方差齐性检验（按零售业累计工作年限分组）

	Levene统计量	df1	df2	显著性
总体薪酬满意度水平	2.569	3.000	110.000	0.058
薪酬水平满意度	4.076	3.000	110.000	0.009
薪酬制度与结构满意度	1.688	3.000	110.000	0.174
薪酬变动满意度	2.842	3.000	110.000	0.041
薪酬福利满意度	2.563	3.000	110.000	0.058
非经济性报酬满意度	1.583	3.000	110.000	0.198

从方差齐性检验结果看，薪酬制度与结构满意度和薪酬福利满意度都

通过了方差齐性检验，采用 LSD 多重分组检验方法，检验结果见表 7 – 26。

表 7 – 26　多重比较（按零售业累计工作年限分组）

因变量		(I) 零售业累计工作年限	(J) 零售业累计工作年限	均值差 (I－J)	标准误	显著性	95% 置信区间	
							下限	上限
薪酬变动满意度	LSD	6—10 年	11—15 年	0.76732952 *	0.182	0.000	0.406	1.129
			15—20 年	0.607	0.403	0.135	－ 0.191	1.404
			20 年以上	－ 0.135	0.674	0.841	－ 1.472	1.201
		11—15 年	6—10 年	－ 0.76732952 *	0.182	0.000	－ 1.129	－ 0.406
			15—20 年	－ 0.161	0.405	0.692	－ 0.963	0.642
			20 年以上	－ 0.903	0.676	0.184	－ 2.242	0.436
		15—20 年	6—10 年	－ 0.607	0.403	0.135	－ 1.404	0.191
			11—15 年	0.161	0.405	0.692	－ 0.642	0.963
			20 年以上	－ 0.742	0.765	0.334	－ 2.258	0.774
		20 年以上	6—10 年	0.135	0.674	0.841	－ 1.201	1.472
			11—15 年	0.903	0.676	0.184	－ 0.436	2.242
			15—20 年	0.742	0.765	0.334	－ 0.774	2.258
薪酬福利满意度	LSD	6—10 年	11—15 年	－ 0.51861794 *	0.188	0.007	－ 0.891	－ 0.146
			15—20 年	－ 0.766	0.415	0.068	－ 1.588	0.057
			20 年以上	0.666	0.695	0.340	－ 0.711	2.044
		11—15 年	6—10 年	0.51861794 *	0.188	0.007	0.146	0.891
			15—20 年	－ 0.247	0.417	0.555	－ 1.074	0.580
			20 年以上	1.185	0.697	0.092	－ 0.196	2.565
		15—20 年	6—10 年	0.766	0.415	0.068	－ 0.057	1.588
			11—15 年	0.247	0.417	0.555	－ 0.580	1.074
			20 年以上	1.432	0.789	0.072	－ 0.131	2.995
		20 年以上	6—10 年	－ 0.666	0.695	0.340	－ 2.044	0.711
			11—15 年	－ 1.185	0.697	0.092	－ 2.565	0.196
			15—20 年	－ 1.432	0.789	0.072	－ 2.995	0.131

从表 7 – 26 可知，在薪酬制度与结构满意度方面，除了具有 6—10 年零售业累计工作年限的生鲜超市店长显著高于 11—15 年零售业累计工作年限的外，其他各年限之间无显著差别；在薪酬福利满意度方面，除了具有 6—10 年零售业累计工作年限的生鲜超市店长显著低于 11—15 年零售业累计工

作年限的外，其他各年限之间无显著差别。

（五）门店规模对福建省生鲜超市店长薪酬满意度的影响

首先，根据门店的营业面积，将门店面积为 2000m² 以下的归类为小型门店；门店面积为 2000—8000m² 的归类为中型门店；门店面积为 8000 m² 以上的归类为大型门店。其次，对不同门店规模组间生鲜超市店长薪酬满意度各构成维度和总体薪酬满意水平分别进行基本描述统计，结果如表 7－27 所示。

表 7－27　分组基本描述统计量（按门店规模分组）

		N	均值	标准差	标准误
总体薪酬满意度水平	小型门店	34.000	3.059	0.547	0.094
	中型门店	64.000	3.219	0.786	0.098
	大型门店	16.000	3.750	0.447	0.112
	总数	114.000	3.246	0.711	0.067
薪酬水平满意度	小型门店	34.000	-0.016	1.127	0.193
	中型门店	64.000	-0.104	0.956	0.119
	大型门店	16.000	0.448	0.803	0.201
	总数	114.000	0.000	1.000	0.094
薪酬制度与结构满意度	小型门店	34.000	0.176	1.223	0.210
	中型门店	64.000	-0.035	0.906	0.113
	大型门店	16.000	-0.234	0.815	0.204
	总数	114.000	0.000	1.000	0.094
薪酬变动满意度	小型门店	34.000	-0.510	1.137	0.195
	中型门店	64.000	0.127	0.821	0.103
	大型门店	16.000	0.575	0.918	0.230
	总数	114.000	0.000	1.000	0.094
薪酬福利满意度	小型门店	34.000	-0.210	0.927	0.159
	中型门店	64.000	0.049	1.098	0.137
	大型门店	16.000	0.249	0.635	0.159
	总数	114.000	0.000	1.000	0.094
非经济性报酬满意度	小型门店	34.000	-0.305	1.197	0.205
	中型门店	64.000	0.103	0.916	0.114
	大型门店	16.000	0.235	0.737	0.184
	总数	114.000	0.000	1.000	0.094

从表7-27可以看出，不同门店规模组间店长总体薪酬满意度水平和各个维度上的薪酬满意度均有差异，但这种差异是否具有统计意义尚需经过检验，本章将通过单因素方差分析对此进行检验。

表7-28 单因素分析结果（按门店规模分组）

		平方和	df	均方	F	显著性
总体薪酬满意度水平	组间	5.303	2	2.651	5.680	0.004
	组内	51.820	111	0.467		
	总数	57.123	113			
薪酬水平满意度	组间	3.909	2	1.955	1.989	0.142
	组内	109.091	111	0.983		
	总数	113.000	113			
薪酬制度与结构满意度	组间	2.004	2	1.002	1.002	0.370
	组内	110.996	111	1.000		
	总数	113.000	113			
薪酬变动满意度	组间	15.170	2	7.585	8.606	0.000
	组内	97.830	111	0.881		
	总数	113.000	113			
薪酬福利满意度	组间	2.651	2	1.326	1.333	0.268
	组内	110.349	111	0.994		
	总数	113.000	113			
非经济性报酬满意度	组间	4.729	2	2.365	2.424	0.093
	组内	108.271	111	0.975		
	总数	113.000	113			

从表7-28可以看出，不同门店规模的生鲜超市店长在薪酬水平满意度、薪酬制度与结构满意度、薪酬福利满意度和非经济性报酬满意度上的P值均大于0.05，没有显著差异；在总体薪酬满意度水平和薪酬变动满意度上的P值分别为0.004和0.000，小于0.05，存在显著差异，对此，将通过LSD多重分组和Tamhane's T2多重分组比较分析组间差异。

从方差齐性检验结果看，总体薪酬满意度水平和薪酬变动满意度均不满足方差齐性假设，选择Tamhane's T2多重分组检验方法检验各均值间是否有显著差异，检验结果见表7-30。

表7-29　方差齐性检验（按门店规模分组）

	Levene 统计量	df1	df2	显著性
总体薪酬满意度水平	7.601	2	111	0.001
薪酬水平满意度	1.124	2	111	0.329
薪酬制度与结构满意度	1.057	2	111	0.351
薪酬变动满意度	3.567	2	111	0.032
薪酬福利满意度	2.997	2	111	0.054
非经济性报酬满意度	2.323	2	111	0.103

表7-30　多重比较（按门店规模分组）

因变量		(I) 门店规模	(J) 门店规模	均值差 (I-J)	标准误	显著性	95% 置信区间	
							下限	上限
总体薪酬满意度水平	Tamhane	小型门店	中型门店	-0.160	0.136	0.565	-0.491	0.171
			大型门店	-0.691 *	0.146	0.000	-1.057	-0.325
		中型门店	小型门店	0.160	0.136	0.565	-0.171	0.491
			大型门店	-0.531 *	0.149	0.003	-0.902	-0.161
		大型门店	小型门店	0.691 *	0.146	0.000	0.325	1.057
			中型门店	0.531 *	0.149	0.003	0.161	0.902
薪酬变动满意度	Tamhane	小型门店	中型门店	-0.63712752 *	0.220	0.017	-1.181	-0.093
			大型门店	-1.08512169 *	0.301	0.003	-1.839	-0.331
		中型门店	小型门店	0.63712752 *	0.220	0.017	0.093	1.181
			大型门店	-0.448	0.251	0.244	-1.099	0.203
		中型门店	小型门店	1.08512169 *	0.301	0.003	0.331	1.839
			中型门店	0.448	0.251	0.244	-0.203	1.099

从表7-30可知，在总体薪酬满意度水平方面，大型门店都显著高于小型门店和中型门店，小型门店与中型门店无显著差异；在薪酬变动满意度方面，小型门店均显著低于中型门店和大型门店，中型门店和大型门店无显著差异。

第六节　研究结论

本章对福建省生鲜超市店长薪酬满意度进行了研究，研究内容包括生鲜超市店长薪酬满意度构成维度、各维度的重要性以及不同特征对薪酬满意度的影响，通过理论分析和实证研究，得到以下一些结论：

（1）通过对问卷数据进行因子分析、相关分析和回归分析，发现福建省生鲜超市店长薪酬满意度主要由薪酬水平满意度、薪酬制度与结构满意度、非经济性报酬满意度、薪酬变动满意度和薪酬福利满意度五个维度构成，其中薪酬水平满意度是福建省生鲜超市薪酬满意度最重要的构成维度。与已论证的 PSQ 量表中的四个维度（薪酬水平满意度、薪酬提升满意度、薪酬结构/管理满意度、福利满意度）及谢宣正和薛声家的企业人力资源管理人员薪酬满意度量表中的五个维度（薪酬水平满意度、福利水平满意度、非经济报酬满意度、薪资晋升满意度和薪资政策与管理）等研究具有高度的一致性。

（2）通过对问卷进行描述性统计分析，发现福建省生鲜超市店长总体薪酬满意度的均值为 3.25，略高于一般满意水平。其中，"非经济性报酬满意度""薪酬制度与结构满意度""薪酬福利满意度""薪酬变动满意度"达到了一般满意水平，而"薪酬水平满意度"低于一般满意水平，属于基本不满意范畴。非经济性报酬满意度最高，可能因为生鲜超市店长大都由资深低学历和年轻高学历人员构成。资深低学历店长通过经验的积累逐步走上店长岗位，领导和员工对其能力的认可度和工作所带来的成就感都有效提高了他们的非经济性报酬满意度，而对于年轻的高学历店长来说，店长岗位不仅是其未来职业生涯的良好开端，更是锻炼自己、提高自身能力的有效平台，作为门店的一把手，店长工作仍具有一定挑战性，对其存在吸引力，故而带来较高的非经济性报酬满意度。

（3）通过对问卷进行独立样本 T 检验，发现除了在总体薪酬满意度水平方面，女性店长满意度显著高于男性店长外；在薪酬水平满意度、薪酬制度与结构满意度、非经济性报酬满意度、薪酬变动满意度和薪酬福利满意度五个维度上，不同性别均无显著差异。有别于男性店长所需承担的社会责任和家庭责任，女性在事业发展过程中还要兼顾家庭、子女教育成长等，相对全身心投入到事业中的男性来说，对于工作、薪酬等各个方面的期望较小，使得期望值更容易实现，总体薪酬满意度显著高于男性。

（4）通过对问卷进行单因素方差分析，发现除了 30 岁以下生鲜超市店长的非经济性报酬满意度显著低于 41—50 岁生鲜超市店长的非经济性报酬满意度外，其他不同年龄段的福建生鲜超市店长在各个维度和薪酬满意总体水平上均无显著差别。30 岁以下的生鲜超市店长还处于成长期，大部分任职时间较短，店长角色还处在摸索阶段，对于学习机会、工作权限、个人发展、升值空间等非经济性报酬有更多的渴求，期望值越高，落差越大，引发不满意。

（5）通过对问卷进行单因素方差分析，发现除了高中学历薪酬变动满意度和大专学历薪酬变动满意度均显著低于本科学历的，大专学历生鲜超市店长的薪酬福利满意度显著低于高中（中专）学历的薪酬福利满意度外，其他不同学历层次的福建生鲜超市店长在各个维度和薪酬满意总体水平上均无显著差别。对于学历在薪酬变动满意度上的显著差别，究其原因，一方面可能由于企业从人力资源培养角度考虑，将学历列为薪酬变动条件之一，有的企业甚至根据不同学历设置不同的薪酬变动条件，这在某种程度上就使得高中学历和大专学历的薪酬变动比本科难；另一方面，可能由于本科学历店长本身具有更高的可塑性，发展步伐更大，相比高中和大专学历的店长更快达到薪酬变动的条件。而在薪酬福利满意度方面的显著差别，可能是由于大专学历相比高中（中专）学历店长而言，对生活有更高的追求，对福利寄予了更高的期望，如福利种类的多样性、福利价值等，而高中（中专）学历店长对福利的理解可能更为单纯，只要福利够实惠，如发放生活用品、员工聚餐等常规项目就可得到满足，由此造成双方薪酬福利满意度的差异。

（6）通过对问卷进行单因素方差分析，发现除了零售业累计工作年限为 11—15 年的生鲜超市店长在薪酬制度与结构满意度方面显著低于零售业累计工作年限为 6—10 年的，在薪酬福利满意度方面显著高于零售业累计工作年限为 6—10 年的外，其他不同年限的福建生鲜超市店长在各个维度和薪酬满意总体水平上均无显著差别。零售业累计工作年限为 11—15 年的生鲜超市店长在薪酬制度与结构满意度方面显著低于工作年限为 6—10 年的，其原因可能是累计工作年限为 11—15 年的店长在个人认知上对自我价值的判断会较高，同时由于中国人强调资历，容易产生"没有功劳也有苦劳"的想法，资历越深的人更容易理所当然地认为自己应比资历浅的人获得更多回报，特别是在薪酬结构上，对于奖金份额、股权等有更高的要求，而目前众多生鲜超市企业在此方面仍未完善；另一方面，十几年的从业经验也使得其对薪酬制度和结构有了更多自己的看法和理解，更有评头论足的话语权，当发现的瑕疵越来越多时，其满意度就自然而言地下降。对于在薪酬福利满意度方面，零售业累计工作年限为 11—15 年的店长显著高于累计工作年限为 6—10 年的，其原因一方面可能是由于累计工作年限为 11—15 年的店长逐渐适应和习惯了企业的福利，不满意见相对少了；另一方面，可能由于福利通常与在职时间、资历等因素相挂钩，从业时间越长的店长可能获得更多的福利享受，满意度自然会比累计工作年限为 6—10 年的高。

（7）通过对问卷进行单因素方差分析，发现除大型门店总体薪酬满意度水平显著高于小型门店和中型门店，小型门店薪酬变动满意度均显著低于中型门店和大型门店外，其他不同门店规模的福建生鲜超市店长在各个维度和薪酬满意总体水平上均无显著差别。一般而言，同一家企业在薪酬福利、薪酬结构与管理、非经济性报酬、变动薪酬方面都执行统一标准，因此门店规模大小对薪酬满意度所能产生的影响就比较小，而大型门店由于所提供的平台更大，业绩更为显著而具有较高的吸引力，其业绩水平直接影响着店长的绩效薪酬，而且企业在选拔店长过程中一般会优先选择大型门店的店长，因此大型门店店长总体薪酬满意度水平显著高于小型门店和中型门店就可以理解了。而在薪酬变动方面，小型门店由于发挥空间有限，业绩贡献率不敌中型门店和大型门店，而门店业绩与店长则是"一荣俱荣，一损俱损"的关系，由于小型门店在一定程度上未能充分为店长的薪酬变动提供数据支撑，相对的满意度则比较低。

第七节　提高福建省生鲜超市店长薪酬满意度的建议

福建省生鲜超市店长薪酬满意度不高，必然会对其工作产生影响，而且对薪酬的不满意还会降低员工对企业的认同度和凝聚力，强化其离职倾向。对此，基于福建省生鲜超市店长薪酬满意度现状及主要因素的探讨，结合福建省生鲜超市行业特性及店长层级人员基本特征，笔者总结了几点提升福建省生鲜超市店长薪酬满意度的对策，以供参考。

一、合理提升店长薪资水平

纵然众学者对薪酬满意度构成维度看法不一，但对于薪资水平满意度的重要性大家还是普遍认可的。在本章薪酬满意度构成维度回归模型中，薪资水平满意度回归系数也是最高的。

本研究中，有84.2%的生鲜超市店长为男性，且大都集中在31—40岁年龄段，而这正是上有老要赡养，下有小要教育的高压力阶段。养家糊口重任在肩，加之当前社会物价水平飞涨，房价居高不下，孩子教育经费年年递增，不少店长生活质量仍旧不尽如人意。因此，在薪资尚可产生激励作用的情况下，直截了当地提高薪资水平，具有立竿见影的实际成效。

众所周知，虽然在过去十年，零售业取得了突飞猛进的发展，度过了一个黄金时期，但目前不论是店长还是基层工作人员，零售业从业人员的薪资水平仍偏低，已经严重影响了他们的薪酬满意度和工作积极性。本研究中，生鲜超市店长薪资水平满意度的均值在五个维度当中属于垫底，尚未达到"3"的中等水平，尚可发挥积极正向作用。由于人工成本不可能大规模、永无止境地上升，否则必将削弱企业盈利水平，也不利于企业健康发展，加之薪资提升激励时效有限，当都达到大家的心理预期时，其激励效果就大打折扣。因此，要强化弹性工资管理，在绩效工资、奖金等方面下功夫，其中要注意把握薪酬内部的合理性、激励性，合理设计绩效指标，科学核算奖金，充分发挥绩效工资、奖金对生鲜超市店长的激励作用，合理提升店长的薪资水平。在特殊情况下，还可考虑股权激励等长期激励方式，这对于提高其薪酬满意度和工作积极性具有重要作用。

二、加强薪酬沟通的双向性

薪酬满意度归根是一种心理感知，在薪酬比较之前，其满意程度的高低除了与企业提供的薪资和福利有关外，与员工的心理认知也有很大的关系，同等岗位的同等薪酬待遇在不同认知的员工身上有着不同的感受和评价；在薪酬比较过程中，店长对薪酬外部公平性的评价仍存在一定的偏差，主要集中在薪资水平上。而严格说来，薪酬的外部比较不应只体现在与其他同层次岗位的收入对比上，因为城市不同，消费水平、当地社会平均工资、福利多寡等都存在很大差异，而企业规模、发展速度等也会直接影响岗位的任职要求和工作职责，因此，仅拿薪资水平与其他城市或企业的同层次人员进行比较并不严谨，不能真正体现薪酬的外部公平性。而在内部比较上，对自身与高层管理人员收入差距的认知应基于对高层管理人员工作贡献、工作投入等的正确认识上，其在战略把握、风险承担等方面的工作投入也不可轻易忽视。而这些都是店长在自行进行薪酬比较过程中容易犯的错误，进而不仅误导了店长自身，也在一定程度上离间了店长与企业的关系。

因此，对于心理契约实现程度、员工价值观取向等这些企业无法直接控制的因素，企业可通过有效的薪酬沟通，分享薪酬管理信息，对称分布信息，使店长的主观判断趋于合理化。在这过程中，整个薪酬沟通要保证沟通信息的及时性和准确性，使店长能够清楚了解企业薪酬体系。企业除了向店长解释公司薪酬水平的设定与店长贡献、工作职责、当地经济发展水平等相关外，还可向店长介绍其他企业门店店长或类似职务的薪资水平、福利状况和非经济性报酬等指标，进而影响店长的评价。同时，沟通的双向性还要求企业在向店长传递信息的同时，还要关注店长对获取信息的理解与反馈，及时纠正店长错误认知，使店长形成正确薪酬价值观。

通过有效的双向沟通，对店长薪酬认知片面之处，及时给予了合理解释和正确疏通，提高了店长的参与度和认同感，同时也让店长了解足够多的薪酬管理相关信息，一定程度能够提高店长对"薪酬政策公开程度"的满意度，而且双向沟通也体现了对店长的尊重，有助于提高其对"工作赋予您的社会地位"等非经济性报酬满意度，进而提高薪酬满意度。

三、建立科学公平的薪酬架构

在现实社会中，许多经营者在设计薪酬架构的过程中并不是以公平、科学为设计准则，而是将企业投资效益作为设计标尺，由此导致在薪酬架构设计过程中很少听取员工意见，"闭门造车"，有的甚至在整个薪酬架构确立后，仍对员工采取"不问不说""问了不答"等策略，导致员工对于薪资晋升、薪资结构等整个与员工切身利益相关的薪酬架构知之甚少。由此可知，遮遮掩掩的薪酬政策何能赢得员工的认同感，必然导致员工对薪酬制度、薪酬管理的信息感知和公平感知极低。本研究中，关于"企业薪酬政策的公开程度"满意度仅略高于一般满意水平。同时，朝令夕改、有失偏颇的薪酬政策也难以令人产生认同感，直接影响员工对薪酬满意度的最终认知。而在薪酬制定的合理性上，由于缺少市场信息的注入，导致在利益最大化的目的下，不是薪酬水平低就是薪酬结构单一，整个薪酬缺乏外部竞争力。因此，科学合理设计薪酬架构是必要的，只有让员工对薪酬架构产生认同感，对薪酬信息获得有效感知，对薪酬制度和薪酬管理获得公平感知，才能进一步提高员工的工作积极性，实现企业和员工的共同发展。

建立一套有竞争力的、合理的薪酬架构是一项繁杂的系统工程，要兼顾企业内部环境和外部环境双重因素。对外，企业要实施动态薪酬管理，在提高薪资水平之前，通过市场调查，充分考虑经济形势、当地物价水平、竞争者工资水平、劳动力市场供求状况等因素，再结合自身经营特点、企业战略和财务承受能力，合理制定薪酬水平和薪酬结构以实现外部公平，提高企业的薪酬外部竞争力；对内，企业在薪酬制度的设计上要做到科学、合理，以确保薪酬政策的稳定性和连续性；而在薪酬管理过程中，则要公平、公正、公开，实现过程公平，否则将导致店长薪酬信息的不畅通，引发猜想、怀疑等不良情绪，不仅降低店长薪酬满意度，还致使企业人文环境不和谐，甚至造成人力资源的流失和企业利益的受损。

四、完善薪酬晋升制度设计

在薪酬变动方面，从调查中可发现福建生鲜超市店长对企业薪酬变动表现颇为不满，而影响因素主要在于调薪幅度、调薪依据、调薪政策的执行，因此相关企业必须重视薪酬晋升制度的设计，除了根据企业效益的提升、当地消费水平的不断提高，酌情加薪外，还要在薪酬晋升制度的设计上多下些功夫。在这其中，对于调薪的依据和标准要进行科学地设计核算。在集体调薪过程中，要根据不同地区、不同表现设定加薪标准；在调薪时机和次数上，要多方考虑，特别是个别调薪的，要充分考虑企业内外部环境、店长工作表现、人工成本的核算等，最好在店长对自身报酬有初步不满，并在行为上有所表现时再考虑给予相关调薪，在这过程中要保证调薪依据的合理性、调薪标准的公平性、调薪程序的公开性，以免适得其反，顾此失彼，引起其他店长的误解与不满，导致其他店长的流失。

五、建立多元化自助式福利体系

在薪酬总额一定的情况下，福利等辅助性薪酬也是提升员工薪酬满意度不可忽视的环节。根据前文对问卷的统计分析可知，福建省生鲜超市店长对"整套福利""福利项目数量""福利自由选择程度""福利的金钱价值"的满意度都不高，分别为"3.23""3.19""3.14""3.12"，仅略高于一般满意水平。鉴于福利是影响薪酬满意度的一个重要因素，因此企业必须重视福利管理，优化丰富福利结构，满足店长福利需求，让福利切实成为提高店长薪酬满意度的辅助工具。

对于福建生鲜超市店长，价值观的多元化决定了法定的"五险一金"服务方案并不能满足其需求。作为门店的管理者，店长这个群体不同于基层管理者，他们对福利结构更为挑剔。源于对生活质量的追求，他们或者崇尚健康的生活方式，期望公司提供支持个人及家庭成员健康生活的福利，如体检福利、健身福利、亲子教育福利等；或注重生活体验，期望公司提供旅游福利、游戏福利、聚餐福利；或追求自由个性化，喜欢弹性的工作时间；或拥有更高的独立自主意识，更倾向于自我选择开发福利项目等。对此，企业在福利制度设计方面，要坚持"以人为本"，有的放矢，在条件允许的范围内，考虑菜单式福利，提供多元化的自助式福利体系，以同时满足不同个体的不同福利偏好，从而提高薪酬满意度。

六、充分发挥非经济性报酬的激励作用

从薪酬的内涵和外延来看，薪酬已不单单是纯粹经济意义上的经济报酬，其已过渡到全面薪酬的概念，包括经济报酬、福利和非经济性报酬等。

而在全面薪酬中非经济性报酬对于企业来说，无疑是具有重要作用，原因在于：一方面，企业的营利性决定了其经济性报酬不可能无限增加，限制了其作用的发挥，而非经济性报酬对于企业而言无疑是最经济实惠的，受限少，发挥空间大，同时合理地利用将对生鲜超市店长的激励起到十分显著的作用；另一方面，Porter，Greenberger & Heneman（1990）研究发现薪酬水平对薪酬满意度的边际效应存在递减规律，薪酬满意度的增加率会随着薪酬水平的提高而递减。赫尔伯格的双因素理论也在一定程度上说明了这点。根据赫尔伯格双因素理论可知，与外部环境有关的因素，如物质工作条件、工资、福利等保健因素只能消除员工不满意，并不能产生激励作用，而真正能产生激励作用的是那些能满足个人自我实现需要的"激励因素"，包括成就感、赏识、成长与发展机会等。而全面薪酬概念中的非经济性报酬包括工作氛围、工作条件、工作权限、个人发展、升值空间等，基本属于激励因素范畴，具有很强的激励性。

根据前文对问卷的统计分析可知，福建生鲜超市店长除了对薪资水平、薪酬福利等经济性报酬有需求外，对于学习机会、社会地位、认可度等非经济性报酬也十分关注，但问卷结果显示整体感受一般，尚未达到满意水平。因此，重视非经济性报酬，丰富对生鲜超市店长的非经济性激励方式对于提高其薪酬满意度具有重要作用。

非经济性激励主要在于对店长的肯定，对此，经营者或管理者可在工作过程多对店长予以认可和褒奖，树立店长的自信心；在企业战略决策过程中，放开参与权限，鼓励店长参与到企业战略决策、制度设计等高层工作中来，体现其价值，提高其工作影响力和成就感；适度进行岗位调整，在店长能力范围内，鼓励营业面积小的店长接管营业面积大的门店，提高工作挑战性；创造更多到相关企业参观考察、到学校进修的机会，提高其工作所带来的能力提升的满意度，特别是对于有"能力提升"诉求的年轻店长，深造学习的激励效果更加明显；创造宽松、自主的工作氛围，实行弹性的工作时间，使其得以自主支配时间，提高工作效率和生活质量；放开一定权限，充分授权使他们在职责范围内自主开展工作，提高其影响力满意度。

第八节　研究展望

　　基于本章的研究局限及对未来研究方向的思考，提出以下研究展望：

　　在福建省生鲜超市薪酬满意度研究样本选择上，后续的研究要拓宽样本选择范围，可从调查对象数量和地区上扩大样本，争取将永辉超市囊括进来，并在龙岩、南平、宁德、三明等地区增加样本量，使得样本数据更具代表性。同时，还可根据企业特点、不同地域分层取样，进行对比研究，继续探讨不同变量背景下的薪酬满意度差异。在研究内容上，关于生鲜超市店长薪酬满意度影响因素的研究，还可深入探讨生鲜超市店长薪酬满意度影响因子的重要性排序；深层次探讨可能影响因素如员工人格特征、认知复杂性等的影响作用以及在本研究中没有体现的企业性质、个体属性、地区差异等与薪酬满意度的相关性问题。除此之外，关于生鲜超市店长薪酬满意度的影响效应，也还有很大的研究空间，如薪酬满意度与工作绩效、薪酬满意度与离职倾向、薪酬满意度与组织公民行为等，这些都将是今后研究零售业管理人员需要努力和探讨的重点。

参考文献

[1] 宣亚南，易福金，陈志颖．我国生鲜农产品零售方式变化趋势、影响因素与对策初探 [J]．农村经济，2003 (11)：18 - 20.

[2] 周勇．超级市场生鲜食品经营策略 [J]．商场现代化，1998，7 (5)：26 - 28.

[3] DAVID TAYLOR, ANDREW FEARNE. Towards a Framework for Improvement in the Management of Demand in Agri - food Supply Chains [J]. Supply Chain Management：An International Journal, 2000 (3)：103 - 116.

[4] THOMAS REARDON, JULIO A. Berdegue, "The Rapid Rise of Supermarket in Latin America：Challenges and Opportunities for Development" [J]. Development Policy Review, 2002, 85 (5)：371 - 388.

[5] 张赞，张亚军．我国农产品流通渠道终端变革路径分析 [J]．现代经济探究，2011 (5)：71 - 75.

[6] 徐盈群．生鲜超市发展的社会经济环境和条件浅析 [J]．商场现代化，2005 (12)：123 - 124.

[7] 陈丽华．专营生鲜超市的取胜之道 [J]．商业经济文荟，2002 (4)：34 - 36.

[8] 王晓娟．我国生鲜连锁超市发展制约瓶颈及应对策略分析 [J]．物流管理，2012 (41)：11 - 13.

[9] 周洁红，金少胜．农贸市场超市化改造对农产品流通的影响 [J]．浙江大学学报（人文社会科学版），2004 (5)：18 - 20.

[10] 陈耀庭，蔡贤恩，戴俊玉．生鲜农产品流通模式的演进——从农贸市场到生鲜超市 [J]．中国流通经济，2013 (3)：19 - 23.

［11］N M TICHY. The Leadership Engine：How Winning Companies Build Leaders at Every Level ［M］. New York：HarperCollins，2002.

［12］MOBLEY W. H. Intermediate Linkages in the Relationship between Job Satisfaction and Employee Turnover ［J］. Journalof Applied Psychology，1977，62（4）：237－240.

［13］罗艳鹰. 浅析如何避免人才流失 ［J］. 理论探索，2014（10）：24－25.

［14］蔡志梅. 国有施工企业人才流失问题探析 ［J］. 中国高新技术企业，2015（5）：170－172.

［15］PETER，HAM AND GRIFFETH，RODGER. Employee Turnover ［M］. Cincinnati：Southwestern College Publishing，1995.

［16］王虹，程剑辉，吴普. 员工流失分析与研究 ［J］. 商业经济与管理，2001（5）：36－40.

［17］NICHOLAS，WOODWARD. The Economic Causes of Labour Turnover：A Case Study ［J］. Industrial Relations Journal，1975（6）：4－7.

［18］BLAU，FRANCINE D，KAHN，LAWRENCE. Race and Sex Differences in Quits by Young Workers ［J］. Industrial & Labor Relations Review. 1981（34），102－114.

［19］吴茂森. 民营企业人才流失的内外部原因探讨 ［J］. 科技创新导报，2007（17）：186－187.

［20］曹细玉. 知识型员工流失风险的多变量分析及对策研究 ［J］. 企业经济，2006（12）：36－38.

［21］白彦，贺伟. 民营企业人才流失原因与对策探析 ［J］. 商场现代化，2007（2）：297－298.

［22］刘怫翔，李智，王淑红. 民营企业人才流失及其管理策略探讨 ［J］. 中国集体经济，2009（9）：130－131.

［23］罗英，李原. 知识员工离职影响因素研究 ［J］. 中国商贸，2010（9）：80－81.

［24］刘燕，王重鸣. 知识型员工主动离职的影响因素研究进展 ［J］.

人类工效学, 2006（1）: 60 - 61.

［25］MOWDAY R T, PORTER L W, STEERS R M. Organizational Linkages: The Psychology of Commitment Absenteeism and Turnover ［M］. San Diego CA: Academic Press, 1982.

［26］HILTROP, JEAN - MARIE. The Quest for the Best: Human Resource Practices to Attract and Retain Talent ［J］. European Management Journal, 1999, 17（4）: 422 -430.

［27］BLUEDORN A C. A Unified Model of Turnover From Organizations ［J］. Human Relations, 1980, 35（2）: 135 - 153.

［28］PRIEE J. L. , CHARLES W, MUELLER. A Causal Model of Turnover for Nusers ［J］. Academy of Management Journal, 1981（2）: 3 - 12.

［29］CURRIVAN, DOUGLAS B. The Causal Order of Job Satisfaction and Organizational Commitment in Models of Employee Turnover ［J］. Human Resources Management Review, 1999（9）: 42 -49.

［30］LEVENTHAL G. S. , KARUZA J. , FRY W. R. . Beyond Fairness: A theory of Allocation Preferences In: G Mikula（ed）［M］. NY: Justice and Social Interaction. 1980.

［31］THIBAUT J. , WALKER. Procedural Justice: A Psychological Analysis ［M］. Hillsdale, NJ: Erlbaum, 1975.

［32］STEFAN, GAERTNE, J. MACK, ROBINSON. Structural Determinants of Job Satisfaction and Organizational Commitment in Turnover Models ［J］. Human Resource Management Review, 1999（9）: 158 - 174.

［33］ALFONSO, SOUSA - POZA, FRED, HENNEBERGER. Analyzing Job Mobility with Job Turnover Intentions: An International Comparative Study ［J］. Joumal of Economic Issues, 2004（38）: 151 - 170.

［34］SPENCER, DANIEL G. , STEERS, RICHARD M. . The Influence of Pearsonal Factors and Perceived Work Experiences on Employee Turnover and Absenteeism ［J］. Academy of Management Journal, 1980（23）: 146 - 153.

［35］THOMAS, MARTIN. Modelling the Turnover Process ［J］. Journal of

Management Studies, 1980 (17): 102 – 113.

[36] HIANCHYE KOH, CHYE TEE GOH. An Analysis of the Factors Affecting the Turnover Intention of Non – Managerial Clerical Staff: A Singapore Study [J]. International Journal of Human Resource Management, 1995 (6): 189 – 201.

[37] GODWIN J, LDO, TOR, GUIMARAES. An Investigation of the Antecedents of Turnover Intention for Manufacturing Plant Managers [J]. International Journal of Operations Production Management, 1997 (17): 9 – 10.

[38] SABINE A. , GEURTS, WILMAR B. , SCHAUFELI, CHRISTEL G, RUTTE. Absenteeism, Turnover Intention and Inequity in the Employment Relationship [J]. WORK&STRESS, 1999 (13): 35 – 41.

[39] INGE, HOUKES, PETER P. M. , JANSSEN, JAN, DE JONGE, FRANS J. N. , NI JHUIS. Secific Relationships Between Work Characteristics and Intrinsic Work Motivation, Burnout and Turnover Intention: A Multi – Sample Analysis [J]. European Journal of Work & Organizational Psychology, 2001 (10): 89 – 101.

[40] WILSON N. & J. PEEL. The Impact on Absenteeism and Quits of Profit Sharing and Other Forms of Employee Participation [J]. Industrial and Labor Relations Review, 1991 (44): 35 – 40.

[41] LAWLER, EDWARD E. Pay and Organization Development [M]. Boston: Addison – Wesley Pub. Co, 1981.

[42] 许昆鹏. 中小民营企业知识型员工离职原因的实证研究 [J]. 工业技术经济, 2006 (2): 132 – 134.

[43] 熊明良. 建筑企业员工离职倾向影响因素统计分析 [J]. 建筑管理现代化, 2008, 24 (3): 78 – 82.

[44] 王晓莉. "80 后" 员工跳槽情况的调查研究 [J]. 中外企业家, 2010 (4): 61 – 62.

[45] 张旦琪, 陆勇, 章雄. 青年医务人员人力资源管理探讨 [J]. 中国医院管理, 2007, 27 (9): 77 – 78.

［46］王一. 我国中小民营企业人才流失现状分析及对策研究［J］. 创新科技, 2015（1）: 45-47.

［47］徐荣, 曹安照. 知识型员工离职倾向关键性影响因素分析——以科研事业单位为例［J］. 科技管理研究, 2009（12）: 468-469.

［48］段兴民, 王亚洲. 知识型员工离职影响因素的实证分析［J］. 中国人力资源开发, 2005（5）: 18-22.

［49］MUCHINSKY, P. M&MORROW, P C. A Multidimensional Model of Voluntary Employee Turnover［J］. Journal of Vocational Behavior, 1980, 17（3）: 263-290.

［50］ZEFFANE, RACHID M. Understanding Employee Turnover: The Need for a Contingency Approach［J］. International Journal of Manpower, 1994, 15（9）: 22-38.

［51］IVERSON, RODERICK D. An Event History Analysis of Employee Turnover: the Case of Hospital Employees in Australia［J］. Human Resource Management Review, 1999, 9（4）: 397-418.

［52］PARKER L E. When to Fix It and When to Leave: Relationship Among Perceived Control, Self-efficacy, Dissent, and Exit［J］. Journal of Applied Psychology, 1993（78）: 949-959.

［53］JUDGE T A, WATANABE S. Another Look at the Job Satisfaction-Life Satisfaction Relationship［J］. Journal of Applied Psychology, 1993, 78（6）: 939-948.

［54］姚邵汉. 员工流失的分析及防范初探［J］. 经济师, 2006（8）: 169-170.

［55］朱晓伶. 心理所有权对员工离职倾向的调节效应研究——以上海市中小民营企业为例［D］. 上海: 复旦大学, 2010.

［56］蒋春燕, 赵曙明. 知识型员工流动的特点、原因与对策［J］. 中国软科学, 2001（2）: 85-88.

［57］赵西萍, 刘玲, 张长征. 员工离职倾向因素的多变量分析［J］. 中国软科学, 2003（3）: 71-74.

[58] MARCH J G, SIMON H A. Organisation und Individuum [M]. New York: Gabler Verlag, 1976.

[59] PRICE, J. L. Reflections on the Determinants of Voluntary Turnover [J]. Journal of International Manpower, 2000 (22): 600 – 624.

[60] SHERIDAN, J. E. &ALBELSON, M. A. Cusp – catastrophe Model of Employee Turnover [J]. Acedemy of Management Journal, 1983, 26 (3): 418 – 436.

[61] LEE, T. W. &MITCHELL, T. R. An Alternative Approach: the Unfolding Nodel of Voluntary Employee Turnover [J]. Academy of Management Review, 1994, 19 (1): 51 – 89.

[62] 李亚兵，未盆兄. 国内民营企业人才流失研究评述 [J]. 调查研究，2015，32 (2): 48 – 52.

[63] 原晓娉. 民营企业人才流失问题及对策 [J]. 管理创新，2008 (18): 58 – 64.

[64] 金高峰，张胜荣. 浅析民营企业人才流失的原因与对策 [J]. 企业管理，2007 (4): 114 – 116.

[65] 涂淑丽. 我国民营快递企业人才流失现状及防范对策 [J]. 管理纵横，2012 (6): 63 – 66.

[66] 刘艳莉. 国有企业人才流失的原因分析及对策 [J]. 商场现代化，2011 (5): 112 – 113.

[67] 魏清. 浅析民营企业人才流失 [J]. 企业技术开发，2012，31 (8): 34 – 37.

[68] 杨兔珍. 中小民营企业人才流失现状及对策研究 [J]. 技术经济与管理研究，2011 (10): 63 – 66.

[69] 彭剑峰. 人力资源管理概论 [M]. 上海：复旦大学出版社，2006.

[70] 王世泉. 民营企业人才流失成因及对策 [J]. 热点透视，2009 (6): 24 – 25.

[71] 黄芳明. 企业人才流失的危害与对策研究 [J]. 长春理工大学学

报，2012，7（11）：48－49.

［72］甄新洪. 知识型员工离职因素分析与对策［J］. 科技管理研究，2011，（20）：145－148.

［73］马兰. 我国民营企业人才流失问题的博弈分析［J］. 企业战略，2015，（12）：59－61.

［74］李高峰. 高职院校校企合作模式的分析与思考［J］. 成人教育，2009（9）.

［75］谢华. "双元制"：高职院校校企合作模式的创新［J］. 继续教育研究，2011（9）.

［76］黄冠群. 高职院校校企合作模式的比较分析［J］. 时代经贸，2011（26）.

［77］曹立村，黄冠群. 论高职院校校企合作模式的影响因素及形成机理［J］. 管理学家，2011（11）.

［78］施雨. 高职院校校企合作机制的研究［D］. 南京师范大学，2011.

［79］DALE MILLER，BILL MERRILEES. Rebuilding Community Corporate Brands：A Total Stakeholder Involvement Approach［J］. Journal of Agricultural Economics，1998.

［80］THOMAS REARDON，JULIO A. BERDEGUE. The Rise of Supermarkets in Africa，Asia，and Latin America［J］. American Journal of Agricultural Economics，2003，85（5）：1140－1146.

［81］THOMAS REARDON. Buyer Observations of the US Third－Partylogistics Market［J］. International Journal of Physical Distribution & Logistics Management，1996，26（3）：38－46.

［82］THOMAS REARDON，JULIO A. Berdegue. The Rise of Supermarkets in Africa，Asia，and Latin America［J］. American Journal of Agricultural Economics，2003，85（5）：1140－1146.

［83］TAYLOR D H，FEARNE A. Towards a Framework for Improvement in the Management of Demand in Agri－Food Supply Chains［J］. Supply Chain

Management, 2006, 11 (5): 379 - 384.

[84] 吴崑. 论连锁门店店长的素质培养 [J]. 现代商业, 2012 (30): 23 - 24.

[85] 马瑞光, 连锁零售培训体系的建设势在必行 [J]. 中国人力资源开发网, 2006 (4): 21 - 22

[86] 曾方俊. 连锁零售企业店长人才培养途径探析 [J]. 中小企业管理与科技, 2013 (16): 22 - 23.

[87] 吴钰乾. 如何当好连锁店长 [J]. 汽车维修技师, 2010, 23 (07): 16 - 18.

[88] 高明文. 试论连锁企业如何培养店长 [J]. 现代经济信息, 2011 (24): 30 - 31.

[89] 赵明晓. 连锁专卖店店长培训体系的构建 [J]. 全国商情, 2015 (11): 51 - 53.

[90] 尚鹏. 基于胜任力的员工培训与开发 [J]. 人才资源开发, 2006 (12): 55 - 56.

[91] 王婷. 从大学生就业角度分析管理培训生制度 [J]. 新西部 (中刊), 2013 (4): 108, 107.

[92] 颜莉霞. 高职连锁经营管理专业人才培养模式的悖论与思考 [J]. 浙江商业职业技术学院学报, 2013 (35): 13 - 14.

[93] 高洁. 高职院校订单培养店长模式探讨 [J]. 广西教育 (职业与高等教育版), 2014 (5): 61 - 62, 74.

[94] 李远来. 店长是怎样炼成的——广西商业学校零售店长人才培养纪实 [J]. 现代商业, 2015 (21): 264 - 264, 265.

[95] 孔佩伊, 张媛媛. 连锁便利店校企合作订单式"店长班"培养模式初探 [J]. 哈尔滨职业技术学院学报, 2012 (5): 31 - 32.

[96] 谭璐, 谢军. 基于校企合作模式下的商业门店店长培养研究 [J]. 企业家天地: 中旬刊, 2012 (2): 47 - 48.

[97] 杨柳. 连锁企业对高职连锁专业人才培养要求的实证研究——以成都地区为例 [J]. 企业家天地 (下旬刊), 2012 (6): 54 - 56.

［98］卢海涛．基于职业要求的店长人才培养创新［J］．成人教育，2012，32（10）：89－90．

［99］安静．家乐福培训：店长是这样炼成的［J］．科技咨询导报，2006（01）：21－23．

［100］秦伟平，陈思明．浅析企业"空降兵"的软着陆［J］．石河子大学学报2007，21（06）：73－75．

［101］石金涛，吴广清．"空降兵"——在企业中的生存策略［J］．上海企业，2005（01）：21－23．

［102］江洪明，方艳．"空降兵"成功着陆四步曲［J］．人力资源，2007（06）：51－54．

［103］程春．高层管理团队建设与"空降兵"的引进［J］．经济研究导刊，2008（12）：11－13．

［104］郭丹．连锁超市培训存在的问题及对策分析［J］．培训广角，2007（08）：71－73．

［105］葛春凤．我国连锁经营发展的人才培养模式研究［J］．广州航海高等专科学院学报，2005（08）：23－24．

［106］李燕梅，杨琨，向朝进．我国零售企业人才流失的原因与对策［J］．中国商贸，2010（1）：50－51．

［107］赵根良．连锁零售企业人才瓶颈问题浅析［J］．新余学院学报，2012（3）：54－55．

［108］陈岩．我国零售连锁企业中高级管理人才流失问题探讨［J］．中国流通经济，2008（11）：67－68．

［109］苏亮．苏宁店长培训学院三年孵化2000店长［J］．家电科技，2011（11）：27．

［110］孙玉芬．企业培训体系构建的步骤及要点［J］．企业文化，2014，12（8）：12－14．

［111］邓雪．浅谈零售企业的人才培训［J］．江苏商论，2008（03）：134－135．

［112］罗杰．企业文化引导人才培训［J］．现代商业，2006（11）：

31 – 33.

[113] 朱甫. 沃尔玛与家乐福：全球两大零售帝国的超级零售方法 [M]. 北京：中国经济出版社，2006：16 – 18.

[114] 殷智红，李宇红. 基于胜任特征的连锁店店长培训研究 [J]. 技术经济与管理研究，2012（7）：58 – 62.

[115] 王伟. 超市培训管理实务 [M]. 北京：旅游教育出版社，2007：16 – 18.

[116] 卢嘉慧，李文凯. 连锁超市的店长培训研究——以本土连锁企业 HL 超市为例 [J]. 中国市场，2013（46）：112 – 113，144.

[117] 黄芳. 我国连锁零售企业的人力资源管理问题探讨——以 R 公司为例 [D]. 厦门：厦门大学，2009（12）：23 – 25.

[118] 刘新军. 企业培训实务 [M]. 沈阳：沈阳出版社，2002：11 – 13.

[119] 王骏，张雪平. 连锁超市店长绩效管理探究 [J]. 全国商情·经济理论研究，2009（20）：38 – 39，42.

[120] 蒋迎辉. 基于店长胜任力的连锁经营管理应用型本科人才培养 [J]. 四川教育学院学报，2013，29（2）：21 – 25.

[121] 江群，汪全蓉. 培训管理 [M]. 上海：上海交通大学出版社，2006：16 – 18.

[122] 孙雅静. 建立店长培训基地夯实店长培训机制 [J]. 上海商业，2010（11）：61 – 63.

[123] 张德. 人力资源开发与管理 [M]. 北京：清华大学出版社，2007：33 – 35.

[124] 任凤阁. 优秀店长的十大"金标准"[J]. 中国执业药师，2008（05）：12 – 13.

[125] 尹奎，张凯丽，田虹. 连锁企业店长胜任力模型的构建——以家家悦集团为例 [J]. 中国人力资源开发，2012（11）：65 – 68.

[126] 李姝. 优秀店长群体图影扫描 [J]. 中国药店，2008（01）：34 – 35.

[127] 林丽卿. 连锁超市门店店长胜任力模型的实证研究 [J]. 长江

大学学报（社会科学版），2011，34（7）：66 - 68.

[128] 郑文新. 对我国零售行业人才危机现状与对策的几点思考 [J].
商业现代化，2008（10）：215 - 216.

[129] 陈岳峰. 实体零售业人才培训之殇 [J]. 百货商业，2014
（09）：12 - 13.

[130] 郝强. 现代零售业连锁化经营的人才培养模式 [J]. 黑龙江职
业学院学报，2014（01）：34 - 36.

[131] 淳鸿. 零售业巨头沃尔玛在中国的战略分析与计划 [J]. 集美
大学工程技术学院学报，2005（01）：30 - 31.

[132] 赵实. 揭秘零售业西点军校的人才培养机制——宝洁培训体系
全貌 [J]. 培训杂志，2012（01）：5 - 7.

[133] 谢鹤立. 沃尔玛与家乐福培训开发体系比较研究及对中国超市
的启示 [J]. 培训，2014（12）：11 - 13.

[134] 赵琪. 现代零售企业人才培训与开发模式初探 [J]. 江苏商论，
2010（9）：54 - 56.

[135] 黄建飞. 连锁经营管理人才培养模式的探索与实践 [J]. 福建
商业高等专科学校学报，2008（6）：88 - 89.

[136] 雷祺，何庆江. 连锁经营管理专业人才培养模式研究 [J]. 九
江学院商学院学报，2008（6）：102 - 103.

[137] 许安心，黄炳超，陈佑成. 零售业一线员工工作及生活状态现
状与对策 [J]. 商业文化，2011（10）：319 - 321.

[138] 林楹藕. 福建省生鲜超市店长薪酬满意度研究 [D]. 福州：福
建农林大学硕士研究生论文，2015.

[139] 许安心，易爱娣. 零售业企业的企业文化评价指标体系构建与
实证分析 [J]. 技术经济，2011（7）：127 - 133.

[140] 储成成. 中国连锁超市生鲜农产品经营研究 [J]. 商，2013
（12）：12 - 13.

[141] XUANXIN. A Study on Debt Sources Structure, Term Structure and
Investment Level of Listed Retail Companies [J]. ANTHROPOLOGIST, 2014

(5) .

[142] XUANXIN. Empirical Study of the Store Image on Customer Loyalty Based on the Xiamen Large Shopping Supermarket [J]. Journal of Environmental Protection and Ecology, 2014 (9) .

[143] MCGEHEE, W, THAYER, P. W. Training in Business and Industry [M]. New York: Wiley, 1961.

[144] ANTHONY M. GRANT. Beyond Knowledge Management [M]. Hershey: Idea Group Publishing. 2003: 176 – 205.

[145] 加里·德斯勒. 人力资源管理（第六版）（刘昕等译）[M]. 北京: 中国人民大学出版社, 2005.

[146] 雷蒙德·A. 诺伊. 人力资源管理（刘昕译）[M]. 北京: 中国人民大学出版社, 2001.

[147] 米尔克维, 邦德鲁. 雇员培训与开发（徐芳译）[M]. 北京: 中国人民大学出版社, 2001, 67 – 69.

[148] 王翠萍. 浅谈如何做好企业员工培训工作 [J]. 中国电力教育, 2010 (21): 227 – 229.

[149] 湛新民. 人力资源管理概论 [M]. 北京: 清华大学出版社, 2005.

[150] 甘泉, 冯晓宪. 企业员工培训需求分析研究 [J]. 经管空间, 2014 (07): 98 – 99.

[151] 许丽娟. 员工培训与发展 [M]. 上海: 华东理工大学出版社, 2008.

[152] 郭嘉莉, 王书峰. 以员工特点为导向的员工培训 [J]. 中国培训, 2000 (04): 53 – 54.

[153] 黄经元, 沈芳. 完善企业培训体系提高企业培训质量的对策和建议 [J]. 职教论坛, 2009 (28): 36 – 39.

[154] 杨杰. 组织培训 [M]. 北京: 中国纺织出版社, 2003.

[155] 钟荣跃. 日本企业员工培训的特点及启示 [J]. 教育探索, 2008 (12): 139 – 141.

［156］张宸，肖尔文．西方知名媒体员工培训的几个特点［J］．中国记者，2009（12）：74-75.

［157］党荷叶．企业员工培训体系构建［J］．中小企业管理与科技，2013（09）：36-37.

［158］程铿．澳银行员工教育培训的特点及借鉴［J］．四川金融，1997（01）：34-36.

［159］付庆红．战略人力资源视角下的员工培训创新研究［J］．特区经济，2014（02）：230-232.

［160］王伟强，李录堂．中国企业员工培训的误区与对策研究［J］．经济与管理，2006（11）：57-60.

［161］杨红敏．浅析企业员工培训给企业带来的经济效益［J］．科学之友，2007（12）：123-124.

［162］温卫宁，廖文婧．构建基于员工生涯角色扮演和心理资本概念的企业员工培训内容体系的思考［J］．经营管理者，2013（08）：149-150.

［163］彭剑锋．战略性人力资源管理［J］．企业管理，2003（10）：95.

［164］李冬梅．企业员工培训的特点及方法思路［J］．企业导报，2013（04）：178.

［165］叶春涛．国外企业员工培训的特点及启示［J］．中外企业家，2013（12）：130-133.

［166］柳维芬，何晓晨．公司新员工培训意义分析及培训方案优化设计［J］．中国职工教育，2013（22）：29.

［167］余伟静．探讨员工培训对企业管理的意义及实践［J］．经营管理者，2013（21）：104.

［168］陈士春．企业员工培训的意义与着重点［J］．现代营销（学苑版），2012（02）：79.

［169］李剑锋，杨海辰．人力资源管理［M］．北京：经济管理出版社，2004.

［170］彭剑锋．人力资源管理概论［M］．上海：复旦大学出版社，2003.

[171] 王印久. 培训需求研究的结构化定位与任务分解 [J]. 人才资源开发, 2005 (11): 75 - 76.

[172] 刘勇, 徐双. 图书馆员培训管理体系: 问题分析与构建 [J]. 图书馆论坛, 2013 (05): 162 - 165.

[173] 胡君辰. 企业人力资源培训误区研究 [J]. 中国人力资源开发, 1996 (03): 23 - 25.

[174] 徐芳. 培训与开发理论及技术 [M]. 上海: 复旦大学出版社, 2005.

[175] 吴宇虹. 结构化培训体系的构建 [J]. 中国人力资源开发, 2004 (03): 50 - 51.

[176] 王莉, 石金涛. 企业内培训效果评估方法研究 [J]. 现代管理科学, 2005 (05): 20 - 21.

[177] 赵丽霞. 兰州石化公司员工培训体系改进研究 [J]. 兰州大学学报, 2009 (5): 91 - 93.

[178] 倪春. 企业培训体系再造与培训转型 [J]. 中国人力资源开发, 2012 (06): 29 - 34.

[179] 何向红. 浅谈企业培训体系的构建 [J]. 中国高新技术企业, 2011 (34): 26 - 28.

[180] 郎益夫, 傅丽丽. 基于职业生涯规划的企业员工培训体系的构建 [J]. 现代管理科学, 2008 (02): 89 - 91.

[181] 伊琳珊. 试析企业人力资源培训体系的构建 [J]. 中国商界, 2010 (07): 241 - 242.

[182] 吴天放. 论企业内部培训体系的构建 [J]. 科技视界, 2014 (03): 219.

[183] 严莎. 论企业内部培训体系的构建 [J]. 人力资源管理, 2013 (02): 69.

[184] 王丽静. 基于精细化管理思想的企业培训体系构建研究 [J]. 科技管理研究, 2011 (04): 141 - 144.

[185] 谢仁锋. 基于绩效目标的企业培训体系研究 [J]. 浙江大学学

报（社会科学版），2006（11）：52 – 53.

［186］孙惠．完善中小企业员工培训体系策略分析［J］．中州大学学报，2009（4）：17 – 20.

［187］刘岩．培训基模撷英［J］．现代企业教育，2004（3）：20 – 22.

［188］高文举．培训管理［M］．广州：广东经济出版社，2001.

［189］蒋文艳．论培训与开发系统在人力资源管理中的地位［J］．中国市场，2011（40）：14 – 15.

［190］卢嘉惠，李文凯．连锁超市的店长培训研究——以本土连锁企业 HL 超市为例［J］．中国市场，2013（46）：112 – 113.

［191］郭丹．如何把守连锁超市"人才关"——连锁超市培训存在的问题及对策分析［J］．人才资源开发，2008（10）：71 – 73.

［192］马新建，高晓英．本土连锁超市员工培训体系的重构设计——以南京 H 连锁超市为例［J］．中国人力资源开发，2008（12）：50 – 53.

［193］何辉，李业昆．连锁超市的员工培训［J］．商业现代化，2003（01）：36 – 38.

［194］曹克强．零售业培训新概念［J］．中国药店，2001（05）：26 – 27.

［195］王振波．零售企业培训让人力资本产生价值——以某超市为例［J］．2013（07）：81 – 83.

［196］姚永龙．我国零售业人才培训面临的问题及对策［J］．商业经济，2006（12）：26 – 27.

［197］夏君，林小丽．基于职业生涯发展的零售业员工培训方案设计［J］．2013（12）：121 – 123.

［198］赵艳，马颖，徐王权，胡志，秦侠．国内培训效果评估模型的应用现状与思考［J］．中国公共卫生管理，2014，30（6）：793 – 795.

［199］PHILLIPS J . Return on Investment – Beyond the Four Level［C］. In Academy of HRD Conference Proceding. E. Nolton（ED）. 1995.

［200］托尼·纽拜．培训评估手册［M］．戴晓娟译．北京：中国劳动社会保障出版社，2003.

[201] PETER BRAMLEY, BARRY KITSON. Evaluating Training Against Business Criteria [J]. Journal of European Industrial Training, 1994, 18 (1): 10 - 14.

[202] PHILIP LEWIS, ADRIAN THOMHILL. The Evaluation of Training: An Organizational Culture Approach [J]. Journal of European Industrial Training, 1994, 18 (8): 25 - 33.

[203] 张毅. 培训效果评估的理论和研究 [J]. 企业技术开发, 2006, 25 (1): 47 - 48.

[204] 石金涛. 培训与开发 [M]. 北京: 中国人民大学出版社, 2003.

[205] 曾志娟. 浅析培训效果评估的重要性 [J]. 经济管理, 2014: 137.

[206] 孙昱丹. 如何有效实施企业员工的培训效果评估 [J]. 昆明师范高等专科学校学报, 2007, 29 (2): 84 - 88.

[207] 李晓蕾. 浅议中小企业人才培训效果评估工作的实施 [J]. 吉林省经济管理干部学院学报, 2012, 26 (4): 64 - 67.

[208] 李翔东. 企业员工培训效果评估体系的建立和完善 [J]. 人力资源, 2014 (21): 109.

[209] 杨杰. 组织培训 [M]. 北京: 中国纺织出版社, 2003.

[210] 周俊玲. 浅谈企业培训效果的评估 [J]. 经济师, 2012 (5): 227 - 229.

[211] 杨宣志. 培训效果反馈 [J]. 中国人力资源开发, 2002 (1): 52 - 53.

[212] 汪俊波. 企业员工培训效果评估的机制体系建设 [J]. 企业导报, 2004 (4): 59 - 60.

[213] 周正江. 培训效果, 需要怎样的评估模型 [J]. 人力资源, 2007 (1): 18 - 19.

[214] 孙晶, 王翰林. 论我国制造业企业培训评估问题 [J]. 人力资源管理, 2011 (2): 52 - 53.

[215] DONALD KIRKPATRICK. Evaluation. ASTD Training and Develop-

ment Handbook. 〔M〕. R. L Craig. New York：McGraw – Hill, 1996：294 – 312.

〔216〕STUFFLEBEAM D L. The CIPP Model for Program Evaluation. In Madaus GF, Scriven M, Stufflebeam DL, Evaluation Models：Viewpoints on Education and Human Service Evaluation〔M〕. Boston：Kluwer Nijhof, 1983.

〔217〕WARR P. B. , ALLAN C. , BIRDI. Predicting Three Levels of Training Outcome〔J〕. Journal of Occupational & Organizational Psychology, Sep. 1999, 72（3）：351.

〔218〕HAMBLIN, A. C. The Evaluation and Control of Training〔M〕. New York：McGraw Hill, 1974.

〔219〕PHILLIPS, J. J. ROI：The Search for Best Practices〔J〕. Training and Development, 1996, 50（2）：42 –47.

〔220〕KAUFMAN, P. , KELLER, J. M. Levels of Evaluation：Beyond Kirkpatrick〔J〕. Human Resources Development Quarterly, Winter 1994, 5（4）：371 –380.

〔221〕韩光军. 职员培训与管理〔M〕. 北京：经济管理出版社, 2002.

〔222〕刘新军. 企业培训实务〔M〕. 沈阳：沈阳出版社, 2002.

〔223〕李玮. 衡量培训效果〔J〕. IT 经理世界, 2002（14）：108 – 109.

〔224〕苗青. 培训效果评价方案设计〔J〕. 中国人才, 2002（12）：32 –33.

〔225〕张亚男. 人力资源投资收益分析与企业员工培训〔J〕. 税收与企业, 2000（6）：35 –37.

〔226〕王鲁捷, 钟磊. 企业培训绩效评估方法研究〔J〕. 中国培训, 2003（6）：22 –23.

〔227〕邵雨梅, 罗键. 模糊评价方法在培训效果评估中的应用〔J〕. 福建电脑, 2004（10）：15 –16.

〔228〕张琦. 定量分析法在干部教育培训评估中的运用〔J〕. 中共南

宁市委党校学报，2010（4）：45－48.

［229］张本超．培训效果的模糊综合评估［J］．江汉石油职工大学学报，2005，18（1）：26－28.

［230］晏秋阳，曹亚克．企业员工培训效果评估模式的探讨［J］．江西行政学员学报，2002 年增刊：21－23.

［231］王重捷．关于企业培训效果评价研究文献综述［J］．生产力研究．2010（3）：9－16.

［232］聂永刚．企业人力资本投资浅析［J］．贵州财经学院学报，1999（1）：32－34.

［233］付焘，孙遇春．在华跨国公司培训活动的现状分析［J］．中国人力资源开发，2003（6）：53－55.

［234］祖钦先．以责任主体为对象的培训效果评估体系［J］．卓越管理，2006（6）：97－99.

［235］崔霞．管理培训效果评估指标研究综述和指标体系的构建［J］．经济师，2010（10）：17－19.

［236］马涛．人力资源培训效果评估方法研究［J］．经济理论研究，2007（8）：40－42.

［237］任维仓．企业培训效果评估指标体系设计［J］．企业教育，2009（2）：18－20.

［238］熊敏鹏，杨小东．基于平衡计分卡的培训效果评估初探［J］．中国电力教育，2007（6）：32－35.

［239］沈亭亭．酒店培训效果评估研究——以深圳华侨城洲际大酒店为例［D］．暨南大学，2008.

［240］陶祁，王重鸣．管理培训背景下适应性绩效的结构分析［J］．心理科学，2006，29（3）：614－617.

［241］边文娟．企业培训效果评估理论综述［J］．商业文化，2011（3）：69－70.

［242］蒋园园．企业培训效果评估存在的问题及对策分析［J］．经营管理者，2011（21）：256.

[243] 周光旭. 培训效果评估的难点和对策 [J]. 理论前沿, 2007 (3): 22 – 23.

[244] 何苗. 我国公务员培训效果评估问题探析 [J]. 人力资源开发, 2013 (11): 15 – 16.

[245] 杨子祁. 人力资源培训效果评估中存在的问题与分析 [J]. 继续教育研究, 2013 (1): 144 – 145.

[246] 赵步同, 谢学保. 企业培训效果评估的研究 [J]. 科技管理研究, 2008 (12): 395 – 397.

[247] 张丽华. 石油企业安全培训效果评估存在的问题及对策 [J]. 企业家天地, 2011 (1): 38 – 39.

[248] 梁辉, 马颖, 秦侠, 胡志. 卫生应急人员培训效果评估存在问题及对策 [J]. 中国农村卫生事业管理, 2014, 34 (4): 386 – 388.

[249] 曾红. 企业培训效果评估中的问题及对策 [J]. 企业家天地, 2013 (11): 39 – 40.

[250] 陶华生. 企业培训评估存在的问题与对策 [J]. 管理实务, 2014 (2): 127 – 128.

[251] 李卓. 企业培训评估问题浅析 [J]. 实践与探索, 2010 (5): 247 – 248.

[252] 周振环. 企业培训评估体系构想 [J]. 石油化工管理干部学院学报, 2005 (3): 33 – 36.

[253] 贾芳芳. 浅析北京江润股份有限公司培训评估中存在的问题及对策 [J]. 东方企业文化, 2012 (8): 187.

[254] 祁生文, 伍法权. 基于模糊数学的 TBM 施工岩体质量分级研究 [J]. 岩石力学与工程学报, 2011, 30 (6): 1225 – 1229.

[255] 周念清, 魏诚寅, 娄荣祥等. 基于模糊数学理论探讨评判地铁工程中地下水风险. 同济大学学报（自然科学版）, 2011, 39 (11): 1629 – 1633.

[256] LI HAICHENG, SUOZHILIN. Agricultural Enterprise Internal Control Fuzzy Comprehensive Evaluation Research [J]. International Journal of Dig-

ital Content Technology and its Applications, 2013, 7 (2): 661 - 667.

[257] HERVA MARTA, ROCA ENRIQUE. Review of Combined Approaches and Multi - criteria Analysis for Corporate Environmental Evaluation [J]. Journal of Cleaner Production, 2013 (39): 355 - 371.

[258] 卢厚清，袁辉，刘华丽等. 模糊综合评价取大取小算法的改进. 解放军理工大学学报（自然科学版），2012, 13 (6): 679 - 683.

[259] CHEN YAN, LI KE. An application of fuzzy comprehension evaluation system [J]. International Journal of Digital Content Technology and its Applications, 2013, 7 (1): 371 - 378.

[260] 周树华，张正洋和张艺华. 构建连锁超市生鲜农产品供应链的信息管理体系探讨 [J]. 管理世界，2011 (3): 1 - 6.

[261] 李怡芳. 消费者对超市生鲜食品安全的认知与对策 [J]. 中国商贸，2012 (23): 43 - 47.

[262] 李璐，邓永辉，刘宇凡. 生鲜超市发展对农产品生产的影响分析 [J]. 对外经贸，2017 (5): 75 - 76.

[263] 张明军. 高手在民间 小型生鲜超市的生存状态调查 [J]. 时代经贸，2016 (32): 46 - 50.

[264] 康兴涛. 生鲜超市运营模式研究 [J]. 管理观察，2017 (14): 26 - 27.

[265] 傅黎明. 我国生鲜连锁超市经营模式研究 [J]. 中国市场，2016 (6): 48 - 51.

[266] 李燕川. 连锁超市生鲜经营损耗及控制管理 [J]. 中外企业家，2016 (35): 106 - 107.

[267] 王继红. 浅析"农超对接"生鲜农产品供应链风险管理 [J]. 中国集体经济，2017 (6): 46 - 47.

[268] 罗玲玲. 基于大型连锁超市供应链管理的研究——以生鲜农产品为例 [J]. 现代经济信息，2015 (24): 499.

[269] 高路，刘文杰. 水果蔬菜连锁店品牌研究——以沈阳印双杰生鲜超市为例 [J]. 艺术与设计（理论），2016 (7): 32 - 34.

［270］陈军，曹群辉．超市生鲜经营品牌创新研究［J］．中外企业家，2011（22）：24－25.

［271］稻盛和夫．阿米巴经营［M］．北京：中国大百科全书出版社，2011.

［272］李志华．阿米巴经营的中国模式员工自主经营管理理念与方法［M］．北京：企业管理出版社，2013.

［273］蔡书军．阿米巴经营在科技型中小企业管理中的应用［J］．改革与管理，2016（21）：62.

［274］丁娟．阿米巴经营与企业管理创新［J］．企业改革与管理，2016（1）：98－99.

［275］稻盛和夫．创造高收益．1［M］．喻海翔译．北京：东方出版社，2010.

［276］毛利妃．市政公司"阿米巴经营模式"的实践与启示［J］．财会学习，2016（12）：185.

［277］王建坤．解密"阿米巴经营"［J］．信息网络，2008（5）：62－63.

［278］COOPER R. Kyocera Corperation：The Amoeba Management System［M］. Boston：Havard Business School，1994.

［279］胡关子．阿米巴经营与市场型企业［J］．外国问题研究，2011（4）：85－89.

［280］稻盛和夫．创造高收益．2［M］．喻海翔译．北京：东方出版社，2010.

［281］稻盛和夫．创造高收益．3［M］．喻海翔译．北京：东方出版社，2010.

［282］秦山，张赢．阿米巴经营模式体现的管理会计理念［J］．现代营销学苑版，2011（6）：27－28.

［283］耿德科．京瓷公司阿米巴经营的制度经济学分析［J］．日本学论坛，2007（3）：86－90.

［284］稻盛和夫．稻盛和夫的实学［M］．曹岫云译．北京：东方出版

社，2011.

[285] 王东民．探秘稻盛和夫的成功之道［J］．企业活力，2010 (10)：108－109.

[286] 李剑海．浅析企业阿米巴经营中的组织划分［J］．海峡科学，2015（3）：50－52.

[287] 支博．阿米巴经营模式的解读与探析［J］．中国管理信息化，2014（8）：42－45.

[288] 稻盛和夫．活法（贰）［M］．廖月娟译，北京：东方出版社，2009.

[289] RALPH W ADLER, TOSHIRO HIROMOTO. Amobea Management：Lessons from Kyocera on How to Promote Organization Growth，Profitability Integration，and Coordinated Action［J］．University of Otago Press，2009（21）：3－23.

[290] 张蕊．企业战略经营业绩评价指标体系研究［M］．北京：中国财政经济出版社，2002.

[291] 饶征，孙波．以 KPI 为核心的绩效管理［M］．北京：中国人民大学出版社，2003.

[292] 陈凌芹．绩效管理［M］．北京：中国纺织出版社，2004，1－24.

[293] 吴俊卿．绩效评价的理论与方法——在科研机构的实践［M］．北京：科学技术文献出版社，1992.

[294] 汪发现．我国绩效管理现状及其提升策略［J］．企业改革与管理，2016（5）：57.

[295] 曹艳婷．中小企业绩效管理研究——以 HB 公司为例［J］．中国商界，2010（7）：209－211.

[296] 胡树红．绩效管理要管出实际效益［J］．人力资源管理，2008 (11)：54－56.

[297] 海尔·G. 瑞斯．理解与管理公共组织（2 版）［M］．北京：清华大学出版社，2002.

[298] 郑佳，曾国平．浅析我国中小企业绩效管理过程中的沟通问题 [J]．科技与管理，2007（3）：52－54.

[299] 王叶叶．企业绩效管理过程中的绩效沟通问题及对策探究 [J]．人力资源管理，2016（9）：31－32.

[300] 康建桥．中国式绩效管理：特点、问题及发展方向 [J]．管理学报，2013（6）：27－34.

[301] 李业昆，宋英碟，王妍辰．中小企业绩效管理特点 [J]．人力资源管理，2014（3）：41－42.

[302] 马进．浅析以人为本管理为核心的企业绩效管理实践 [J]．中国市场，2015（28）：158－159.

[303] CARRY DESSLER．Human Resource Management [M]．Upper Saddle River：Prenti－ce Hall，2000.

[304] WALTER C. BORMAN，DONALD H. Brush. More Progress Toward a Taxonomy of Managerial Performance Requiremants [J]．Human Performance，1993（1）：156－162.

[305] 李素莹．360 度绩效考核在企业中的有效应用 [J]．经营与管理，2016（6）：73－75.

[306] 韩瑞国．基于 360 度考核法的行政岗位绩效管理研究 [J]．中国集体经济，2016（12）：88－89.

[307] 高超跃．360 度绩效考核在中国企业的应用误区 [J]．经营管理者，2017（11）：83.

[308] 李舒丹．改良的目标管理法在机关职能部门绩效考核中的应用 [J]．解放军医院管理杂志，2015（7）：627－629.

[309] 王光．公安民警考核方法通论 [M]．北京：人民出版社，2005.

[310] 韩志兴，杨群辉．绩效考核方法的选择及应用——以 Y 公司的实际应用为例 [J]．现代商业，2015（6）：67－69.

[311] 卓越．政府绩效管理导论 [M]．北京：清华大学出版社，2006.

[312] 周景坤. 关键绩效指标法在高校教师绩效评价中的运用 [J]. 教育探索, 2016 (7): 110－112.

[313] 孙海琴. 基于平衡计分卡的公立医院绩效管理系统构建——以 H 医院为例 [J]. 会计之友, 2017 (3): 15－20.

[314] 杨悦. 基于平衡计分卡的国有企业绩效评价体系的研究 [J]. 时代金融, 2017 (2): 176－186.

[315] 董晓霞, 毕翔, 胡定寰. 中国城市农产品零售市场变迁及其对农户的影响 [J]. 农村经济, 2006 (02): 87－90.

[316] MILKOVICH G. T. , NEWMAN J. M. . Compensation. Plano [M]. TX: Business Publications Inc. , 1987.

[317] 约瑟夫·马尔托奇奥. 战略薪酬 [M]. 裴达鹰译. 北京: 社会科学文献出版社, 2002: 128－130.

[318] 斯蒂芬·P. 罗宾斯. 组织行为学 [M]. 北京: 中国人民大学出版社, 2000: 507.

[319] ADAMS J. S.. Advance in Experimental Social Psychology [M]. New York: Academic Press, 1965: 267－289.

[320] LAWLER E. E. . Pay and Organizational Effectiveness: A Psychological View [M]. New York: McGraw Hill, 1971: 123－125.

[321] MICELI M. P. , LANE M. C.. Antecedents of Pay Satisfaction: A Review and Extension [C]. In: Rowland K. , Ferris J. , et al. Research in Pearsonnel and Human Resources Management. Greenwich: JAI Press, 1991: 235－309.

[322] 于海波, 李永瑞, 郑晓明. 员工薪酬满意度及其影响实证研究 [J]. 经济管理, 2009 (09): 93－99.

[323] 冉斌. 薪酬设计与管理 [M]. 广东: 海天出版社, 2002.

[324] 王玮. 薪酬满意度与组织公平 [J]. 中国人力资源开发, 2004 (01): 27－29.

[325] WEISS D. J. , DAWIS R. V. , ENGLAND G. W. , LOFQUIST L. H.. Manual for the Minnesota Satisfaction Questionnaire [Z]. Minneapolis:

The University of Minnesota Press, 1967: 110 – 111.

[326] SMITH P. C. , KENDALL L. M. , HULIN C. L. . The Measurement of Satisfaction in Work and Retirement [M]. Chicago: Rand McNally, 1969.

[327] LOCKE E. A. . The Nature and Causes of Job Satisfaction. In Dunnette, M. D. (Ed.) . Handbook of Industrial and Organizational Psychology [M]. Chicago: Rand McNally, 1976: 1297 – 1349.

[328] HENEMAN H. G. , SCHWAB D. P. . Work and Rewards Theory [J]. Motivation and Commitment, 1979 (06): 1 – 6, 22.

[329] HENEMAN H. G. , SCHWAB D. P. . Pay Satisfaction: Its Multidimensional Nature and Measurement [J]. International Journal of Psychology, 1985 (20): 129 – 141.

[330] LIU B. C. , TANG N. Y. , ZHU X. M. . A Validity Study of the Pay Satisfaction Questionnaire in the Mainland of China [C]. XXIX International Congress of Psychology, Berlin, Germany. 2008.

[331] 刘帮成, 王慧, 杨文圣. 薪酬满意度的测量及其作用机制研究: 以政府雇员为例 [J]. 心理科学, 2008 (03): 717 – 721, 706.

[332] LAW S. S. K. . A Validity Study of the Pay Satisfaction Questionnaire in Hong Kong [J]. The Journal of Social Psychology, 1998 (138): 124 – 125.

[333] ASH R. A. , DREHER G. F. , BRETZ R. D. JR. Dimensionality and Stability of the Pay Satisfaction Questionnaire [D]. Paper Presented at the Second Annual Conference of the Society for Industrial and Organizational Psychology, Atlanta, G A, 1987: 289 – 290.

[334] DE GIETER S. , DE COOMAN R. , PEPERMANS R. , CAERS R. , DU BOIS C. , JEGERS M. Jegers. Dimensionality of the Pay Satisfaction Questionnaire: a Validation Study in Belgium [J]. Psychological Reports, 2006 (03): 640 – 650.

[335] PAUL W. MULVEY, MARCIA P. MICELI, JANET P. Near. The Pay Satisfaction Questionnaire: A Confirmatory Factor Analysis [J] . Journal of Social Psychology, 1992, 132 (1): 139 – 141.

[336] JUDGE T. A. , WELBOURNE T. M. . A Confirmatory Investigation of the Dimensionality of the Pay Satisfaction Questionnaire [J]. Journal of Applied Psychology, 1994 (79): 461 – 466.

[337] 金燕, 乔杰. 西部地区民营企业员工薪酬满意度的四维分析 [J]. 科技与管理, 2008 (04): 99 – 101.

[338] STUMAN M. C. , SHORT J. C. . Lump – sum Bonus Satisfaction: Testing the Construct Validity of a New Pay Satisfaction Dimension [J]. Pearsonnel Psychology, 2000 (53): 673 – 700.

[339] 伍晓弈, 汪纯孝, 谢礼珊. 薪酬管理公平性对员工薪酬满意感的影响 [J]. 外国经济与管理. 2006 (02): 7 – 14.

[340] 谢宣正, 薛声家. 企业人力资源管理人员薪酬满意度实证研究 [J]. 科技管理研究, 2009 (09): 318 – 321.

[341] 张英奎, 陈方. 基层电网公司员工薪酬满意度实证分析 [J]. 江淮论坛, 2012 (04): 64 – 69.

[342] 郭海昕. 改制酒店员工薪酬满意度影响因素的实证研究 [J]. 经济师, 2007 (05): 232 – 233.

[343] 赵芬芬. 员工薪酬满意度与工作绩效关系研究 [D]. 天津商业大学, 2009.

[344] 陈晓静, 贾琛珉. 员工薪酬满意度与工作绩效关系实证研究 [J]. 社会科学家, 2013 (03): 72 – 75.

[345] 邵建平, 苏小敏. 西部中小企业中层管理人员薪酬满意度研究 [J]. 理论与改革, 2012 (04): 105 – 109.

[346] SCHWAB D. P. , WALLACE M. J. . Correlates of Employee Satisfaction with Pay [J]. Industrial Relations: A Journal of Economy and Society, 1974 (13): 78 – 89.

[347] DREHER G. , ASH R. A. , BRETZ R. D. . Benefit Coverage and Employee Cost: Critical Factors in Explaining Compensation Satisfaction [J]. Pearsonnel Psychology, 1988 (41): 237 – 254.

[348] HENEMAN H. G. , GREENBERGER D. B. , STRASSER S. . The

Relationship Between Pay for Performance Perceptions and Pay Satisfaction [J]. Pearsonnel Psychology, 1988 (41): 745 - 759.

[349] WATSON D., CLARK L. A., TELLEGEN A.. Development and Validation of Brief Measures of Positive and Negative Affect: the PANAS Scales [J]. Journal of Pearsonality and social Psychology, 1988, 54 (06): 1063 - 1070.

[350] MAJOR B., KONAR E.. An Investigation of Sex Differences in Pay Expectations and Their Possible Causes [J]. Academy of Management Journal, 1984 (27): 777 - 792.

[351] DREHER G. E., ASH R. A., BRETZ R. D.. Benefit Coverage and Employ Cost: Critical Factors in Explaining Compensation Satisfaction [J]. Pearsonnel Psychology, 1988 (41).

[352] JUDGE T. A.. Des Affective Dispassion Moderate the Relationship Between Job Satisfaction and Voluntary Turn Over [J]. Journal of Applied Psyehology, 1993.

[353] JUDGE T. A., LOCKE E. A., DURHAM C. C., KLUGER A. N.. Dispositional Effects on Job Life Satisfaction: The Role of Core Evaluations. Journal of Applied Psychology [J]. 1998, 83 (1): 17 - 34.

[354] WILLIAMS M. L., MCDANIEL M. A., NGUYEN N. T.. A Meta - analysis of the Antecedents and Consequences of Pay Level Satisfaction [J]. Journal of Applied Psychology, 2006 (91): 392 - 413.

[355] LAWLER E. E.. Pay and Organizational Effectiveness: A Psychological View [M]. NewYork: Mc Graw - Hill, 1971.

[356] 李志, 裴琳. 高校教师薪酬满意度的调查分析与对策研究 [J]. 黑龙江高教研究, 2006 (01): 104 - 105.

[357] 童艳婷. 高新技术企业员工薪酬满意度研究 [D]. 浙江师范大学, 2007.

[358] 顾远东, 陈同扬. 高校教师薪酬满意度的实证研究——基于高校全面实施校内岗位津贴制度的背景 [J]. 南京工业大学学报 (社会科学

版), 2010 (04): 42 - 46.

[359] 万华, 梁金成, 孔梅英. 企业员工人口特征对薪酬满意度影响实证研究——以建筑行业为例 [J]. 技术经济, 2010 (08): 116 - 121.

[360] 辛颖, 田立启, 杨美玲, 李江峰, 黑静友. 护理人员个体因素对薪酬满意度影响的调查与分析 [J]. 中国医院管理, 2013 (03): 77 - 78.

[361] SHAW J. D., DUFFY M. K., JENKINS JR. G. D., NINA GUP-TA. Positive and Negative Affect, Signal Sensitivity, and Pay Satisfaction [J]. Journal of Management, 1999 (25): 189 - 205.

[362] 赵勇, 刘业政, 陈刚, 孙祥. 积极情感、消极情感和薪酬满意度的关系实证研究 [J]. 科学与科学技术管理, 2006 (07): 152 - 156.

[363] CABLE D., JUDGE T.. Pay preference and job search decisions: A person - organization Fit Perspective [J]. Pearsonnel psychology, 1994 (47): 317 - 348.

[364] 陈雨田, 陈景秋, 唐宁玉, 陶玥. 金钱偏好: 如何影响薪酬和薪酬满意度之间的关系? [J]. 上海管理科学, 2011 (06): 79 - 82.

[365] 杨同卫, 陈晓阳. 物质主义价值观对薪酬满意度的影响——基于中国传统义利观的考察 [J]. 经济管理, 2011 (11): 167 - 173.

[366] 陈晓静, 平原. 认知复杂性影响薪酬满意度的研究综述 [J]. 商业研究, 2011 (04): 73 - 78.

[367] HENEMAN H. G.. Pay Satisfaction [C]. In K. M. Rowland & G. R. Ferris (Eds.), Research in Pearsonnel and Human Resources Management. Greenwich, CT: JAI Press, 1985 (03): 115 - 139.

[368] HUBER V. L., SEYBOLT P. M., VENEMON K.. The Relationship Between Individual Inputs Perceptions and Multidimensional Pay Satisfaction [J]. Journal of Applied Psychology, 1992 (22): 1356 - 1373.

[369] DANEHOWER C., LUST J. A.. A Conceptual Model of the Determinants of Employee Benefit Satisfaction [J]. Human Resource Management Review, 1992 (02): 221 - 238.

[370] PORTER G. P., GREENBERGER D. B., HENEMAN R. L.. Pay and Pay Satisfaction: A Comparison of Economic, Political, Psychological, and Psychophysical Predictions [J]. Academy of Management Best Paper Proceeding, 1990 (50): 289 – 293.

[371] 贺伟, 龙立荣. 实际收入水平、收入内部比较与员工薪酬满意度的关系——传统性和部门规模的调节作用 [J]. 管理世界, 2011 (04): 98 – 110.

[372] BARBER A. E., DUNHAM R. B., FORMISANO R. A.. The Impact of Flexible Benefits on Employee Satisfaction: A Field Study [J]. Pearsonnel Psychology, 1992 (45): 55 – 74.

[373] LUST J. A.. The Impact of Benefit Availability on Employee Benefit Satisfaction. In Ray, D. (Ed.), Proceedings of the Southern Management Association Annual Meeting, 1986: 207 – 209.

[374] GEORGE F.. Predicting the Salary Satisfaction of Exempt Employees [J]. Pearsonnel Psychology, 1981 (34): 579 – 589.

[375] 祖伟, 龙立荣, 赵海霞, 贺伟. 绩效工资强度对员工薪酬满意度影响的实证研究 [J]. 管理学报, 2010 (09): 1321 – 1328.

[376] DYER L., THERIAULT R.. The Determinants of Pay Satisfaction [J]. Journal of Applied Psychology, 1976 (61): 596 – 604.

[377] OLDHAM G. R. ET AL. Relations between Job Facet Comparisons and Employee Reactions [J]. Organizational Behavior and Human Decision Processes, 1986 (38): 28 – 47.

[378] SWEENEY P. D.. Distributive Justice and Pay Satisfaction: A Field Test of an Equity Theory Prediction [J]. Journal of Business and Psychology, 1990 (04): 329 – 341.

[379] SUMMERS T. P., DENISI A. S.. In Search of Adams: Reexamination of Referents Used in the Evaluation of Pay [J]. Human Relations. 1990 (43): 497 – 511.

[380] MCFARLIN D. B., SWEENEY P. D.. Distributive and Procedural

Justice As Predictors of Satisfaction with Pearsonal and Organizational Outcomes [J]. The Academy of Management Journal, 1992 (35): 626 – 637.

[381] LEVENTHAL G. S.. What should be done with equity theory? New approaches to the study of fairness in social relationships. In: K. Gergen, M. Greenberg &R. Willis (Eds). Social Exchange: Advances in Theory and Research [M]. New York: Plenum, 1980.

[382] LIND E. A., TYLER T. R.. The Social Psychology of Procedural Justice [M]. NewYork: Plenum, 1988.

[383] FOLGER R., KONOVSKY M. A.. Effects of Procedural and Distributive Justice on Reactions to Pay Raise Decisions [J]. Academy of Management Journal, 1989 (32): 115 – 130.

[384] MASTERSON S. S., LEWIS K., GOLDMAN B. M. &TAYLOR M. S.. Integrating Justice and Social Exchange: the Differing Effects of Fair Procedures and Treatment of Work Relationships [J]. Academy of Management Journal, 2000 (43): 738 – 748.

[385] DECONINCK J. B., STILWELL C. D.. Incorporating Organizational Justice, Role States, Pay Satisfaction and Supervisor Satisfaction in a Model of Turnover Intentions [J]. Journal of Business Research, 2004 (57): 225 – 231.

[386] 郑蕊, 鲁郁陶. 非经济性薪酬和组织公平性对薪酬满意度的影响 [J]. 价值工程, 2008 (02): 113 – 115.

[387] 郭起宏, 万迪昉. 薪酬公平感与员工满意度关系的实证研究 [J]. 统计与决策, 2008 (13): 91 – 93.

[388] 陈晶瑛. 制造业员工的薪酬满意度实证研究 [J]. 管理世界, 2010 (01): 179 – 180.

[389] OLDHAM G. R., KULIK C. T., STEPINA L. P., AMBORSE M. L.. Relations Between Situational Factors and Comparative Referents Used by Employees [J]. Academy of Management Journal, 1987 (29): 599 – 608.

[390] GERHART B. A., MILKOVICH G. T.. Employee Compensation:

Research and Practice, in Handbook of Industrial Psychology [M]. Palo Alto, CA: Consulting Psychologists Press, 1993: 482 – 569.

[391] CAPPELLI P. , SHERER P. D. . Satisfaction, Market Wages, & Labor Relations: An Airline Study [J]. Industrial Relations: A Journal of Economy and Society, 1988 (27): 56 – 73.

[392] 刘金伟, 张荆, 李君甫, 赵卫华. 北京高校教师薪酬满意度及其影响因素分析——基于北京地区 18 所高校教师的抽样调查 [J]. 复旦教育论坛, 2012 (01): 71 – 77.

[393] KINICKI A. J. , MCKEE – RYAN F. M. , SCHRIESHEIM C. A. ET AL. Assessing the Construct Validity of Job Descriptive Index: A Review and Meta – Analysis [J]. Journal of Applied Psychology, 2002 (87): 14 – 32.

[394] 叶勤, 戴大双, 王海波. 环境因素对薪酬满意度的影响研究: 一个中国移动通信运营企业的实证 [J]. 科技管理研究, 2008 (03): 173 – 175, 184.